Hans Jürgen Eysenck / David Nias:
Astrologie
Wissenschaft oder Aberglaube?

Mit 43 Abbildungen
Aus dem Englischen von Wilhelm Höck

Deutscher
Taschenbuch
Verlag

dtv

Ungekürzte Ausgabe
November 1984
Deutscher Taschenbuch Verlag GmbH & Co. KG,
München

Titel der englischen Originalausgabe:
Astrology – Science or Superstition?
(Maurice Temple Smith, London 1982)

ISBN 3-471-774-73
Umschlaggestaltung: Celestino Piatti
Umschlagfoto: Photowerkstatt, München
Gesamtherstellung: C. H. Beck'sche Buchdruckerei,
Nördlingen
Printed in Germany · ISBN 3-423-10350-7

Das Buch

Astrologie, im Altertum und Mittelalter eine geachtete Wissenschaft, hat wieder Konjunktur. Sie ist vielen ein Dorn im Auge, manchen Glaubensbekenntnis, für die meisten eine obskure Angelegenheit, von der man nicht genau weiß, was dran ist. Hans Jürgen Eysenck und David Nias haben sich dem Modethema Astrologie auf seriöse Weise genähert: bereit, auch die phantastischste Begebenheit zu akzeptieren, wenn sie sich mit empirisch-wissenschaftlicher Methode und sicherer Statistik beweisen läßt, aber ebenso entschlossen, das in den Bereich des Aberglaubens zu verbannen, was solchen Kriterien nicht standhält. Die Leser werden nicht überrascht sein zu erfahren, daß die meisten astrologischen Thesen einer kritischen Überprüfung nicht standhalten. Andererseits ist fast sensationell, daß es astrologische Erfahrungen gibt, die auch strengsten wissenschaftlichen Ansprüchen genügen und darüber hinaus geeignet sind, unser naturwissenschaftliches Weltbild nicht unwesentlich zu erweitern. So existieren nachweislich astrale Einflüsse auf pflanzliches und tierisches Leben, die gründlicher Erforschung bedürfen. Es scheint, als ob sich hinter manchen alten und neueren Mythen mehr verbirgt, als eine in selbstgeschaffenen Denkschemata befangene Naturwissenschaft mitzuteilen bereit ist. Ein notwendiges Buch über den Grenzbereich von Wissenschaft und Ahnung, das zu ernsthafter Beschäftigung mit der Astrologie auffordert.

Die Autoren

Hans Jürgen Eysenck, 1916 in Berlin geboren und 1934 emigriert, ist heute Professor für Psychologie an der Universität London und Leiter der Psychologischen Abteilung des Psychiatrischen Instituts. Besonders durch seine experimentellen Untersuchungen auf dem Gebiet der Persönlichkeitsforschung hat er sich einen Namen gemacht. In deutscher Sprache sind bisher unter anderem erschienen: ›Vererbung, Intelligenz und Erziehung‹ (1971), ›Die Ungleichheit der Menschen‹ (1973), ›Der durchsichtige Mensch‹ (mit Michael Eysenck, 1983), ›Der übersinnliche Mensch‹ (1984). David Nias wirkt als Dozent für Klinische Psychologie ebenfalls an der Universität London.

Mit diesem Titel wird die Reihe List Taschenbücher im Deutschen Taschenbuch Verlag weitergeführt.

Inhalt

Vorbemerkung

Für unsere Beurteilung der Astrologieforschung waren die Arbeiten von Autoren, die sich vor uns mit dem Sachgebiet befaßt haben, von großem Wert. Als unschätzbar erwies sich vor allem das monumentale Werk von Geoffrey Dean und seinen Mitarbeitern: ›Recent Advances in Natal Astrology: A critical review 1900–1976‹. Auch die Bücher von Michel und Françoise Gauquelin waren für uns sehr nützlich, da sie auch die nicht-englische Literatur berücksichtigen. Wir sind den beiden für zahlreiche persönliche Bemerkungen und kritische Hinweise zu Dank verpflichtet. Aus vier Zeitschriften, ›Phenomena‹ (die ihr Erscheinen 1979 einstellte), ›Skeptical Inquirer‹, ›Zetetic Scholar‹ und ›Correlation‹, die kritische Erörterungen über die astrologische Forschung, ihre Bedeutung und ihren Wert enthalten, erhielten wir nützliche Informationen.

Besonders zu Dank verpflichtet sind wir Geoffrey Dean, der das gesamte Manuskript las und gleichermaßen hilfreiche Kritik übte und Vorschläge machte. Auch Arthur Mather hat das Manuskript gelesen und nützliche und scharfsinnige Anmerkungen dazu vorgebracht. Außerdem haben Michel Gauquelin, John Addey, Simon Best, Charles Harvey, Alan Smithers, Michael Startup und Beverley Steffert ausgewählte Kapitel gelesen und sich dazu geäußert. Weitere Hilfe erhielten wir freundlicherweise von David Hand, Patricia Blackie, James Bourlet, Nona Hemsley und Christopher Jeans. Auch war uns fortlaufender Kontakt zu seriösen astrologischen Zeitschriften wie ›Astrological Journal‹ und ›Cosmecology Bulletin‹ von Nutzen, dazu Gespräche mit Astrologen wie auch Kritikern, die zu zahlreich sind, um einzeln genannt zu werden. Wir danken all diesen Menschen für ihre Mitwirkung an diesem Buch, sprechen sie aber von jeder Verantwortung für etwa verbliebene Irrtümer frei; diese gehen ausschließlich auf unser eigenes Konto.

Vorwort

> Die wertvollste Eigenschaft des Menschen ist ein kluges Gespür für das Unglaubwürdige.
>
> Euripides

Schon der Titel dieses Buches dürfte dazu angetan sein, uns den Zorn von Wissenschaftlern und Astrologen gleichermaßen zuzuziehen. Die Wissenschaftler werden sagen, daß es lächerlich ist, jene Frage auch nur aufzuwerfen, und daß kein vernünftiger Mensch wahrhaft an das glauben kann, was immer zugunsten der Astrologie vorgebracht wird. Für sie ist der Glaube an Astrologie uralter Aberglaube, der sich nur in den Gehirnen leichtgläubiger Menschen gehalten hat, denen jede Kenntnis wissenschaftlicher Methoden abgeht. Astrologen hingegen werden die Zähne zeigen, wenn auch nur die Möglichkeit erwogen wird, ihre Kunst könne für Aberglauben gehalten werden. Sie werden einwenden, daß so viele, über Jahrtausende hinweg gesammelte Beweise für die Methoden der Astrologie sprechen, daß jeglicher Zweifel an ihrem Wert eine unbegründet skeptische Auffassung darstelle, die eher durch Vorurteile bestimmt sei als durch ein echtes Bedürfnis nach Erkenntnis.

Wie wir im ersten Kapitel zu zeigen versuchen werden, weichen beide Seiten der Entscheidung aus. Ehe wir annehmen, daß die Astrologie Unsinn ist – oder daß sie einen echten Beitrag zur Erkenntnis zu leisten hat –, müssen wir nach unmittelbaren Tatsachenbeweisen Ausschau halten. Es reicht nicht aus, wie es einige Wissenschaftler tun, zu erklären, die Methoden und Ergebnisse der Astrologie seien einfach unsinnig. Schon oft haben Wissenschaftler etwas für »nicht möglich« erklärt, was sich später als sehr wohl beweisbar erwies. Johannes Müller, einer der bekanntesten und weithin angesehensten Physiologen des neunzehnten Jahrhunderts, Verfasser des maßgebenden Lehrbuchs über das Fachgebiet, erklärte, es werde niemals möglich sein, die Geschwindigkeit des Nervenimpulses zu messen; drei Jahre später hatte sie Helmholtz recht genau gemessen. Der Philosoph Georg Wilhelm Friedrich Hegel erklärte, es sei unsinnig, nach einem achten Planeten Ausschau zu halten – er bewies zu seiner eigenen Zufriedenheit, daß es nur sieben davon geben könne –, unmittelbar bevor Herschel den Uranus entdeckte. Einstein und Rutherford, die bedeutendsten theoretischen und experimentellen Physiker unseres Jahrhunderts, erklärten beide ganz ausdrücklich, daß die Spaltung des Atoms nie eine praktische Anwendungsmöglichkeit finden werde; ein knappes Dutzend Jahre später detonierte die Atombombe über Hiroshima. So ist vielleicht eine gewisse Zurückhaltung angebracht, ehe man etwas für unmöglich erklärt.

Es mag richtig sein, was Santayana sagt, daß der »Glaube ans Übernatürliche eine verzweifelte Wette« ist, »die der Mensch auf dem tiefsten Punkt seines Unglücks eingeht«, dennoch: Das Universum ist voller Geheimnisse. Daher müssen wir die Frage stellen, ob astrologische Aussagen wirklich etwas Übernatürliches beinhalten. Könnten sie nicht das Ergebnis der langen und genauen Beobachtung von Ereignissen sein, deren Ursachen bislang unbekannt sind, die aber prinzipiell erkennbar sein können und möglicherweise nicht im Widerspruch zu den Lehren der modernen Wissenschaft stehen? Was hätte schließlich ein Physiker vor ein oder zwei Jahrhunderten mit Geschichten über Schwarze Löcher, Quarks, Quasare und dergleichen angefangen? Die Elektrizität und den Magnetismus hielt man einstmals für Magie und ein Werk des Teufels. Die Zeiten ändern sich. Wir wissen viel weniger als wir annehmen; bleiben wir also offen für sämtliche Fragen.

Es scheint seltsam, daß es auf die einfache empirische Frage – ob sich nämlich astrologische Aussagen bewahrheiten lassen oder nicht – zwei so entgegengesetzte Reaktionen geben kann, geäußert von zwei Gruppen von Personen, die sich heftig befeinden. Eine mögliche Erklärung dafür findet sich in einem der wenigen zuverlässigen und allgemein gültigen Lehrsätze der Sozialpsychologie, nämlich in dem »Gewißheitsprinzip«, das als erster R. H. Thouless 1935 formulierte: »Wenn auf eine Personengruppe Einflüsse wirken, die sowohl auf die Annahme wie auf die Ablehnung eines Glaubenssatzes hinzielen, so ist das Ergebnis nicht, daß sich die Mehrheit mit einem geringen Grad an Überzeugung begnügt, sondern es besteht darin, daß einige den Glaubenssatz mit einem hohen Grad an Überzeugung annehmen, während ihn andere mit dem gleichen Grad an Überzeugung ablehnen.« Thouless artikulierte dieses Gesetz zunächst nur in Zusammenhang mit seinen Forschungen über religiösen Glauben; 1954 zeigte einer von uns (H. J. Eysenck), daß es auf alle Arten gesellschaftlicher Einstellungen anwendbar ist. Eindeutig gilt es im Fall der Astrologie. Um so notwendiger ist es daher, das Beweismaterial mit unverstelltem Blick zu mustern.

Noch vor ein paar Jahren hätten wir auch die Position der »harten Wissenschaftler« verteidigt, welche die Astrologie und alles, was damit zusammenhängt, ohne Bedenken ablehnen. Zweifel kamen uns, als wir bei Forschungsarbeiten auf Michel und Françoise Gauquelin stießen: die bekannten französischen Psychologen, die im Verlauf der letzten zwanzig Jahre eine überraschende Übereinstimmung zwischen Persönlichkeit und Planetenstellung bei der Geburt nachgewiesen haben. Ihre Methode wurde von äußerst kritischen Wissenschaftlern in anderen Ländern nachgeprüft und erfolgreich wieder angewandt. Ihre Arbeit wirft sehr interessante und wichtige Fragen auf, auf die sich bislang noch keine rasche Antwort eingestellt hat. Die beachtlichen Nachweise, welche die Gauquelins geliefert haben, ermutigten uns, ein systematisches Literaturstudium vorzunehmen, um festzustellen, welche empirischen Beweise es für und gegen die Astrologie gibt. Dieses Buch ist das Ergebnis unserer Forschungen.

Das Endresultat ist vielleicht nicht das, was sich die eine oder die andere Seite von der Auseinandersetzung erwartet haben mag. Wir fanden, wie es die Skeptiker vorausgesagt hätten, daß viele der veröffentlichten astrologischen Forschungsarbeiten dürftig sind, schlecht geplant und mit vielen statistischen Fehlern in der Bewertung. Dennoch fanden wir eindeutig nachgewiesene Tatsachen, die einer rationalen Erklärung durch derzeit gültige Theorien trotzen und die den Scharfsinn des entschlossenen Skeptikers herausfordern, der sie leugnen oder wegerklären möchte. Wir haben unser Bestes getan, Fehler in der Planung oder der Durchführung der Forschungsarbeiten nachzuweisen.

Wir haben uns bemüht, an unser Thema nicht unkritisch, leichtgläubig und mit vagen Vorstellungen heranzugehen. Man kann uns wohl auch nicht vorwerfen, wir hätten uns mit so starken Vorurteilen ans Werk gemacht, daß uns kein Beweis jemals von der Wahrheit astrologischer Aussagen überzeugen könnte. Zweifellos ist es uns nicht gelungen, völlig unparteiisch zu sein; unsere angeborene Skepsis dürfte sich noch immer da und dort erkennen lassen. Doch das alles mag nur von Nutzen sein. Wie Stanislaus I. von Polen sagte: »Um mit Gewißheit glauben zu können, müssen wir mit dem Zweifel anfangen.«

Wir beginnen das Buch mit einem Blick auf die traditionelle Astrologie. Wir fragen, was es ist, an das die Astrologen glauben, und überlegen im Anschluß daran, wie wahr es ist – und wie man erkennen kann, ob ein bestimmter Lehrsatz der Astrologie falsch oder richtig ist. Diese Frage ist übrigens oft schwerer zu beantworten, als man meinen möchte. Wir führen eine Anzahl von Beispielen an, bei denen sich von dem, was wie ein überzeugender Beweis aussah, herausstellte, daß es sich auf einen Irrtum gründete. Wie immer der Leser das Ergebnis betrachten mag: Wir hoffen, er werde diesen Teil des Buchs interessant finden; er gibt Einblick in die wissenschaftliche Methode, wie sie auf einem ungewöhnlichen Gebiet angewandt wurde.

Auf diese Weise überprüfen wir eine Anzahl bestimmter astrologischer Überzeugungen, und wir fragen, welche Beweise jeweils für und gegen sie sprechen. Es ist nur redlich, den für die Astrologie eingenommenen Leser darauf aufmerksam zu machen, daß wir uns zu der Schlußfolgerung gezwungen fühlen, daß die meisten dieser Überzeugungen einer strengen Überprüfung nicht standhalten. In diesem Teil des Buchs betrachten und verwerfen wir einen Großteil der traditionellen Astrologie. An sich ist dies notwendigerweise ein negatives Unterfangen, und wenn es lediglich darum ginge, wäre dieses Buch kaum von Interesse. Was wir selber jedoch als aufregend empfinden, ist der Umstand, daß, nachdem alles beiseitegelegt ist, das der Überprüfung nicht standhält, ein Bestand an außergewöhnlichem Beweismaterial zurückbleibt, das sich nicht einfach wegerklären läßt. Zum größten Teil gehört dieses Material zu Ergebnissen der Fachrichtung, die wir mit dem Begriff *Kosmobiologie* bezeichnen.

Die Kosmobiologie untersucht die Art und Weise, wie pflanzliches, tierisches und menschliches Leben von Körpern innerhalb des außerirdischen Sonnensystems beeinflußt werden. Niemanden von uns überrascht es, daß der Mond die Gezeiten regelt oder daß sich die jahreszeitlichen Rhythmen zahlreicher Lebensformen an den Jahresablauf der Erde um die Sonne halten. Da wir an diese Tatsachen so sehr gewöhnt sind, finden wir sie nicht bemerkenswert. Doch wie verhält es sich mit der Fähigkeit bestimmter Meerestiere, sich an die Phasen des Monds auch dann zu halten, wenn sie von seinem Licht nichts mitbekommen und wenn sie meilenweit vom Wellenschlag der Gezeiten entfernt sind? Wie verhält es sich mit der Auswirkung des Wetters auf unsere eigenen Stimmungen, der offensichtlichen Verbindung zwischen dem Wetter und dem Auftreten von Sonnenflecken und mit der merkwürdigen und öffentlich wenig beachteten Arbeit von Forschern, welche die Sonnenflecken in Zusammenhang mit den Planetenbewegungen bringen? In diesem Bereich der Kosmobiologie gibt es eine ganze Anzahl von Forschungsansätzen, die es unserer Meinung nach verdienen, ernst genommen zu werden. Zuletzt werden sich zweifellos viele davon als unhaltbar erweisen, doch bei denjenigen, die der Prüfung standhalten, könnte sich ergeben, daß sie ein ganzes Geflecht von subtilen Zusammenhängen zwischen dem Leben auf der Erde und den Bewegungen der Planeten sichtbar machen, die sich im Verein mit uns um die Sonne bewegen.

Zuletzt befassen wir uns mit der Arbeit der Gauquelins, die uns den Anstoß zu dieser Untersuchung gegeben hat. Wir erörtern eingehend ihre Ergebnisse und das eindrucksvolle Material, das zu zeigen scheint, daß – wie unheimlich das auch erscheinen mag – ein Baby, das die Veranlagung hat, sich zu einem bestimmten Persönlichkeitstypus zu entwickeln, dazu tendiert, in dem Augenblick geboren zu werden, in dem einer der Planeten eine bestimmte kritische Position am Himmel einnimmt. Es gibt unterschiedliche Meinungen über die Interpretation dieser Befunde, doch kann es keinen Zweifel daran geben, daß sie, falls sie sich als richtig erweisen, von revolutionärer Bedeutung für die Psychologie und die anderen Wissenschaften sein werden.

Bei der Abfassung dieses Buchs haben wir im wesentlichen den geistig aufgeschlossenen Laien vor Augen gehabt, der sich zwar für Astrologie interessiert, aber auf diesem Gebiet nicht unbedingt Vorkenntnisse hat. Wir hoffen, daß es auch Akademiker, Naturwissenschaftler und Astrologen lesen werden, selbst wenn ihnen einiges von dem, was wir vorzubringen haben, bereits vertraut ist. Wir haben uns auf wissenschaftlich belegte Erkenntnisse gestützt, haben aber kritisch die Art und Weise geprüft, wie diese Erkenntnisse gewonnen wurden, in welchem Maß sie durch andere Experimente bestätigt wurden und wie es um die statistischen Analysen stand, mit der ihre Relevanz bewiesen (oder widerlegt) wurde. Wo es von Bedeutung war, haben wir die logische Grundlage der angewandten statistischen Tests und die Schwächen zu erklären versucht, die sich in veröffentlichten Arbeiten erkennen lassen. Auf Einzelheiten der mathematischen Grundlagen, die hierzu notwendig sind, gehen wir nicht ein, da dies unsere selbstgesteckten Grenzen überschritte. Wenn also der Leser unseren Annahmen über die hier zugrundegelegten, recht einfachen Verfahren der Statistik Vertrauen schenkt, dürfte er keine Schwierigkeiten haben, unserem Gedankengang zu folgen, mit dem wir ihn in das Gebiet faszinierender und überraschender Entdeckungen führen werden.

1. Geschlossenes und offenes Denken

> Es gibt kein größeres Hindernis für die Erkenntnis als die Mißachtung der Überprüfung.
>
> Herbert Spencer

An der Popularität der Astrologie gibt es keinen Zweifel. Nach Auskunft verschiedener Meinungsumfragen glaubt ungefähr ein Drittel der Bevölkerung in den westlichen Ländern an ihre Vorhersagen. Ein weiteres Drittel ist soweit daran interessiert, um, zumindest gelegentlich, Horoskope zu lesen. Am 13. August 1977 schrieb die ›New York Times‹: »Im Zyklus des Weltlaufs sind wir durch eine Periode des wieder auflebenden Mystizismus hindurchgegangen. Gebildete Menschen fragen sich gegenseitig, unter welchem Sternzeichen sie geboren seien; an Universitäten wird ernsthaft über Hexerei diskutiert, okkult orientierte Buchhandlungen florieren, und Kulte aller Arten konkurrieren mit der Pornografie um die Gehsteige unserer Städte.«

›Humanist‹ contra Astrologie

In Reaktion auf diese Woge der Leichtgläubigkeit beeilen sich andere Menschen, alles, was mit Astrologie zu tun hat, als unsinnigen Schwindel in Mißkredit zu bringen. Eine besondere Position unter diesen Gegnern nimmt eine Anzahl von Wissenschaftlern ein. Der amerikanische ›Humanist‹ (eine Zeitschrift, die sich mit dem Diskurs über Gesellschaftsprobleme und Irrationalität befaßt) brachte in seiner Ausgabe vom September 1975 die nachfolgende Erklärung unter dem Titel ›Einwände gegen die Astrologie‹. Sie war von 186 führenden Wissenschaftlern, darunter 18 Nobelpreisträgern, unterzeichnet:

»Wissenschaftler verschiedener Fachbereiche haben sich mit der zunehmenden Beliebtheit der Astrologie in vielen Teilen der Welt beschäftigt. Wir, die Unterzeichneten – Astronomen, Astrophysiker und Naturwissenschaftler anderer Fachrichtungen – möchten die Öffentlichkeit vor einem ungeprüften Vertrauen zu den Vorhersagen und Ratschlägen warnen, die Astrologen privat und öffentlich machen und erteilen. Wer an die

Astrologie glauben möchte, sollte sich vor Augen halten, daß es für ihre Lehren keine wissenschaftliche Grundlage gibt.

In alten Zeiten glaubten die Menschen an die Vorhersagen und Ratschläge von Astronomen, weil die Astrologie ein selbstverständlicher Bestandteil ihres magischen Weltverständnisses war. Himmelskörper galten als Wohnsitz oder Zeichen der Götter, die in direkter Beziehung zu Ereignissen auf der Erde standen. Von den riesigen Entfernungen zwischen der Erde und den Planeten und Fixsternen hatte man keinerlei Vorstellung. Jetzt, da man diese Entfernungen berechnen kann und auch berechnet hat, können wir erkennen, wie unendlich klein die Gravitations- und anderen Kräfte sind, die von den fernen Planeten und den unabsehbar weiter entfernten Fixsternen ausgehen. Es ist einfach ein Irrtum, sich vorzustellen, daß die im Augenblick der Geburt von Sternen und Planeten ausgeübten Kräfte in irgendeiner Weise unsere Zukunft formen könnten. Auch ist es nicht richtig, daß die Positionen entfernter Himmelskörper gewisse Tage oder Zeitabschnitte für ein bestimmtes Handeln geeigneter machen oder daß das Sternzeichen, unter dem jemand geboren wurde, darüber entscheidet, wie sehr oder wie wenig er mit anderen Menschen zusammenpaßt.

Warum glauben wir an Astrologie? In diesen unsicheren Zeitläufen sehnen sich viele nach der Bequemlichkeit, sich bei ihren Entscheidungen leiten und lenken zu lassen. Sie glauben nur zu gern an ein Schicksal, das von Kräften außerhalb ihrer eigenen Kontrolle vorherbestimmt ist. Wir müssen jedoch alle der Welt ins Auge sehen, und wir müssen erkennen, daß unsere Zukunft bei uns selber liegt und nicht in den Sternen.

Man könnte sich vorstellen, daß es in dieser Zeit der weitverbreiteten Aufklärung und Bildung unnötig ist, Überzeugungen zu entlarven, die sich auf Magie und Aberglauben stützen. Dennoch findet sich allenthalben in der modernen Gesellschaft das Vertrauen in die Astrologie. Besonders irritiert uns die fortwährende unkritische Verbreitung astrologischer Tabellen, Vorhersagen und Horoskope durch die Medien und durch ansonsten seriöse Zeitungs-, Zeitschriften- und Buchverleger. Dies kann nur zur Zunahme von Irrationalismus und Obskurantismus beitragen. Wir glauben, daß es an der Zeit ist, die anmaßenden Behauptungen astrologischer Scharlatane direkt und nachdrücklich in Zweifel zu ziehen. Es sollte offenkundig sein, daß jene Personen, die weiterhin Vertrauen in die Astrologie setzen, dies der Tatsache zum Trotz tun, daß es keine bewiesene wissenschaftliche Grundlage für ihre Überzeugungen gibt und daß in Wirklichkeit starke Beweise für das Gegenteil vorliegen.«

Im Leitartikel wurde dargelegt, daß sowohl die American Ethical Union wie die American Humanist Association – die zusammen den ›Humanist‹ herausgeben – seit langem Gegner jeglicher Kulte von Unvernunft und Irrationalismus gewesen seien (denen sie natürlich auch die Religion zurechnen). Die Redaktion schloß daran die Frage an: »Welche bessere Möglichkeit gibt es, dies in dieser Jubiläumsausgabe zu demonstrieren, als durch eine umfassende Kritik der Astrologie?« Professor Bart J. Bok, ehemaliger Präsident der American Astronomical Society, wurde gebeten, eine kurze Schrift mit einer Liste von wissenschaftlichen Einwänden gegen die Methoden der Astrologie zu entwerfen. Dieser Entwurf wurde überarbeitet, zu der oben zitierten Erklärung erweitert und einer ausgewählten Anzahl hervorragender Mitglieder der American Astronomical Society und der National Academy of Sciences zur Billigung zugesandt.

Die unterzeichnete Erklärung wurde anschließend an Tausende von Zeitungsredakteuren in den Vereinigten Staaten und im Ausland mit dem Vorschlag versandt, den Text abzudrucken, vor allem dann, wenn sie täglich oder wöchentliche Horoskopkolumnen brächten. Die Absicht dabei war natürlich, der wachsenden Popularität der Astrologie bei einer Leserschaft entgegenzuwirken, die kaum Zugang zu einer entsprechenden wissenschaftlichen Kritik hat. Dies war eine ehrenwerte Absicht, aber wir werden die Frage zu stellen haben, ob die Erklärung richtig ist. Sie ist schon in ihrem Ansatz unwissenschaftlich. Diesen Aspekt hat Carl Sagan, ein Wissenschaftler, der dem Text die Unterschrift verweigerte, in einem Brief an den ›Humanist‹ klar herausgearbeitet:

»Ich sehe mich außerstande, der Erklärung ›Einwände gegen die Astrologie‹ zuzustimmen – nicht, weil ich das Empfinden hätte, die Astrologie habe auch nur den geringsten wissenschaftlichen Wert, sondern weil ich den Eindruck hatte und habe, daß der Tonfall der Erklärung autoritär ist. Das Hauptproblem ist nicht, daß die Astrologie aus dem Aberglauben entstanden ist. Dies trifft auch für die Chemie, Medizin und Astronomie zu, um nur drei Fächer zu erwähnen. Die Erörterung der psychologischen Motivationen derjenigen, die an Astrologie glauben, scheint im Hinblick auf die Frage nach ihrer wissenschaftlichen Geltung ganz peripher zu sein. Daß wir uns kein System denken können, nach dem die Astrologie funktioniert, ist bedeutsam, aber nicht überzeugend. Beispielsweise war kein Schema der Kontinentalverschiebung bekannt, als Wegener sie zur Debatte stellte. Dennoch erkennen wir, daß Wegener recht hatte, diejenigen hingegen unrecht, die aufgrund eines noch nicht beweisbaren Denkmodells Einwände erhoben.

Urteile über Grenz-, Volks- oder Pseudowissenschaft, die in einem autoritären Tonfall vorgetragen werden, können mehr schaden als nützen. Sie überzeugen diejenigen, die mit Pseudowissenschaft kokettieren, nicht, sondern bestärken sie womöglich noch in ihrem Eindruck, daß Wissenschaftler unflexibel und engstirnig seien ...

Unterschrieben hingegen hätte ich eine Erklärung, welche die wesentlichen Lehren des Astrologieglaubens beschreibt und widerlegt. Ich bin davon überzeugt, daß eine solche Erklärung viel überzeugender gewesen wäre und weniger Kontroversen ausgelöst hätte als die tatsächlich in Umlauf gebrachte.«

Autorität oder Beweise?

Die Wissenschaftler, welche die Erklärung des ›Humanist‹ unterzeichneten, waren sich darin einig, daß es sich bei der Astrologie um Volks- und Aberglauben handle und daß es keine wissenschaftliche Grundlage für sie gebe. Leider haben sie für ihre Anklageschrift kein Beweismaterial ausgewertet, das ihre Behauptung gestützt oder widerlegt hätte. Somit blieb ihre Reaktion weithin emotional. Statt auf die eigene Autorität zu pochen, hätten sie besser daran getan, einfach Beispiele vorzulegen. Diesen Punkt stellte Einstein deutlich bei seiner Antwort auf Kritiken an seinem System heraus. 1920 versuchte eine rassistische deutsche Gruppe, die Relativitätstheorie dadurch zu widerlegen, daß sie eine emotionsgeladene Zusammenkunft in der Berliner Philharmonie abhielt und dann hundert Professoren dazu überredete, Einsteins Theorie in einem Buch zu verurteilen. Einstein bemerkte dazu: »Hätte ich unrecht, wäre ein einzelner Professor völlig ausreichend gewesen.«

Zusätzlich zu dem »Pochen auf Autorität« weist die Erklärung noch andere Schwächen auf. Feyerabend (1978) stellt heraus, daß die 186 Wissenschaftler den Fehler begingen, die Grundannahmen der Astrologie zu kritisieren, nicht aber die

Art und Weise, wie sie praktiziert wird. Er beobachtete, daß »es interessant ist zu sehen, wie sehr sich beide Parteien im Nicht-Wissen, in der Selbstgefälligkeit und dem Wunsch gleichen, mühelos Macht über Meinungen auszuüben«, und er bemerkt schließlich, daß nach Erscheinen der Erklärung viele der Wissenschaftler Interviews mit der Begründung abgelehnt hätten, daß sie Astrologie nicht studiert hätten. Es scheint, als hätten sie nur aufgrund einer »religiös« empfundenen Überzeugung unterschrieben.

Feyerabend behauptet, daß diese Überzeugung die Astronomen dazu gebracht habe, sogar Beweismaterial zu übersehen, mit dem sie vertraut gewesen seien. Beispielsweise hat Bok (1975) in einem Begleitartikel zu der Erklärung geäußert, wegen ihrer weiten Entfernung von uns könnten die Planeten keinen Einfluß auf menschliche Angelegenheiten ausüben; so glaubte er auch, die Wände des Kreißsaales schirmten das neugeborene Kind gegen Strahlungen ab, die von den Planeten ausgingen. Er machte diese Angaben, obwohl er als Astronom hätte wissen müssen, daß die Planeten die Sonnenaktivität beeinflussen können, die ihrerseits verschiedene Auswirkungen auf uns hat; ebenso ist bekannt, daß bestimmte Arten von Strahlungen sehr dicke Wände durchdringen können, wobei diejenigen eines Kreißsaals keine Ausnahme bilden.

Die Erklärung der Wissenschaftler provozierte eine 1976 von der astronomischen Zeitschrift ›Aquarian Agent‹ veröffentlichte Gegenerklärung. Dieser Text behauptet, daß die Astrologie zumindest ein rechtmäßiges Forschungsgebiet und daß es wichtig sei, »Sternzeichenschwindler« von echten Astrologen zu unterscheiden, die weit mehr Faktoren in Betracht ziehen als das Tierkreiszeichen, unter dem ein Mensch geboren ist. Für diese Erklärung gewann man die Unterschriften von 187 (!) Personen mit akademischen Graden. Dieses Papier pocht zwar auch auf Autorität, vertritt aber eine weniger von Vorurteilen geprägte Ansicht. Natürlich besagt die Feststellung, man sei für weitere Forschungen, wenig mehr als wenn man sagt, daß man gegen Sünde und für Mutterschaft ist, doch selbst dies ist ein Fortschritt im Vergleich zu der schlichten voreingenommenen Weigerung, das Beweismaterial zu prüfen.

Natürlich ist es möglich, daß keinem Teilaspekt der Astrologie Wahrheitsgehalt zukommt. Der springende Punkt aber ist, daß die 186 Wissenschaftler dies nicht *bewiesen* haben. Um dies zu leisten, hätte es einer systematischen Untersuchung des gesamten verfügbaren Beweismaterials zugunsten der Astrologie mit dem anschließenden Nachweis seiner Nichtigkeit bedurft.

Die Einstellung gemäßigterer Wissenschaftler illustriert J. Allen Hynek, der Chef des Department of Astronomy an der Northwestern University. Als Mitglied eines weiteren Ausschusses unter Leitung von Professor Bok, des Harvard Committee on Astronomy, errechnete er zwanzigtausend Horoskope nach Angaben in dem Verzeichnis der ›American Men of Science‹. Er fand keine Zusammenhänge mit Sternzeichen oder mit Aspekten des Planeten Merkur, von dem es heißt, er sei der »Planet des Geists«. Der Direktor des Observatoriums, in dem er diese Arbeit durchführte, verweigerte die Genehmigung, selbst dieses negative Ergebnis zu veröffentlichen, damit niemand auf den Gedanken käme, seine Mitarbeiter vergeudeten Zeit mit derartigen Angelegenheiten! In ähnlichem Sinn schrieb Hynek in seinem Vorwort zu einem der Bücher der Gauquelins (1978): »Es geschieht mit erheblichem Zögern . . ., daß ich dieses Vorwort schreibe, weil es offenbar genügt, einen Astronomen aus der Gemeinschaft der Wissenschaftler auszuschließen, wenn er sich mit etwas beschäftigt, das auch nur entfernt mit Astrologie zusammenhängt.«

Vor diesem Hintergrund offener Feindseligkeit gegenüber neuen Ideen und Experimenten mußten aufgeschlossene Wissenschaftler kämpfen, wenn sie der Frage nach dem Wahrheitsgehalt der Astrologie nachgehen wollten. Sie mußten oft sogar ihr Recht verteidigen, auf diesem Gebiet zu forschen. Die Folge war, daß es etablierten Wissenschaftlern oftmals das beste zu sein schien, nichts zu sagen, statt Hohn und Spott auf sich zu nehmen. Nur wenige hatten den Mut zuzugeben, daß »etwas daran sein könnte«.

Skeptiker und Gläubige

Skepsis gegenüber der Astrologie ist natürlich keine neue Einstellung. Die Auffassungen gingen in der Antike und in mittelalterlichen Zeiten genauso weit auseinander wie heute. Pythagoras beispielsweise, der um 580 v. Chr. in Samos geboren wurde und einer der größten Mathematiker aller Zeiten war, gehörte zu den führenden Befürwortern der Astrologie; Hippokrates hingegen, geboren 460 v. Chr. und bekannt als der Vater der modernen Medizin, soll sich ausdrücklich von ihr losgesagt haben. Platon und Aristoteles, die im fünften und vierten Jahrhundert v. Chr. lebten, teilten den Glauben der Astrologen an den Einfluß der Sterne. Platon glaubte an Planetengötter und meinte, unsere Seelen stammten von den Sternen, wohin sie, wenn das Leben zu Ende sei, wieder zurückkehrten. Aristoteles lehrte: »Diese Welt ist unausweichlich mit den Bewegungen der Welt über uns verknüpft.« Lukrez und Cicero teilten diese Ansicht nicht. Der Letztere erörtert in seinem Buch »Über die Seherkunst« acht Argumente für die Nutzlosigkeit der Horoskopgläubigkeit und des Aberglaubens. Nachdem er deutlich gemacht hat, wie weit die Räume sind, die Himmel und Erde trennen, schließt er: »Die gebräuchlichen Methoden der Weissagung sind weder vernünftig noch wissenschaftlich.«

Während der Renaissance sollen fast sämtliche großen Gelehrten Astrologie studiert haben. Erst nach der Renaissance-Zeit nahmen die Naturwissenschaftler unter ihnen eine immer ablehnendere Haltung ein. Viele frühe Gelehrten glaubten nicht nur, daß die Planeten ganz allgemein die Persönlichkeit und das Schicksal bestimmen; sie sahen auch Zusammenhänge zwischen astrologischen Faktoren und bestimmten Krankheiten. Galen (geboren 130 n. Chr.), der zum Vater der experimentellen Physiologie werden sollte, schrieb ein Buch über die Vorhersagbarkeit von Krankheit mittels Astrologie; er war davon überzeugt, daß die Position der Sterne eine entsprechende Rolle bei der Dosierung der verordneten Arzneien spiele. Die Idee, daß jedes Sternzeichen mit einem Körperteil in Verbindung steht, reicht wenigstens bis zu dem 10 n. Chr. geschriebenen ›Astronomicon‹ des römischen Dichters Manilius zurück. Paracelsus (geboren 1493) erweiterte dieses System. Er legte dar, daß die Funktion der Hauptorgane des Körpers von den Planeten beherrscht würde. Paracelsus war insofern eine Ausnahmeerscheinung, als er darauf bestand, daß die Beobachtung der Theorie vorangehen solle. Er hatte keinen Respekt vor Autoritäten und brachte sein Leben damit zu, auf eigene Faust Dinge herauszufinden. Er trat für den Gedanken ein, daß der Himmel irdische Ereignisse nicht beeinflusse, sondern mit ihnen in Wechselbeziehung stehe. Diese Vorstellung ist gegenwärtig bei modernen Astrologen gang und gäbe, stand aber zur Zeit des Paracelsus im direkten Gegensatz zu den herrschenden Auffassungen. Er lehnte die Überzeugungen der volkstümlichen Astrologie ab und schrieb, die Sterne entschieden nichts, implizierten nichts und gäben nichts zu verstehen; wir seien so frei von ihnen wie sie frei von uns seien, und es sei unsinnig zu glauben, die Sterne könnten einen Menschen machen (Hartmann, 1973).

Der glänzende Mathematiker und Erfinder Girolamo Cardan (geboren 1501) war auch Astrologe. Nach der Legende beging er an dem Tag Selbstmord, den er für seinen eigenen Tod vorhergesagt hatte. Astrologe war auch der Däne Tycho Brahe (geboren 1546), der wegen seiner genauen Planetentabellen berühmt ist, die es Kepler gestatteten, die Gesetze der Planetenbewegungen zu erarbeiten. An den Hinweis, daß auf eine Konjunktion von Jupiter und Saturn im Jahr 1593 in der Nähe von Sternen, von denen man traditionell annahm, sie seien unheilbringend, in der Tat eine Pestepidemie folgte, die ganz Europa heimsuchte, schloß er die Frage an, ob dies nicht »den Einfluß der Sterne durch eine eindeutig feststehende Tatsache« bestätige. Obwohl Anhänger der Astrologie, falsifizierte er die seit Aristoteles gültige Lehre, nach der die Fixsterne als ewig, unwandelbar und götterähnlich galten. Dies gelang ihm mit dem Nachweis, daß eine 1572 aufleuchtende Nova ein Fixstern war.

Psychologen betrachten die Astrologie

Wir haben gesehen, was moderne Naturwissenschaftler der Astrologie gegenüber empfinden. Doch wie steht es mit den Psychologen? Angesichts dessen, daß ihre Wissenschaft noch so wenig entwickelt ist, möchte man meinen, daß sie aufgeschlossener seien, doch scheint das nicht der Fall zu sein. In der Tat haben nur wenige die Astrologie eines Blickes gewürdigt. C. G. Jung, der bekannte Tiefenpsychologe, schrieb ein Buch unter dem Titel ›Naturerklärung und Psyche‹, in dem es sinngemäß heißt: Hätten die Astrologen (von ein paar Ausnahmen abgesehen) sich mehr mit Statistik beschäftigt und die Rechtmäßigkeit ihrer Interpretationen in wissenschaftlichem Geist in Frage gestellt, hätten sie schon längst entdeckt, daß ihre Aussagen auf einem schwankenden Fundament stehen. (Es ist interessant, daß Jung selber einen statistischen Überblick über Astrologie und Ehepaare erarbeitete: eine seiner wenigen naturwissenschaftlichen Unternehmungen, auf die wir im 5. Kapitel noch eingehen werden.)

Gordon Allport ist ein weiterer bekannter Psychologe, der

Interesse für Astrologie zeigte. 1940 verfaßte er eine Erklärung unter dem Titel ›Psychologen legen ihre Ansichten über Astrologie dar‹. Der Exekutivrat der Society for the Psychological Study of Social Issues billigte den Text, in dem es heißt: »Psychologen finden keinen Beweis dafür, daß die Astrologie irgendeinen Wert als Indikator für vergangene, gegenwärtige oder zukünftige Ereignisse im persönlichen Leben oder im Schicksal eines Menschen hätte. Auch gibt es nicht den leisesten Grund für die Annahme, gesellschaftliche Ereignisse ließen sich durch Sterndeutungen vorhersagen. Die Society for the Psychological Study of Social Issues bedauert daher, daß ein beträchtlicher Teil der amerikanischen Öffentlichkeit an magische Praktiken glaubt, für die es nicht die Spur einer Rechtfertigung in wissenschaftlichen Fakten gibt.«

Man muß sich nur wundern, wie Psychologen, die in ihrer klinischen Arbeit oft unzuverlässige, untaugliche und theoretisch strittige Tests wie den Rorschach-Test anwenden, Astrologen und andere so entschieden beschuldigen können, sie seien »unwissenschaftlich«. Aber es scheint klar zu sein, daß sie, wie andere Wissenschaftler auch, gegen die Astrologie voreingenommen sein können. Es gibt in der Tat gewisse experimentelle Beweise dafür, daß dem so ist.

Goodstein und Brazis (1970) geben einen Bericht darüber, wie sie einen Fragebogen über eine astrologische Studie an tausend aufs Geratewohl ausgewählte Mitglieder der American Psychological Association versandt haben. Die Psychologen wurden aufgefordert, die Qualität und den wissenschaftlichen Wert der Studie zu beurteilen, die sich mit der Frage befaßte, ob der Planetenstand bei der Geburt im Zusammenhang mit dem späteren Beruf stehe. Die Studie war in Wirklichkeit fiktiv. Man hatte zwei Versionen vorbereitet, die zu gleichen Teilen an die befragten Psychologen versandt worden waren. In der einen Version wurden Ergebnisse angeführt, die zeigen sollten, daß es in der Tat Beweise für einen Zusammenhang zwischen Planeten und Berufswahl gäbe. Die andere Fassung war genauso angelegt wie die erste, nur mit der Abweichung, daß die Ergebnisse keinen Zusammenhang anzeigten.

Die erhoffte objektive Beurteilung der Studie durch die Psychologen blieb aus. Viele gaben den Fragebogen unausgefüllt und mit rüden Kommentaren zurück. Nur 282 lieferten brauchbare Antworten, und diejenigen, denen die Studie mit einem negativen Ergebnis zugesandt worden war, beurteilten sie als besser angelegt, glaubwürdiger und ergiebiger für angemessene Schlußfolgerungen. Dieser Beweis für Voreingenommenheit, verstärkt durch die emotionalen Randbemerkungen, die einige der Psychologen hinzugesetzt hatten, veranlaßte Goodstein und Brazis zu dem Fazit: »Es ist ein Jammer, daß Psychologen, die sich der üblen Auswirkungen von Vorurteilen und Emotion auf kritisches Denken bewußter sein sollten, nicht objektiv oder unvoreingenommener zu sein scheinen als ihre wissenschaftlichen Kollegen.«

Einwände gegen die Astrologie

Wir haben bereits einige der gegen die Astrologie vorgebrachten Einwände erwähnt, auf andere werden wir noch ausführlicher eingehen, wenn sie bei der Erörterung der jeweiligen Experimente zur Sprache kommen müssen. Hier wollen wir lediglich einige Einwände erwähnen, die häufig vorgebracht werden, unserer Ansicht nach aber wenig aussagefähig sind. Einen der gebräuchlichsten veranschaulichen die Worte Boks (1975), dem wir bereits als einem der Autoren der Erklärung im ›Humanist‹ begegnet sind: »Zu einer bestimmten Zeit dachte ich ernstlich daran, mich persönlich mit statistischen Tests zu astrologischen Vorhersagen zu beschäftigen, doch ich gab diesen Plan als Zeitvergeudung so lange auf, bis mir jemand zunächst zeigen könnte, daß es für die Astrologie so etwas wie eine physikalische Grundlage gibt.« Doch das heißt, den Karren vor das Pferd zu spannen. Newton behauptete das Vorhandensein einer Gravitationskraft und kam sogar zu detaillierten Formeln über ihre Wirkungsweise, bevor etwas über die Beschaffenheit der Kraft bekannt war. Ja, Newton war, wenngleich er den Begriff der Fernwirkung verwendete, mit seiner eigenen Theorie sehr unzufrieden, und moderne Auffassungen der Gravitation – sei es Einsteins Feldtheorie oder sei es die Quantentheorie über den Teilchenaustausch (Gravitonen) – stehen noch immer zur Diskussion. Aber wiewohl Newtons Theorie der Fernwirkung fast mit Sicherheit falsch war, trug sie doch auf spektakuläre Weise dazu bei, unser Wissen über die Gravitation voranzubringen. Wenn Wissenschaftler immer warten müßten, bis sich für Phänomene eine physikalische Erklärungsgrundlage findet, dann befänden sich Soziologie, Psychologie und Medizin noch im

Mutterschoß. Auch die »harten Wissenschaftler« wären, wenn sie sich an eine solche Devise gehalten hätten, nie imstande gewesen, ihre Studien über das materielle Universum aufzunehmen!

Jerome (1977) trägt in einem Buch mit dem Titel ›Astrology Disproved‹ die grundlegende Position vor, wonach *Astrologie falsch ist, weil sie sich auf Magie gründet.* Der Autor weist darauf hin, daß das alte »Prinzip der Korrespondenz oder der Analogien« noch immer angewandt werde: Beispielsweise werde der Mars, weil er eine rötliche Farbe habe, mit Blut und Krieg in Verbindung gebracht. Wegen dieses offensichtlich irrationalen Fundaments aus Magie und Aberglauben lehnt Jerome eine weitere Beschäftigung mit Astrologie ab. Um ihn selber zu zitieren: »Falls die Grundannahmen einer Hypothese wertlos sind, besteht kein Bedürfnis, Material zu ihrer Verifizierung zu sammeln.« Und er schließt: »Für den modernen Menschen ist die Astrologie eine historische Kuriosität, und sie sollte es auch bleiben.«

Jerome mag durchaus recht haben, aber er hat versäumt, es zu beweisen. Es genügt nicht zu sagen, daß die Astrologie als ein System von Magie angefangen habe und infolgedessen keine Gültigkeit habe. Eine derartige Herkunft mag, selbst wenn es damit seine Richtigkeit hat – und einige Historiker bezweifeln sogar dies –, beträchtliche Zweifel an der Astrologie insgesamt aufkommen lassen, doch sie verurteilt nicht automatisch alle Aspekte der Astrologie. Die anfänglichen Annahmen einer Theorie beweisen oder widerlegen nicht automatisch ihre Ergebnisse. Wir haben bereits das Beispiel von Newtons Gravitationslehre angeführt. Ein weiteres liefert Daltons Theorie des Atoms als einer einfachen und unzerstörbaren Einheit. Längst hat die Kernphysik bewiesen, daß diese Annahme falsch war. Nichtsdestoweniger legte Daltons Theorie, indem sie die Aufmerksamkeit auf die Möglichkeit qualitativer Unterschiede zwischen Elementen lenkte, die Grundlagen für die moderne Chemie. Aus der Geschichte der Naturwissenschaft und der Medizin ließen sich zahlreiche weitere Beispiele anführen. Warum sollte die Astrologie eine Ausnahme bilden?

Die Kritik Jeromes erinnert, obwohl sie nicht richtig ist, wenigstens ihrem Wesen nach an eine rationale Kontroverse, wie sie in wissenschaftlichen Kreisen und unter Wissenschaftsphilosophen geführt wird, wenn es um die Zulässigkeit oder Nicht-Zulässigkeit bestimmter Theorien geht. Doch vieles, das sich in den Büchern und Artikeln, die wir gelesen haben, als wissenschaftlich ausgibt, ist in Wirklichkeit wenig mehr als Verleumdung und Vorurteil. Wie Rockwell, Rockwell und Rockwell (1978) dokumentiert haben, sind *argumenta ad hominem* (persönliche Schmähungen) und Anschuldigungen, die durch Analogieschlüsse entstanden (einige Astrologen hätten auch an andere unwahrscheinliche Dinge geglaubt) ebenso häufig zu finden wie Prophezeiungen über die Gefahren, die der Glaube an die Astrologie in sich berge. Dabei wird immer wieder die eigene Autorität betont. Diese Art der Kritik ist natürlich nicht von wissenschaftlichem Belang.

Feyerabend (1978) liefert eine vernichtende Kritik der Art und Weise, wie Wissenschaftler und Philosophen mit der Astrologie umgegangen sind; er vergleicht die Erklärung des ›Humanist‹ mit dem ›Malleus maleficarum‹ oder ›Hexenhammer‹, einem 1484 von der katholischen Kirche veröffentlichten Buch, das zwei Jahrhunderte lang das Standardwerk für Inquisitoren beim Überführen von Hexen war. Feyerabends Schlußfolgerungen fallen sehr zum Nachteil jener Erklärung aus. Die Verfasser des ›Malleus‹, so sagt er, wußten eindeutig, wovon sie sprachen: Sie ließen sich nicht zu *argumenta ad hominem* herab; sie untermauerten ihre Auffassung durch logische Erörterung. Feyerabend zitiert die Eingangsworte des ›Malleus‹, die aus einer Bulle von Papst Innozenz VIII. stammen, und verweist darauf, daß »die Worte fast die gleichen sind wie die Worte am Anfang der ›Erklärung‹, und das nämliche gilt für die artikulierten Gesinnungen. Sowohl der Papst wie die ›187 führenden Wissenschaftler‹ beklagen die zunehmende Popularität dessen, was sie für anrüchige Ansichten halten. Doch welch ein Unterschied in Bildung und Gelehrsamkeit.«

Die Absicht des Buchs

Unser Untersuchungsansatz sollte inzwischen deutlich geworden sein. Wir erläutern nun einige Prinzipien, die uns geleitet haben.

In erster Linie darf über das Problem nicht vorentschieden werden. Die Inhalte der Astrologie können entweder völlig falsch sein, oder sie können zu einem Teil richtig sein. Nur ein gerechtes Verfahren bietet die Aussicht auf eine richtige Entscheidung. Wir müssen mit aufgeschlossenem Geist rational argumentieren.

Zweitens können wir nur bei einem wissenschaftlichen Ansatz hoffen, zur Wahrheit zu gelangen. Vorzubringen, die Astrologie sei wegen ihrer Ursprünge oder wegen der Unzulänglichkeiten der Wissenschaftler, die sie erforscht haben, unseriös, ist nicht ausreichend. Trotz ihrer magischen oder zweifelhaften Anfänge kann die Astrologie noch immer teilweise Geltung haben. Nur Fakten können über den Ausgang der Sache entscheiden.

Drittens ist es bei der Beurteilung der Forschung vonnöten, kritisch zu sein. Zahlreiche Studien haben es versäumt, statistische und psychologische Faktoren in Rechnung zu stellen, die man berücksichtigen sollte. Kein Buch bietet einen angemessenen wissenschaftlichen Überblick über das gesamte Beweismaterial – ausgenommen die oftmals höchst fachspezifische Darstellung von Dean und anderen (1977). Unter anderem haben Gauquelin (1970 etc.), West und Toonder (1970), Gallant (1974), Culver und Ianna (1979) und Playfair und Hill (1978) Versuche unternommen, eine wissenschaftliche Beurteilung vorzunehmen, sind aber zuweilen überraschend lax bei der Anwendung der angemessenen Bewertungsnormen vorgegangen.

Viertens sollte man nicht nur kritisch, sondern auch konstruktiv sein. Manchmal macht man beiläufig Entdeckungen, während man einer anderen Frage nachgeht. Dafür gibt es das hervorragende Beispiel Johannes Keplers (geboren 1571). Er beschäftigte sich intensiv damit, Planetenbewegungen in Beziehung zu vollkommenen geometrischen Figuren und zu musikalischen Tonstufen oder Harmonien zu setzen, und er brachte einen Großteil seines Lebens mit dem Versuch zu, eine Bestätigung für die Theorie des Pythagoras über die Sphärenharmonie zu finden. (Man nahm an, die sieben Planeten sendeten, während sie mit unterschiedlichen Geschwindigkeiten ihre Bahnen zogen, die sieben Töne der diatonischen Tonleiter aus.) Das meiste davon ist, wie man jetzt weiß, Unsinn, doch im Verlauf seiner Suche fand Kepler Ergebnisse von hohem wissenschaftlichem Wert: die erste zutreffende geometrische Beschreibung der Planetenbahnen. Dies bewog ihn zu der Äußerung: »Niemand soll es für unmöglich erachten, daß aus den Torheiten und Gotteslästerungen der Astrologen eine solide und nützliche Menge an Erkenntnis hervorgehen kann.«

Was hoffen wir also, uns all dies vor Augen haltend, in diesem

Buch festzustellen? Zu Beginn müssen wir einige Unterscheidungen vornehmen.

Vor allem müssen wir seriöse Astrologie von den Zeitungs- und Zeitschriftenkolumnen unterscheiden, die vorgeben, vorhersagen zu können, was die Zukunft für jemanden bereithält, der unter einem bestimmten Sternzeichen geboren wurde, sei er nun Wassermann, Schütze oder sonst etwas. Das Beste, was sich über solche Horoskope sagen läßt, ist, daß sie eine unschädliche Unterhaltung liefern – harmlos so lange, wie man sie nicht ernst nimmt. Kein wirklicher Astrologe glaubt daran. Mit den Worten Truzzis (1979): »Ein Manifest zur Verurteilung von Zeitungshoroskopen könnte ebenso gut von den führenden Astrologen wie von angesehenen Naturwissenschaftlern unterzeichnet werden.«

Wir werden uns dann mit dem befassen, was wir als traditionelle Astrologie bezeichnen. Diese beschäftigt sich mit den vermuteten Beziehungen zwischen den Planetenpositionen im Augenblick der Geburt eines Menschen und dem Charakter, der Entwicklung, dem Beruf, der Ehe und der allgemeinen Lebensgeschichte dieser Person. Die Astrologie dieses Typus kann beschreibend sein (indem sie jemandem hilft, sich selber zu verstehen), sie kann vorhersagend sein (indem sie zu prophezeien versucht, was jemandem widerfahren wird), oder sie kann zurückblickend sein (indem sie versucht, jemandes Vergangenheit zu interpretieren und ihr einen Sinn abzugewinnen). Die vorhersagende Astrologie befaßt sich auch mit größeren Dingen: Für Vorhersagen über das Schicksal von Nationen, den Ausgang von Schlachten oder das Ergebnis von Verträgen wird die Planetenstellung zu dem Zeitpunkt berücksichtigt, an dem Könige oder Präsidenten ihr Amt antreten, an dem die Verträge unterzeichnet oder Schlachten begonnen werden. Wenn an alledem etwas wahr sein sollte, dann wäre seine Bedeutung für die Wissenschaft – vom Leben gar nicht zu reden – gewaltig.

Schließlich gibt es dann noch die Fachrichtung der »Kosmobiologie«, wie wir sie nennen wollen (obgleich die Bezeichnung von Astrologen manchmal in einem anderen Sinn verwendet wird). Sie beschäftigt sich mit dem Zusammenhang zwischen lebenden Organismen, vornehmlich dem Menschen, und außerirdischen Phänomenen aller Art, darunter auch mit den Planetenstellungen, der Sonnentätigkeit, dem Jahreszeitenwechsel und dergleichen. Diese Faktoren können einen offenkundigen, unmittelbaren Einfluß ausüben, wie es bei dem Jahreszeitenwechsel der Fall ist, oder sie können verborgener wirken und im Augenblick strittiger sein, wie die Auswirkung der Sonnenfleckentätigkeit. Falls sich von der Behauptung solcher Zusammenhänge zeigen sollte, daß sie berechtigt ist, dann ist sie unmittelbar nicht für die Astrologie von Bedeutung, sondern auch für Bereiche wie Astronomie, Meteorologie und Psychologie.

Die Absicht unseres Buches ist es zu entscheiden, ob die Astrologie in einer der genannten Ausrichtungen nur Unsinn mystifiziert oder den Anfang einer Wissenschaft darstellt. Wir behaupten nicht, Experten auf dem Gebiet der Astrologie zu sein, und wir könnten auch kein Geburtshoroskop mit ausreichender Sicherheit deuten; doch das ist nicht wichtig. Unsere Ausbildung und Übung in Psychologie und Statistik gestattet uns, Beweismaterial für Aussagen von der Art der astrologischen zu beurteilen. Wichtig sind die Befähigung, mit kritischem Blick den Aufbau der verschiedenen Studien zu mustern, und das statistische Wissen, um die gewonnenen Resultate zu überprüfen.

Warum Statistik?

Viele Menschen klagen darüber, daß es »gewöhnliche Lügen, Notlügen und Statistiken« gebe oder daß man »mit Statistik alles beweisen« könne. Diese Klage ist unvernünftig. Gewöhnliche Lügen sind oft schwer auszumachen, statistische Fehler hingegen kann man viel leichter entdecken. Die Statistik, die wir für unser Thema anwenden, ist nicht kompliziert, und wir glauben auch, daß jemand, der Übung in Statistik hat, unseren Schlußfolgerungen zustimmen würde; für die übrigen Leser dürfte es von Nutzen sein, wenn wir den Zweck der statistischen Auswertung von astrologischen Daten näher erläutern.

Wenn es stimmt, daß die Sterne, wie die Astrologen behaupten, nur »geneigt machen, daß sie nicht zwingen«, dann ist die Statistik das beste Mittel, die verschiedenen Einflüsse zu entwirren, die sich geltend machen. Nehmen wir an, wir interessierten uns für eine bestimmte astrologische Behauptung, beispielsweise für die Hypothese, daß extravertierte Menschen gewöhnlich unter ungeraden Tierkreiszeichen geboren werden, introvertierte hingegen unter geraden. Nun ist die Stellung der Erde in ihrem Umlauf um die Sonne (nur darum handelt es sich letztlich, wenn von Tierkreiszeichen die Rede ist) sicherlich nicht der einzige Faktor, der über die Extraversion oder die Introversion eines Menschen entscheidet. Neben den anderen astrologischen Faktoren, von denen es heißt, sie seien ebenso wichtig, sind natürlich auch konventionelle Dinge wie Vererbung, Erziehung und kulturelle Umwelt bedeutsam. So wäre selbst dann, wenn in jener Behauptung etwas Wahres steckte, das »Signal-Lärm-Verhältnis« immer ziemlich niedrig. Veranstalten wir ein Experiment, bei dem wir einer Anzahl von Menschen, die unter den verschiedenen Tierkreiszeichen geboren sind, Persönlichkeitstests vorlegen, werden wir zweifelsohne entdecken, daß sich die durchschnittlichen Anteile an Introversion und Extraversion bei den einzelnen Sternbildern unterscheiden. Doch dann müssen wir prüfen, ob diese Unterschiede das Ergebnis des Zufalls sind oder ein Beweis für ein echtes Ursache-Wirkung-Verhältnis.

An eben diesem Punkt kommt die Statistik ins Spiel. Sie kann uns keine endgültig schlüssige Antwort liefern, doch was sie uns sagen kann, ist die *Wahrscheinlichkeit, daß die Ergebnisse, die wir erhalten haben, durch Zufall entstanden sein könnten.* Ist diese Wahrscheinlichkeit niedriger als eins zu zwanzig, dann gilt das Resultat nach allgemeinem Konsens als »statistisch signifikant«. Liegt sie niedriger als eins zu hundert, werten wir unsere Ergebnisse als »sehr signifikant«.

Dies sind ziemlich willkürliche Kriterien, doch in der Praxis hat sich gezeigt, daß sie brauchbar sind. Natürlich können sie niemals *garantieren,* daß der Zufall ausgeschlossen worden ist. Nehmen wir beispielsweise an, daß zwanzig Personen unabhängig voneinander ein astrologisches Experiment durchführen: Zufällig könnte einer der zwanzig zu offenbar »signifikanten« Ergebnissen kommen, während die anderen nichts finden. Doch nun beeile sich jener eine in der Überzeugung, den Beweis für eine astrologische Behauptung gefunden zu haben, ihn auch zu publizieren, während die übrigen neunzehn ihr Material einfach als unergiebig wegwerfen; dann fänden wir in der Literatur ein »statistisch signifikantes« Ergebnis, während sich in Wirklichkeit in dem ganzen, von allen zwanzig Personen gesammelten Material nichts Signifikantes findet. Derartige Dinge geschehen weit häufiger, als man annehmen möchte; Redakteure haben nicht sehr viel für negative Ergebnisse übrig und weigern sich oftmals, sie zu veröffentlichen. Positive Ergebnisse werden viel eher publiziert.

Es gibt noch weitere Schwierigkeiten. Die behauptete Anzahl der verschiedenen astrologischen Einflüsse ist enorm, und oft geschieht bei der Untersuchung folgendes: Man nimmt einen einzelnen Meßwert, einen Persönlichkeitstest oder das Auftreten einer bestimmten Krankheit, und bezieht ihn nicht auf einen einzelnen astrologischen Faktor, sondern auf eine sehr große Anzahl davon. Auch hier wird wieder Ähnliches geschehen: Wenn wir zwanzig Faktoren testen, von denen keiner mit dem betreffenden Ereignis wirklich in Zusammenhang steht, wird einer dieser zwanzig Faktoren auf der Grundlage unseres statistischen Tests aus Gründen der Wahrscheinlichkeit signifikant erscheinen. Testen wir hundert Faktoren, werden fünf als signifikant erscheinen und einer als sehr signifikant. So können die Ergebnisse auch dann, wenn nichts als der Zufall am Werk ist, den Eindruck erwecken, als seien sie statistisch signifikant, und es bedarf einiger Sorgfalt, um sicherzustellen, daß nichts Derartiges geschehen ist.

Dies ist ziemlich einfach, wenn der mit der Arbeit Befaßte genau die Anzahl der statistischen Tests angibt, die er durchgeführt, und sämtliche Faktoren auflistet, die er getestet hat. Doch viele Leute tun dies nicht; statt dessen probieren sie Hunderte oder sogar Tausende solcher Faktoren durch und erwähnen in ihren Berichten nur diejenigen, bei denen sich ein positives Ergebnis eingestellt hat. Dies erweckt den Anschein, als wären die Ergebnisse statistisch sehr signifikant, während wir es in Wirklichkeit mit purem Zufallsmaterial zu tun haben. Eine Analogie dazu ist es, eine bestimmte Karte aus einem Spiel zu ziehen und dann zu sagen, die Chance, sie zu ziehen, sei eins zu zweiundfünfzig. Dies wäre nur der Fall, wenn wir zuvor vorhergesagt hätten, welche Karte zum Vorschein kommen würde.

Der einzige Weg, dieser Schwierigkeit zu entkommen, besteht in dem, was als »Replikation« bekannt ist: Die Studie muß wiederholt werden, und nur dann, wenn diese Wiederholung ähnliche Ergebnisse zeitigt, kann man diese als richtig gelten lassen. Selbst dann besteht natürlich noch immer die Möglichkeit, daß wir es mit Zufallsauswirkungen zu tun haben: Doch wenn man weitere Replikationen vornimmt, wird diese Möglichkeit so weit verringert, daß man sie fast völlig ausschließen kann. Die Replikation ist das Kernstück wissenschaftlicher Untersuchungsmethoden. Es ist erschreckend zu sehen, wie wenige der anscheinend signifikanten Fälle in der Astrologie Wiederholungstests unterzogen wurden.

Wir werden im Verlauf unserer Darstellung immer wieder auf diesen Punkt zurückkommen.

Noch wichtiger ist es, einen kritischen Blick auf die Methoden zu werfen, die bei einem Experiment oder einer Studie angewandt werden. Nur so können wir beurteilen, welche Arten von Schlußfolgerungen sich darauf gründen lassen. Es ist hier nicht der Ort, um die ganzen wissenschaftlichen »Evidenzregeln« durchzugehen, doch eine besonders wichtige Regel muß erwähnt werden, weil sie so häufig verletzt wird, nicht nur in der astrologischen Forschung, sondern auch von Psychologen und ganz besonders von Soziologen. Der Umstand, daß zwei Dinge häufig zusammen auftreten (daß, wissenschaftlich gesprochen, eine Korrelation zwischen ihnen vorliegt), beweist nicht, daß das eine das andere verursacht. In den letzten zwanzig Jahren ist die Bevölkerung von Kopenhagen zurückgegangen, und das gleiche gilt auch für die in der Stadt gesichteten Störche. Folgern wir daraus etwa, die weniger gewordenen Störche hätten weniger Babies gebracht? Die Korrelation ist sehr hoch, hat aber keinerlei kausale Bedeutung. Um die Regel bündig zu formulieren: Korrelation darf nicht als Ursache-Wirkung-Zusammenhang gedeutet werden.

Nehmen wir ein weniger deutliches Beispiel. Die Psychologen haben herausgefunden, daß Kinder, die von ihren Eltern geprügelt wurden, dazu tendieren, als Heranwachsende und Erwachsene häufiger mit dem Gesetz in Konflikt zu kommen und gewalttätig zu sein. Viele Menschen haben daraus geschlossen, daß diese jungen Leute *deshalb* gewalttätig sind, *weil* sie als Kinder geprügelt worden sind. Das mag richtig sein, aber es gibt auch andere Möglichkeiten. Beispielsweise ist bekannt, daß das betreffende Verhalten in hohem Grad genetisch determiniert ist; vielleicht veranlassen die gleichen Gene, welche die Eltern veranlaßten, das Kind zu prügeln, auch dieses Kind, sich aggressiv und gewalttätig zu verhalten, wenn es erwachsen ist. Oder vielleicht provoziert ein Kind, das bösartig und schwer zu behandeln ist, die Eltern dazu, es zu prügeln. Die Korrelation als solche gestattet uns nicht, etwas über die Ursache-Wirkung-Abfolge zu sagen; dafür sind speziellere und komplexere Maßnahmen erforderlich. So müssen wir, selbst wenn der Zufall mehr oder minder gründlich ausgeschaltet ist, noch immer entscheiden, was Ursache und was Wirkung ist.

Die Kontroverse über die Abgrenzung

Was ist Wissenschaft und was nicht? Wenn wir entscheiden wollen, ob sich die Astrologie in irgendeinem Sinn als Wissenschaft verstehen läßt, müssen wir in der Kontroverse über die Abgrenzung, die in diesem Jahrhundert zumeist von Wissenschaftstheoretikern geführt wurde, eine Stellung beziehen. Die wohl beste Einführung in diese Problematik ist ein jüngeres Buch, ›The Structure of Scientific Theories‹, herausgegeben von Friedrich Suppe (1974). Es macht deutlich, daß das, was auf den ersten Blick eine einfache Frage zu sein scheint, vielleicht nicht so leicht zu beantworten ist.

Es gibt drei Hauptpositionen in diesem Diskurs, die sich folgendermaßen vereinfacht beschreiben lassen. Sir Francis Bacon sprach sich ursprünglich dafür aus, zunächst Fakten zu sammeln und anschließend Theorien auf diese Tatsachen zu gründen (die Methode der »Induktion«). Die Wiener Schule des logischen Positivismus vertrat zur Zeit des Ersten Weltkriegs den Ansatz, daß die Wissenschaft im Wesentlichen mit dem Aufstellen von Theorien beginne, woran sich deren Verifikation oder Falsifikation durch Forschung anschließe. Sir Karl Popper hat in neuerer Zeit dargelegt, daß sich keine Theorie jemals endgültig verifizieren lasse; wann immer wir mit Ergebnissen aufwarten, welche die Theorie bestätigen, können wir doch nie absolut sicher sein, ob nicht ein weiteres Experiment zu einer Widerlegung führt. Daher nimmt Popper an, eine Theorie sei dann wissenschaftlich, wenn sie »offen« ist: nicht nur für Bestätigung (was ja endgültig nie möglich ist), sondern auch für Widerlegung. Mit anderen Worten: die Falsifikation, nicht die Verifikation ist der eigentlich wissenschaftliche Ansatz.

Wir sind der Ansicht, daß es nicht angemessen wäre, eine dieser Auffassungen richtig oder falsch zu nennen, und daß es gleichermaßen nicht angemessen wäre anzunehmen, daß eine von ihnen auf sämtlichen Entwicklungsstufen der Wissenschaft von den früheren Anfängen bis zur späteren Meisterschaft anzuwenden sei. Wissenschaft beginnt damit, daß man Beobachtungen anstellt und dann aus diesen Beobachtungen induktiv Schlüsse zieht (Bacon). In dieser Phase mögen solche Induktionen wenig mehr als primitive Ahnungen sein, und es besteht wahrscheinlich kein sehr deutlicher Unterschied zwischen der Wissenschaft auf der einen Seite und Volkswissen, Magie und gewöhnlicher Arbeitspraxis auf der anderen. Mit der wachsenden Zahl bekannter Fakten werden allmählich Hypothesen aufgestellt, und man beginnt, sie zu verifizieren oder zu falsifizieren (Wiener Schule). Wenn wir eine Anzahl verhältnismäßig gut verifizierter Hypothesen vorliegen haben, werden weiterreichende Theorien konstruiert, und diese bilden den Ausgangspunkt für so viele mögliche Deduktionen, daß die Verifikation all dieser Ableitungen unmöglich wird. Jetzt wird die Falsifikation zur entscheidenderen Frage (Popper). Und wenn schließlich eine Theorie vielen Prüfungen unterzogen worden ist, ohne sich falsifizieren zu lassen, stellen wir Gesetze auf wie etwa das Newtonsche Gravitationsgesetz. Solche Gesetze werden nur dann wieder preisgegeben, wenn sich die Ausnahmen häufen, wenn es zu wissenschaftlichen Revolutionen kommt und alternative Theorien vorgebracht werden – so etwa im Fall der Einsteinschen Relativitätstheorie.

Grenzziehungsregeln, die für die eine Entwicklungsstufe geeignet sind, müssen nicht notwendig auch für andere Stufen gelten, und wir können in der Tat zu ganz falschen Ergebnissen kommen, wenn wir die falsche Regel anwenden. So führte Popper als Beispiele pseudowissenschaftlicher Theorien diejenigen an, die im Zusammenhang mit Freud, Marx und der Astrologie stehen; er erklärte, daß sich aus ihnen keine falsifizierbaren Theorien ergäben, weswegen sie nicht wissenschaftlich seien. Doch dies ist, zumindest was die Astrologie anlangt, ganz unrichtig, weil sich in den Lehrbüchern zahlreiche nachprüfbare Hypothesen und Theorien finden. Um ein Beispiel zu nennen: Wir haben bereits die Behauptung erwähnt, daß unter den ungeraden Zeichen des Tierkreises mehr extravertierte Menschen geboren werden, mehr introvertierte Menschen hingegen unter den geradzahligen Zeichen. Dies ist eine überprüfbare Hypothese, und infolgedessen müßten wir nach dem Kriterium Poppers die Astrologie »wissenschaftlich« nennen.

In praktischer Hinsicht möchten wir die Meinung vertreten, daß das Studium der Astrologie noch nicht weit genug vorangetrieben ist, als daß allgemeine theoretische Aussagen und die Falsifikation von großem Nutzen bei der Entscheidung über ihren wissenschaftlichen Status sein könnten; wir müssen auf ein früheres Stadium zurückgreifen und uns auf Verifikationsversuche konzentrieren. Erst wenn eine Anzahl astrologischer Behauptungen verifiziert sein wird, wird es von Nutzen sein, zu späteren Stadien der Wissenschaftlichkeit weiterzugehen.

Als warnendes Beispiel bedenke man die bekannte Geschichte über König Charles II., welcher der neugegründeten Royal Society das folgende Problem vorlegte: »Warum läuft das Wasser nicht über, wenn wir ein Glas nehmen, das bis zum Rand damit gefüllt ist, und einen Frosch hineinsetzen?« Die Weisen und Wissenschaftler der Royal Society grübelten mehrere Tage über diesem Problem, bis einer tatsächlich ein Glas mit Wasser brachte und einen Frosch hineinsetzte. Das Wasser lief prompt über. Mit der Erarbeitung von Theorien haben wir zu warten, bis wir eine gewisse Anzahl halbwegs gut erklärter Fakten haben.

Unter diesem Gesichtswinkel haben wir also in diesem Buch einige der von Astrologen aufgestellten Behauptungen, einige ihrer Hypothesen und Theorien und vor allem einige Versuche überprüft, sie durch empirische Studien zu verifizieren. Mit besonderer Aufmerksamkeit und besonders kritisch haben wir die bei diesen Studien angewandten Statistiken und Methoden angesehen, und wir haben festzustellen versucht, inwieweit das Material die Schlußfolgerungen rechtfertigt.

Das Material

Zum Abschluß dieses Kapitels ist noch ein Wort über die Auswahl unseres Materials selbst zu sagen. Dean und andere (1977) nahmen in ihrem Opus magnum fast alle Studien in Augenschein, die auf dem Gebiet der Astrologie durchgeführt worden waren, aber sie mußten das meiste davon wegen verschiedener Unzulänglichkeiten ablehnen. Wir haben nicht versucht, ähnlich umfassend vorzugehen. Wir haben eine sehr große Anzahl von Studien ausgeschieden, die wegen ihres Ansatzes, ihrer statistischen Behandlung, des geringen Umfangs der Stichproben oder aus anderen Gründen eindeutig nicht zu lohnenden Resultaten führten. Unser Urteil mag subjektiv sein, aber wir freuen uns, feststellen zu können, daß wir in praktisch jedem Fall mit Dean und seinen Mitautoren, mit den Gauquelins und anderen gut informierten Kritikern des Fachgebiets übereinstimmen. Es wäre ermüdend, jene wertlosen Studien nur deshalb anzuführen, um sie zu verreißen. Statt dessen haben wir uns auf Studien konzentriert, die nicht nur ein positives Ergebnis haben, sondern die darüber hinaus in den Augen vieler Fachleute die Behauptungen der Astrologie nachdrücklich untermauern. Diese haben wir einigermaßen ausführlich beschrieben, und wir haben dem Leser zu zeigen versucht, warum wir in vielen Fällen nicht der Ansicht sind, daß die vorgetragenen Ergebnisse und Schlußfolgerungen die richtigen sind. In anderen Fällen haben wir nichts zu kritisieren gefunden, obwohl wir oftmals auf die Notwendigkeit der Replikation oder darauf hingewiesen haben, wie gefährlich es ist, Schlußfolgerungen über das hinaus zu ziehen, was das Material trägt. Wir sind dabei von dieser Überzeugung ausgegangen: Falls hinter den übertriebenen Behauptungen und der betrügerischen Anmaßung, die nur zu oft unter der Fahne der Astrologie segeln, ein Kern an Sinn und Tatsächlichkeit steckt, dann läßt er sich einzig durch eine sorgfältige Überprüfung positiver Studien freilegen. Es geht einfach darum herauszufinden, ob das beste verfügbare Beweismaterial der wissenschaftlichen Untersuchung standhält oder nicht. Wir haben versucht, jenen Astrologen zu antworten, die den wissenschaftlichen Ansatz verunglimpfen und behaupten, die wissenschaftliche Methode könne mit so komplexen und subtilen Theorien wie den ihrigen nicht umgehen. Wie wir sehen werden, gibt es Mittel und Wege, die es dem Wissenschaftler gestatten, sich auf sehr komplexe Hypothesen einzulassen, und Studien, welche diese Methoden anwenden, werden detailliert angeführt. Wer immer die Möglichkeit bestreitet, bestimmte Theorien wissenschaftlich zu untersuchen, zeigt, daß er über die verfügbaren Methoden nicht Bescheid weiß; und möglicherweise gibt er eine gewisse Angst vor dem Ergebnis zu erkennen.

In diesem Buch haben wir versucht, mit so wenig Vorurteilen wie möglich auszukommen, aber wir machen uns keine Illusionen. Sollte unsere Überprüfung zugunsten der Astrologie ausfallen, werden uns die Wissenschaftler an den Pranger stellen. Sollten wir finden, daß die Astrologie unzulänglich ist, werden uns die Astrologen schmähen. Das ist der Lauf der Welt, wir dürfen nicht klagen.

2. Was ist Astrologie?

> Neugierde ist eines der beständigsten und gewissesten Merkmale eines starken Geistes.
>
> Samuel Johnson

Die Ursprünge der Astrologie

Darstellungen über die Anfänge der Astrologie füllen ganze Bücher, und wir können hier nur eine knappe Skizze geben. Zunächst einmal müssen wir zwischen Astrologie und Astronomie unterscheiden, die gleichzeitig ihren Ursprung in Babylonien hatten. Die Astrologen behaupten gewöhnlich, die Astrologie sei ungemein alt und die Mutter der Astronomie, doch die tatsächlichen Anfänge der beiden Disziplinen sind nicht bekannt. Nach Zeugnissen, die bis zur Erfindung der Keilschrift um 3000 v. Chr. zurückdatieren, scheint es wahrscheinlich, daß die Vorläufer der Astronomie die Himmelsbeobachtungen waren, die man in Reaktion auf das Bedürfnis nach einem Kalender anstellte, um Jagd und Aussaat zu regeln, und daß die Vorläufer der Astrologie einfach Zeichendeutung und Weissagung waren.

Ein allgemeiner Kalender war wichtig, weil Babylonien ein großes Zentralreich war, in dem örtliche Kalenderabweichungen Probleme verursacht hätten. Nach Auskunft einer ausgezeichneten historischen Darstellung von Toulmin und Goodfield (1965) waren Zeichenweissagungen die natürliche Folgeerscheinung des babylonischen Glaubens, daß die Himmelskörper Götter seien, die alles vom Wetter bis zum Geschick von Menschen und Staaten beeinflussen konnten. Da sich diese Götter nun nach Mustern bewegten, die man sehen und aufzeichnen konnte, verstand man die Zeichendeutung nicht als Täuschung, sondern als die intellektuelle Herausforderung, den Gang des Schicksals zu verstehen. Überdies waren in Babylonien religiöse Überzeugungen und politische Angelegenheiten in einem heute unvorstellbaren Ausmaß miteinander verwoben. Daher bestand, obwohl wir hier zwischen Astrologie und Astronomie unterschieden haben, in ihren Anfängen wahrscheinlich kein wesentlicher Unterschied zwischen beiden. Sowie Beobachter einmal die Höhe der Sonne mit den Jahreszeiten und die Mondphasen mit dem weiblichen Zyklus in Zusammenhang gebracht hatten, dürfte man von solchen Einflüssen des Himmels auf die Erde wohl angenommen haben, daß sie sich auf alles erstreckten. In ihrem Überblick über die Ursprünge der Astrologie verweisen Culver und Ianna (1979) darauf, daß die Babylonier hätten kaum noch abergläubischer sein können. Sie sahen Schicksalszeichen in allen denkbaren Erscheinungen von einfachen Alltagsereignissen bis zum Zustand der Eingeweide von eigens geopferten Tieren. Nur einen kleinen Teil dieser Zeichen entnahmen sie den Bewegungen der Gestirne. Bezeichnend für die ältesten erhaltenen babylonischen Zeichenweissagungen ist diese von etwa 2470 v. Chr.: »Wenn man den Mond in der ersten Nacht des Monats sehen kann, wird das Land friedlich sein ... Wenn der Mond von einem Hof umgeben ist, wird der König vorzüglich regieren.« So ähnlich klangen auch die Vorhersagen, die sich auf andere Erscheinungen stützten. Auf dieser Grundlage scheint es wenig Zweifel daran zu geben, daß der Aberglaube die eigentliche Mutter der Astrologie war.

Es gibt zahlreiche prähistorische Steinmonumente allenthalben auf der Welt – so etwa die Pyramiden und Stonehenge –, die als Observationsstätten zum Studium des Himmels gedient haben mögen. Steintürme bis zu einer Höhe von fast hundert Metern gab es um 2000 v. Chr. in Babylon häufig (der Turm von Babel war wahrscheinlich einer davon). Man nimmt an, daß von diesen Türmen aus systematische nächtliche Beobachtungen über die Himmelsbahnen des Monds und der Planeten angestellt wurden. Die wenigen Instrumente, welche die Babylonier benutzten – so etwa die Orientierungshilfen, die nach demselben Prinzip funktionieren wie die Sonnenuhr – waren ungenau. Dies spielte aber keine Rolle: Die Genauigkeit der babylonischen astronomischen Beobachtungen (die jahrhundertelang unübertroffen blieb, bis die Griechen um 100 n. Chr. sie auch erreichten) rührte nicht von der Präzision einzelner Beobachtungen her, sondern vom Alter und der Beständigkeit ihrer sorgfältig geführten Aufzeichnungen und dazu vom Vorhandensein eines zuverlässigen Kalenders, mittels dessen sie gedeutet wurden. Wenn tägliche Aufzeichnungen aus Jahrhunderten für eine Analyse zur Verfügung stehen, fallen Ungenauigkeiten in den Einzelbeobachtungen kaum ins Gewicht.

Biblische Hinweise auf eine frühe Astrologie stammen aus der Zeit um 760 v. Chr., wobei das Alte Testament mehrere

Beispiele liefert. Um aus Jesaia zu zitieren: »Laß jetzt die Astrologen, die Sternschauer, die Monatswahrsager aufstehen und dich vor den Dingen bewahren, die über dich gekommen sind.« Doch eine Astrologie, wie wir sie kennen, war erst möglich, als die Babylonier um 700 v. Chr. zu astronomischen Zwecken den 360-Grad-Tierkreis erfunden hatten. Um 600 v. Chr. hatten sie diesen Kreis in zwölf gleiche Teile unterteilt und jeden nach dem Sternbild benannt, das den größten Teil des Abschnitts einnahm. Wie wir später erklären werden, haben sich diese Sternbilder dank der Präzession (von der den Babyloniern damals nichts bekannt war) bis heute um nahezu ein Zeichen weiterbewegt. Erst 300 v. Chr. hatten die Babylonier die mathematische Astronomie entwickelt, die man benötigte, um die Bewegungen des Monds und der Planeten zu berechnen. So erweist sich die oftmals von Astrologen aufgestellte Behauptung, die Astrologie habe im Altertum als empirische Beobachtung begonnen, als unhaltbar, weil bis zu dieser Zeit das dafür erforderliche astronomische Wissen gar nicht vorhanden war.

Das älteste bekannte Horoskop, das sich auf den Augenblick der Geburt bezieht, stammt aus dieser Epoche und gilt für den 29. April 410 v. Chr.; es besteht großenteils aus einer einfachen Zusammenstellung der Zeichenpositionen des Monds und von fünf Planeten. Spätere Horoskope sind ähnlich, doch detaillierter ausgearbeitet, und zuweilen findet sich eine kurze Deutung über Zukunftsaussichten im Hinblick auf Gesundheit und langes Leben.

Kein babylonisches Horoskop erwähnt den Aszendenten oder einen anderen Faktor als die Planeten in den Zeichen. Daher hat es den Anschein, als sei das meiste der heutigen Astrologie von den Griechen erfunden worden, nachdem diese, schon vor der Eroberung Babylons im Jahr 331 v. Chr., babylonische Vorstellungen übernommen hatten: Um 400 v. Chr. verwendeten sie babylonische Zeichennamen für die Monate eines Sonnenkalenders. Es waren die Griechen, die als erste dem Aszendenzzeichen besondere Bedeutung zumaßen: Es ist dasjenige, das im Augenblick der Geburt über dem Horizont heraufkommt. So stammt das Wort »Horoskop« aus dem griechischen »horoscopos«, was wörtlich bedeutet: »Ich beobachte, was aufsteigt«.

Die älteste erhaltene astrologische Abhandlung ist das ›Astronomicon‹ des Manilius von Rom, entstanden in der Regierungszeit des Augustus. 130 Jahre später, im Jahr 140 n. Chr., folgte ihr der klassische ›Tetrabiblos‹ des Ptolemäus, dessen umfassende und detaillierte Darstellung von vielen modernen Astrologen als Evangelienwahrheit akzeptiert wird und das meiste technische Grundwissen der heute praktizierten Astrologie enthält. Sowohl Manilius wie Ptolemäus bezogen sich ständig auf ältere Schriften, so daß ihre Bücher eine Kompilation schon früher bekannter Überlieferung waren. Zu einigen geringfügigen Änderungen kam es, als die Astrologie von den Griechen bei den Römern eingeführt wurde; so wurden beispielsweise die Planeten nach den römischen Göttern umbenannt.

Die Vorstellungen der griechischen Astronomie gelangten (verstärkt nach dem griechischen Einfall 327 v. Chr.) nach Indien, wo sie mit Hindu-Symbolen ausgeschmückt wurden. Weil sich die spätere indische Astronomie und Astrologie an die Fixsterne hielt, was bei der griechischen Astronomie und Astrologie nicht der Fall war, kam es zu einem fundamentalen Unterschied zwischen östlicher und westlicher Astrologie, der heute noch immer besteht.

Bis zum Mittelalter hatte sich die Astrologie über die ganze Welt ausgebreitet. Erst mit dem Aufstieg der Astronomie im Gefolge der Erfindung des Fernrohrs im Jahr 1610 verlor sie vor der wissenschaftlichen Vernunft an Boden. 1666 wurde sie von den französischen Universitäten verbannt, und kurz darauf widerfuhr ihr das in ganz Europa. Es geschah nur wenig, bis ihre Denkweisen mehr als zweihundert Jahre später hauptsächlich von dem Theosophen Alan Leo (1860–1917) wiederbelebt und leicht modernisiert wurden. Zu Beginn unseres Jahrhunderts breitete sie sich nach Amerika aus, und seither erlebte sie einen kräftigen Wiederanstieg im allgemeinen Interesse, vornehmlich in den letzten ein, zwei Jahrzehnten. Heute studiert nach den Schätzungen Deans und anderer (1977) in den westlichen Ländern einer von zehntausend Menschen ernstlich Astrologie – es ist etwa die gleiche Fülle wie bei den Psychologen.

Die Prinzipien der Astrologie

Wie bringt die Astrologie den Himmel in Zusammenhang mit irdischen Angelegenheiten? Die Regeln der Interpretation unterscheiden sich etwas, je nachdem, ob die zur Debatte stehende

Frage den Charakter eines Menschen, die Ereignisse in seinem Leben, ein Geschäft, eine Nation, die beste Zeit für eine Handlung, die Antwort auf eine Frage, eine Beziehung und dergleichen betrifft. Aber es gibt grundlegende Prinzipien für die meisten Fälle, und eben sie wollen wir jetzt beschreiben. Leser, die sich eine detailliertere Darstellung wünschen, sollten sich an ein geeignetes Lehrbuch wie das von Parker und Parker (1975) halten.

Der erste Schritt im astrologischen Verfahren besteht darin, das Geburtshoroskop zu berechnen, das einfach eine stilisierte Himmelskarte für den Augenblick der Geburt darstellt. Die Geburt, um die es sich handelt, kann diejenige eines Menschen, einer Firma, eines Ereignisses, einer Nation, einer Frage oder sonst einer Sache sein, für die ein Anfangszeitpunkt feststeht. Die meisten Geburtshoroskope bestehen heute aus einem vorgedruckten Formular (das es in zahlreichen Fassungen gibt), in welches der Astrologe die zwölf Tierkreiszeichen, die Planeten (entnommen einer »Ephemeride« genannten Tabelle der täglichen Planetenpositionen) und die Häuser einträgt (die später erklärt werden und einer Häusertabelle entnommen sind). Man beachte, daß in der Astrologie die Bezeichnung »Planeten« die Sonne und den Mond einschließt; dies ist technisch unrichtig, wird aber der Bequemlichkeit halber so gehandhabt. Eine typische Geburtshoroskopzeichnung gibt die Abbildung auf S. 44 wieder.

Eine typische Deutung dieses Horoskops sähe folgendermaßen aus: Musikalische Talente sind durch den Aszendenten im Stier (einem Tierkreiszeichen, das von den Astrologen gern mit Musik in Zusammenhang gebracht wird) und durch Uranus in der Nähe des Aszendenten (eine Position, die auf Genialität hinweisen soll) angezeigt. Beethoven war ein schwieriger und reizbarer Mensch, wie Merkur (Mentalität) genau gegenüber von Mars (Kraft) zu erkennen gibt, und hatte ein ungeordnetes Privatleben, wie Uranus (Veränderung) in Opposition zum Deszendenten (Freunde) zeigt. Die Astrologen haben in diesem Sinn eine detaillierte Analyse für zahlreiche berühmte Menschen erstellt. Mann (1979) liefert in seinem Buch ›The Round Art‹ einige anschauliche Beispiele.

Um auf das Horoskop zurückzukommen: Die zwölf Tierkreiszeichen sind die Unterteilungen des Tierkreises, von denen jede 30 Winkelgrade mißt. So ist der Kreis der Zeichen sowohl der himmlische Hintergrund, vor dem die Planeten gesehen werden, wie auch das Bezugsnetz, durch das ihre Position ge-

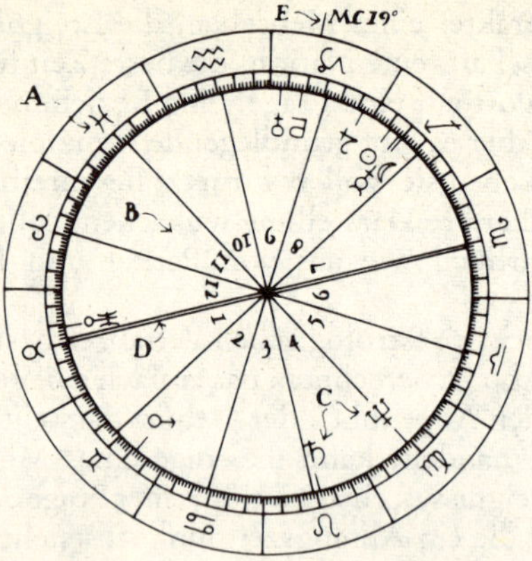

A Tierkreiszeichen
B Häuser
C Planeten in den Häusern und Zeichen, in denen sie bei der Geburt standen
D Der Aszendent: der Teil des Tierkreises, der bei der Geburt aufging
E Die Himmelsmitte oder Medium Coeli (MC): der Teil des Tierkreises, der bei der Geburt kulminierte

Ludwig van Beethoven wurde am 16. Dezember 1770 um 13 Uhr 30 in Bonn geboren. Dieses Geburtshoroskop stellt eine Himmelskarte zum Geburtszeitpunkt dar. In der Praxis enthielte die Tabelle die genauen Planetenpositionen, ein Verzeichnis der Aspekte und weitere Informationen, die sämtlich hier um der Klarheit willen weggelassen sind. Ein Schlüssel der Symbole findet sich unten. (Nach Geddes, 1976)

ZEICHEN		PLANET	
Widder	♈	Sonne	☉
Stier	♉	Merkur	☿
Zwillinge	♊	Venus	♀
Krebs	♋	Mond	☽
Löwe	♌	Mars	♂
Jungfrau	♍	Jupiter	♃
Waage	♎	Saturn	♄
Skorpion	♏	Uranus	♅
Schütze	♐	Neptun	♆
Steinbock	♑	Pluto	♇
Wassermann	♒		
Fische	♓		

nau bestimmt wird. Das Sternzeichen eines Menschen ist einfach das Zeichen, in dem sich die Sonne im Augenblick der Geburt befand. Es ist der einzige astrologische Faktor, der sich leicht ohne eine Ephemeride bestimmen läßt, daher bildet er notwendigerweise die Grundlage für alle Populärastrologie. Da jedoch die Erdbahn um die Sonne nicht kreisförmig, sondern leicht elliptisch ist, verbringt die Sonne nicht in jedem Zeichen die gleiche Zeit. Am längsten hält sie sich im Krebs auf (31 ½ Tage), am kürzesten im Steinbock (29 ½ Tage). Diese Abweichungen bedeuten im Verein mit der Auswirkung von Schaltjahren, daß die Sonne nicht immer in jedem Jahr am gleichen Tag das Zeichen wechselt, so daß die in den Zeitungshoroskopen angegebenen Daten nur annähernd stimmen. Die Tabelle zeigt eine typische Unterteilung:

Tierkreiszeichen	*Ungefähre Daten*
1. Widder	21. März bis 19. April
2. Stier	20. April bis 20. Mai
3. Zwillinge	21. Mai bis 21. Juni
4. Krebs	22. Juni bis 22. Juli
5. Löwe	23. Juli bis 22. August
6. Jungfrau	23. August bis 22. September
7. Waage	23. September bis 23. Oktober
8. Skorpion	24. Oktober bis 22. November
9. Schütze	23. November bis 21. Dezember
10. Steinbock	22. Dezember bis 20. Januar
11. Wassermann	21. Januar bis 18. Februar
12. Fische	19. Februar bis 20. März

Tierkreiszeichen und entsprechende Geburtsdaten. Dieser astronomischen Grundlage haben die Astrologen ihre eigenen Deutungen hinzu gefügt. (Nach Parker und Parker, 1975)

Wir kommen jetzt zu einer weiteren wichtigen astrologischen Kategorie: zu den »Häusern«. Man stelle sich vor, der Raum rings um einen her sei in zwölf Abschnitte unterteilt: wie zwölf riesige Melonenscheiben, deren Innenkanten von Norden nach Süden verlaufen. Sechs dieser Abschnitte werden über dem Horizont liegen und sechs darunter, und im Verlauf von vierundzwanzig Stunden wird jeder Himmelskörper den Anschein erwecken, als bewege er sich im Kreis durch alle zwölf hindurch, wobei er durchschnittlich zwei Stunden für ein Teilstück benötigt. Diese Abschnitte sind die Häuser. Es gibt zwölf Häuser, und sie werden abwärts vom Aszendenten aus gezählt, von jenem Teil des Tierkreises am östlichen Horizont. Die Teile des Himmels unmittelbar über dem östlichen oder dem westlichen Horizont sind daher das 12. beziehungsweise das 7. Haus. Das Zeichen des Tierkreises, in welches der Aszendent fällt, heißt das aufsteigende Zeichen. Um dieses für die Geburt eines Menschen berechnen zu können, müssen wir folglich über das Datum hinaus seinen genauen Geburtszeitpunkt und den Geburtsort kennen.

Eine weitere wichtige astrologische Meßgröße betrifft die scheinbaren Winkel zwischen Paaren von Planeten oder anderen bedeutsamen Punkten. Diese Winkel sind unter der Bezeichnung »Aspekte« bekannt. Die fünf hauptsächlichen Planetenaspekte sind die »Konjunktion« (0 Grad: zwei Planeten über- oder hintereinander), das »Sextil« (zwei im Winkel von 60 Grad zueinander stehende Planeten), das »Quadrat« (90 Grad), das »Trigon« (120 Grad) und die »Opposition« (180 Grad). Der Astrologe hält jeden dieser Aspekte fest, die in einem Geburts-Horoskop auftauchen. Der Grad der erlaubten Ungenauigkeit heißt der »Orbis« des Aspekts; beträgt beispielsweise der Orbis 5 Grad, dann heißt alles zwischen 85 und 95 Grad ein »Quadrat«.

Aspekte von 60 Grad und von 180 Grad werden »leicht« oder »weich« genannt, und solche von 90 Grad oder 120 Grad heißen »schwierig« oder »hart«. Konjunktionen liegen zwischen weich und hart. Viktorianische Astrologen benutzten in diesem Zusammenhang oftmals die Bezeichnungen »gut« und »böse«, doch dieser Sprachgebrauch ist jetzt nicht mehr üblich.

Außer den Planeten, den Tierkreiszeichen und den Häusern gibt es auch einen offenbar unerschöpflichen Vorrat zusätzlicher Faktoren (Sterne, Asteroiden, Eklipsen, Knoten, Halbsummen, Deklinationsparallelen, Rückläufigkeit, Entfernung und Harmonieaspekte), die man in Betracht ziehen kann, doch ihre Verwendung ist nicht sehr verbreitet, und sie liegen jenseits des Horizonts dieses kurzen Überblicks.

Die Erstellung des Geburtshoroskops (Nativität) kann zwischen fünfzehn Minuten und mehr als einer Stunde dauern – je nach dem Astrologen und dem verwendeten Horoskopschema. Allerdings kann dies auch ein Computer bewerkstelligen. Sowie die Geburtsdaten eingegeben sind, wird er – je nach seiner Programmierbarkeit – binnen Sekunden oder Minuten ein vollständiges Horoskop liefern. Wie wir später in diesem Buch zeigen werden, können Computer bei einer umfangreichen Astrologieforschung eine enorme Hilfe bedeuten. In der Tat beschert neuerdings das Aufkommen von Heimcomputern den Astrologen ihre eigene Computerrevolution, deren Ergebnisse wahrscheinlich wie nichts anderes die Auseinandersetzung zwischen Wissenschaft und Astrologie erleichtern werden.

Wir haben gesehen, wie das grundlegende Geburtshoroskop die Tierkreiszeichen, die Planeten und die Häuser zeigt, wie sie im Augenblick der Geburt waren. Nach diesen Angaben bestimmt der Astrologe herkömmlicherweise das aufsteigende Zeichen, die Zeichen und Häuser, in denen sich die einzelnen Planeten befinden, und die Planetenaspekte. Aus den Einzelbedeutungen sämtlicher Faktoren baut er sorgfältig seine Gesamtdeutung auf, wie wir sie im folgenden Abschnitt skizzieren werden. Bisher erscheint alles überraschend logisch und einfach. Trotzdem können wir bei genauerem Hinsehen erkennen, wie komplex das zugrundeliegende Horoskop ist. Es gibt, Sonne und Mond eingeschlossen, zehn Planeten, zwölf Tierkreiszeichen und zwölf Häuser und zusätzlich fünf Hauptaspekte für jeweils zwei Planeten: eine Gesamtzahl von Hunderten von Variablen, von denen jede einen Einfluß auf die Persönlichkeit und das Schicksal des neugeborenen Kinds ausüben kann. Da jeder dieser Faktoren verstärken, verringern, entwerten oder auf zahlreiche andere Weisen mit jedem Faktor in Wechselbeziehung treten kann, sind die Vorhersagemöglichkeiten nahezu unendlich.

Berücksichtigt man dazu den Umstand, daß bei den meisten Faktoren die genaue Anwendungsweise umstritten ist (so sind sich die Astrologen nicht einig, wo der Tierkreis seinen Anfang hat, wie man die Häuser einteilen soll, welche Orbes anzuwenden sind, und so fort), dann beginnt man zu verstehen, daß »die Astrologie fast so verworren ist wie das alte Chaos, das sie klären soll«. Mit anderen Worten: Es ist beinahe unmöglich, keine Übereinstimmung zwischen astrologischen Faktoren auf der einen Seite und den bekannten Tatsachen auf der anderen zu finden. Dies müssen wir in Erinnerung behalten, wenn es darum geht, die Bedeutung der astrologischen Ergebnisse zu erörtern.

Planeten

Sonne	Selbstausdruck
Mond	Reaktionsweise
Merkur	Mentalität
Venus	Harmonie
Mars	Kraft
Jupiter	Ausdehnung
Saturn	Begrenzung
Uranus	Veränderung
Neptun	Verschwommenheit
Pluto	Elimination

Tierkreiszeichen

Widder	Bejahend
Stier	Besitzergreifend
Zwillinge	Vielseitig
Krebs	Feinfühlig
Löwe	Schöpferisch
Jungfrau	Kritisch
Waage	Harmonisch
Skorpion	Heftig
Schütze	Frei
Steinbock	Ehrgeizig
Wassermann	Unabhängig
Fische	Verschwommen

Häuser

1 Persönlichkeit	7 Freunde
2 Besitz	8 Erbschaften
3 Geistige Interessen	9 Forschung
4 Häuslichkeit	10 Beruf
5 Vergnügungen	11 Ziele
6 Arbeit	12 Selbstaufgabe

Einige grundlegende Schlüsselbegriffe, die in ausführlicherer Form in den meisten astrologischen Lehrbüchern für die Planeten, Tierkreiszeichen und Häuser vorkommen. (Nach Parker und Parker, 1975)

Die Deutung des Geburtshoroskops

Die Deutung ist der eigentliche Beitrag des Astrologen, da die Herstellung der Horoskopzeichnung – das heißt einfach die Berechnung der Himmelskonstellationen zum Geburtszeitpunkt – eine Angelegenheit der Astronomie ist.

Beispiele für Deutungen werden wir später noch behandeln, daher erwähnen wir an dieser Stelle nur ein paar Leitlinien. Jeder der Planeten, jedes der Tierkreiszeichen und der Häuser hat eine Grundbedeutung, wie sie in der Tabelle angeführt ist. Wie diese Bedeutungen ursprünglich festgestellt wurden, ist nicht klar. Manche Astrologen behaupten, ohne einen historischen Nachweis dafür zu erbringen, daß sie sich auf jahrhundertelange Beobachtungen stützten. Andere verstehen ihre Ableitung rein symbolisch. Beispielsweise werden die Planeten manchmal mit Eigenschaften in Verbindung gebracht, die durch ihre Erscheinungsweise nahegelegt werden. Die rote Farbe des Mars läßt an Blut und Krieg denken und daher an ein kriegerisches und kraftvolles Temperament. Die Helligkeit von Jupiter legt Fröhlichkeit und eine joviale, gesellige Persönlichkeit nahe. Der bleiche Schimmer von Saturn verweist auf einen ernsten, vorsichtigen Typus. Auch im Tierkreis ist jedes Zeichen mit einem eigenen Persönlichkeitsmerkmal verknüpft, das gewöhnlich mit den Eigenschaften korrespondiert, die man mit dem entsprechenden Tier oder dem Gegenstand assoziiert. Das Sonnenzeichen Löwe, das unter der heißen Augustsonne erscheint, wird daher mit der feurigen und majestätischen Kraft des Königs der Wüste in Verbindung gebracht.

Um ein anderes Beispiel anzuführen: Das Zeichen des Steinbocks erinnert an Klettern und verweist daher auf ein ehrgeiziges Temperament. Da der Steinbock das zehnte Zeichen ist, versteht man per analogiam das zehnte Haus als dasjenige, das es mit Ehrgeiz, Beruf und Aufstieg zu tun hat. Welches immer die ursprünglichen Ableitungen gewesen sein mögen: Diese Bedeutungen sind durch die Tradition überliefert und werden in zahllosen Lehrbüchern mehr oder minder unverändert immerzu wiederholt.

Für die Deutung einer bestimmten Horoskopzeichnung werden diese Bedeutungen auf ausgeklügelte Weise untereinander kombiniert: Der Planet ist die Wesenskraft, das Tierkreiszeichen zeigt, wie sie sich ausdrückt, und das Haus ist die Stelle, wo sie sich ausdrückt. Das folgende Beispiel veranschaulicht, wie das funktioniert:

Mond in der Waage im zehnten Haus
Mond (Wesenskraft) = Reaktion
Waage (Ausdruckskraft) = harmonisch
Zehntes Haus (Ausdrucksstelle) = Beruf
Deutung: anziehendes harmonisches Wesen, das die Grundlage einer erfolgreichen Berufslaufbahn bilden kann.

Die Deutung wird durch verschiedene Differenzierungen modifiziert, zum Beispiel durch etwaige Merkmale, welche die von Planeten besetzten Zeichen gemeinsam haben (Polarität, Eigenschaft und Element), oder welche sie mit dem besetzenden Planeten teilen (Herrschaft und Erhöhung). Jeder Planet kann auch in einem Aspekt zu einem anderen Planeten stehen, wodurch sich einfach die Bedeutungen kombinieren, wie das folgende Beispiel zeigt:

Sonne (Selbstausdruck) in Aspekt zu Mars (Kraft)
Leichter Aspekt = kraftvoll, energisch
Schwieriger Aspekt = streitsüchtig, übellaunig

Diese Interpretationen der Aspekte werden gleichfalls durch Tierkreiszeichen- und Hauspositionen modifiziert. Wenn sich beispielsweise im schwierigen Aspekt die Sonne im zweiten Haus (Besitz) befand und Mars im fünften Haus (Vergnügungen), weist dies auf Streitlust und Übellaunigkeit und Geldverschwendung zum Vergnügen hin.

Nachdem er jeden Faktor einzeln gedeutet hat, fügt der Astrologe sie nun alle zusammen und nimmt sorgfältig die Gesamtdeutung des Horoskops vor. Das ist der Punkt, an dem die Probleme beginnen, weil die Faktoren sowohl zahlreich als auch oft widersprüchlich sind. Es fällt einem Astrologen nur zu leicht, in einem Horoskop zu sehen, was er darin sehen möchte. Beethovens Geburtshoroskop beispielsweise läßt sich leicht so deuten, daß es das Gegenteil aussagt: So ließe sich Fehlen musikalischer Begabung mit dem Saturn (Begrenzung) in Opposition zur Himmelsmitte in Zusammenhang bringen, eine angenehme, friedfertige Person läßt der Herr des Horoskops, nämlich Venus (Harmonie), erkennen, und Saturn (Ordnung, Begrenzung) im vierten Haus (Häuslichkeit) samt Venus (Liebe, Harmonie) im Steinbock (regiert von Saturn) verweisen auf ein geordnetes Privatleben.

Unverkennbar hängt alles von dem Verfahren der Horoskopsynthese ab. Daher möchte man unzweideutige Regeln erwarten, die einem sagen, wie genau der eine Faktor gegen den andern abzuwägen sei. Doch die Astrologen waren nicht imstande, sich auf solche Regeln zu einigen (in der Tat behaupten viele, Regeln seien unerheblich für das, was sie empfinden, es handle sich vielmehr um einen rein intuitiven Prozeß), und die einzige allgemein anerkannte Regel besagt, daß kein Faktor für sich allein beurteilt werden dürfe. Solange man dies berücksichtigt, ist also alles möglich – einschließlich einer Hoffnung auf klare Resultate für die Erforscher der Astrologie!

Es ist offensichtlich angebracht, die Frage zu stellen, wie ein derart ausgefeiltes subjektives Verfahren die Grundlage einer wissenschaftlichen Untersuchung bilden kann. Doch dieser Einwand trifft die Sache nicht. Falls die der Astrologie zugrunde liegenden Lehrsätze richtig sind, sollten sie, ungeachtet aller sonstigen Finessen, für sich selbst sprechen. Um ein Analogon anzuführen: Nehmen wir an, wir überprüfen die Überzeugung, daß es einen Zusammenhang zwischen Ernährung und Körpergewicht gebe. Natürlich kommen zahlreiche andere Faktoren mit ins Spiel, so etwa Erbanlage, Alter, Körperbewegung, Gesundheit und so fort. Dennoch dürfen wir, wenn unsere Auswahl groß genug ist, Anzeichen dafür finden, daß dicke Menschen meist gut genährt sind, hungernde Menschen meist mager. Wenn an der Astrologie etwas Wahres ist, muß sie einen solchen Test bestehen. Sehen wir also zu.

3. Könnte die Astrologie wahr sein?

> Was nicht unparteiisch geprüft ist,
> ist nicht gut geprüft. Skepsis ist daher
> der erste Schritt zur Wahrheit.
>
> Denis Diderot

Können wir an die Astrologie glauben, oder ist die ganze Angelegenheit einfach allzu unglaubwürdig? Dieser Frage hat man sich zu stellen, und wir werden es in diesem Kapitel in allgemeiner Weise zu tun versuchen, ehe wir fortfahren und spezielle astrologische Auffassungen und Aussagen für und gegen sie betrachten.

Symbolik

Ein Großteil (wenn nicht die Gesamtheit) der astrologischen Voraussagen stützt sich auf Symbolik, wobei man die eine Sache benutzt, um mit ihr eine andere darzustellen. Beispielsweise symbolisiert Venus die Liebe wie zugleich eine Unzahl verwandter Vorstellungen. Für einen Astrologen steht die Symbolik im Mittelpunkt seiner Arbeit; für seine Kritiker ist sie nichts als Unsinn, weit hergeholt und ohne Bedeutung. Sie verweisen beispielsweise darauf, daß die Sterne in den Sternbildern in Wirklichkeit überhaupt nicht als Gruppen zusammengehören. Sie sind hintereinander über den Weltraum verteilt, unvorstellbar weit voneinander entfernt, und nur durch Zufall wirken sie, von unserer Erde aus gesehen, so, als seien sie einander zugeordnet. Und selbst so stehen die Figuren, welche sie bilden, in keinem Zusammenhang mit den Dingen, die sie darstellen sollen. Sie sehen diesen nicht einmal ähnlich – ein Punkt, den sogar Astrologen zugeben. (In einem kleinen Experiment zeigten wir die tatsächlichen Sternkonfigurationen, welche die zwölf Tierkreiszeichen ausmachen, einer Anzahl von Menschen und fragten diese, was einem Löwen, einem Skorpion, einem Zwillingspaar und so fort ähnlich sehe. Niemand kam auf mehr als zufällige Trefferquoten.) Auch der Mond und die Planeten sehen nur wegen der irreführenden Perspektivwirkung so aus, als befänden sie sich innerhalb der Sternbilder. Die Begründer der

Astrologie aber meinten, sie lägen sämtlich dicht beieinander und seien bestenfalls ein paar Meilen von der Erde entfernt.

Die Frage der Entfernung ist wichtig, denn welche Einflüsse die Planeten auch auf menschliche Angelegenheiten ausüben mögen, fällt es jedenfalls leichter, sich vorzustellen, daß sie von Himmelskörpern ausgehen, die dicht über unseren Köpfen kreisen. In Wirklichkeit sind die Planeten Millionen von Kilometern entfernt, und von ihnen wiederum ist es unabsehbar viel weiter bis zu den Sternbildern, von denen die Astrologie annimmt, sie ständen in Wechselbeziehungen zu den Planeten.

Auch auf andere Weise läßt sich manchmal zeigen, daß die Grundlage der Symbolik in der Tat unrichtig ist. Ptolemäus bringt in seinem ›Tetrabiblos‹ zahlreiche symbolreiche Deutungen, die von einer physikalischen Grundlage für astrologische Regeln ausgehen. Viele davon beruhen auf einem Irrtum. Von Mars beispielsweise nahm man (zu Unrecht) an, er befinde sich nahe bei der Sonne, sei heiß und trocken und übe daher einen trocknenden Einfluß aus. Vom Mond, welcher der Erde am nächsten ist, glaubte man, er sauge Feuchtigkeit auf und habe deshalb eine befeuchtende Wirkung. Jetzt wissen wir, daß es auf dem Mars beträchtliche Mengen Wasser gibt (allerdings gefrorenes) und daß der Mond knochentrocken ist.

Folgewidrigkeiten

Allzu häufig scheinen Astrologen die Augen vor Folgewidrigkeiten zu verschließen. Die vielleicht gewichtigste beispielsweise ergibt sich aus dem, was als »Präzession der Äquinoktien« bekannt ist. Die Erde dreht sich, wie wir wissen, um ihre Achse, doch wie bei einem sich drehenden Kreisel zeigt diese Achse nicht in eine gleichbleibende Richtung. Sie beschreibt vielmehr einen Kreis, wobei sie für einen ganzen Umlauf 25800 Jahre benötigt. Infolgedessen verändert sich allmählich die Konstellation, in der sich die Sonne an einem bestimmten Tag zu befinden scheint. Zur Zeit des Ptolemäus stand die Sonne am Tag des Frühlingsäquinoktiums (21. März) im Sternbild des Widders; zweitausend Jahre früher war sie im Stier gewesen; heute steht sie in den Fischen. (Als nächstes Zeichen ist der Wassermann an der Reihe, so daß das »Zeitalter des Wassermanns« anbricht.)

Aufgrund dieser Präzession gibt es in Wirklichkeit zwei Tierkreise, den oben erörterten (den »tropischen« Tierkreis), der am Frühlingspunkt orientiert ist, und den an den Fixsternen orientierten »siderischen« Tierkreis. Den ersten bevorzugen die Astrologen des Westens, den letzteren diejenigen des Ostens (von denen es weit mehr gibt als von den westlichen). Zur Zeit des Ptolemäus fielen die beiden Tierkreise zusammen, doch infolge der Präzession sind sie jetzt um nahezu ein Zeichen aus dem Takt gekommen. Zeichen mit denselben Namen haben in beiden Tierkreisen aber noch immer dieselbe Bedeutung. Dies besagt, daß man einem und demselben Stück Himmel nahezu entgegengesetzte Bedeutungen unterlegen kann. Auch wenden östliche Astrologen andere Methoden an, die im Widerspruch zu westlichen Verfahrensweisen stehen: Beispielsweise ignorieren die meisten von ihnen die drei modernen Planeten, von denen man jetzt im Westen annimmt, sie seien so wesentlich.

Dies sind besondere gewichtige Einwände, weil sie bedeuten, daß die östlichen Astrologen im Unrecht sind, wenn die westlichen recht haben – und umgekehrt. Dennoch behaupten beide Seiten, außerordentlich erfolgreich zu sein! Bezeichnenderweise bestand die Reaktion der Astrologen nicht darin, daß sie diese Situation durch Experimente klärten, sondern darin, sie zu ignorieren.

Ein weiteres Beispiel dafür, wie Astrologen unbequemen Tatsachen aus dem Weg gehen können, läßt sich bei Ptolemäus beobachten. Er erkannte, daß es bei der Festlegung des Augenblicks, in dem ein menschliches Leben beginnt, besser wäre, den Moment der Empfängnis heranzuziehen statt denjenigen der Geburt. Das Problem liegt natürlich darin, daß der Augenblick der Empfängnis gewöhnlich nicht bekannt ist. Daher wich Ptolemäus elegant mit der Behauptung aus, die Geburt finde unter derselben Konstellation statt, wie sie zur Zeit der Empfängnis herrschte, obgleich es in Wirklichkeit überhaupt keinen Grund für diese Annahme gibt.

Gegenüber solchen Einwänden antworten Astrologen zuweilen damit, »daß es in unserer Gesamterfahrung der Wirklichkeit mehr gibt als das, was sich in mathematischen Gleichungen ausdrücken läßt«, oder daß der einzige Zugang zur Wirklichkeit in der »Sprache der Bilder, Metaphern und Gleichnisse« zu finden sei. Damit weichen sie aber der Frage aus, ob sich Vorhersagen auf der Grundlage dieser Symbolik in der Praxis als wahr erweisen. Das ist etwas, das sich empirisch überprüfen läßt, und dieses Buch verfolgt zu einem großen Teil die Absicht, eben dies zu tun.

Viele andere allgemeine Einwände werden gegen die Astrologie vorgebracht. Warum kann das Geburtshoroskop – angeblich die Quelle vielschichtiger Erkenntnisse aller Art – etwas so Grundlegendes wie Geschlecht, Intelligenz und Rasse nicht angeben? Oder wie sollen wir etwa jene Vorkommnisse erklären, wo bei plötzlichen Katastrophen wie einem Vulkanausbruch oder einer Atomexplosion eine ganze Bevölkerungsgruppe vernichtet wird? In derartig großen Gruppen, die vielleicht aus Tausenden von Menschen bestehen, verteilen sich die Geburtsdaten der einzelnen Betroffenen über das ganze Jahr; sämtliche Tierkreiszeichen und fast alle Konstellationen müßten sich finden lassen. Sollte ein derartig dramatisches Ende nicht in den einzelnen Geburtshoroskopen enthalten sein? Wenn dem so wäre, müßten sich die Geburtsdaten der Menschen, die später gemeinsam umkommen, in irgendeiner Weise ähneln. Es gibt keinen Grund für die Annahme, daß dies der Fall wäre.

Und was sollen wir mit dem Umstand anfangen, daß Kinder, die nördlich des Polarkreises geboren werden, kein normales Horoskop haben können? In diesen Breiten bleiben die meisten Planeten, wie die Sonne, monatelang ununterbrochen über oder unter dem Horizont, und bestimmte Zeichen können überhaupt nicht auf- oder untergehen. Wenn nicht die Astrologie das Schicksal von Menschen bestimmt, die in Sibirien, Lappland und Alaska geboren werden, was dann?

Empirische Forschung und Fehlerquellen

Die Einwände gegen die Astrologie lassen sich, genauso wie die Behauptungen der Astrologen selber, nur aufgrund faktenbezogener empirischer Forschungen beurteilen. Leider kennen sich nur wenige Forscher auf diesem Gebiet in der Astrologie und in den Forschungsmethoden aus. Sehr wenige Astrologen verstehen sich auf die Erfordernisse der Naturwissenschaft, und umgekehrt haben viele der Naturwissenschaftler, die sich für dieses Gebiet interessieren, nur geringe astrologische Kenntnisse.

Eine große Ausnahme bildet Michel Gauquelin. Er hat zahlreiche astrologische Experimente systematisch untersucht und kommt stets zu dem Schluß, daß sich für die erzielten Ergebnisse auch alternative Erklärungen finden lassen. Culver und Ianna sind zu einer ähnlichen Schlußfolgerung gekommen (1979). Sie legen dar, daß sich Behauptungen über den Wert der traditionellen Astrologie stets widerlegen und die Resultate sich auf andere Weise erklären lassen. Um Gauquelin (1979) zu zitieren: »Kein Gesetz der klassischen Astrologie wurde statistisch von Astrologen oder Wissenschaftlern bewiesen«.

Seit er zu diesem Ergebnis gekommen ist, wurde zwar weiteres Material zugänglich, das wir in späteren Kapiteln untersuchen werden, doch Gauquelins eigene Schlußfolgerung war klar. Bei seinen ganzen Forschungen über das, was als traditionelle Astrologie bezeichnet wird, fand er nichts, das statistisch signifikant wäre.

Im Verlauf einer beispielgebenden Studie erarbeitete er die Horoskope von 623 Mördern, deren Akten sich im Pariser Gericht befanden. Sie waren wegen der Grausamkeit ihrer Verbrechen bekannt und hatten größtenteils einen gewaltsamen Tod auf der Guillotine erlitten. Die Astrologie hätte eigentlich etwas über das Schicksal dieser Personen aussagen müssen. Mars wird gewöhnlich mit Gewalt, Blut und Verbrechen in Zusammenhang gebracht, weshalb Gauquelin die Position von Mars in den Horoskopen dieser Schwerverbrecher verfolgte. Die Diagramme, die er erhielt, zeigten nur zufällige Anordnungen. Selbst in dem astrologischen Haus, das allgemein mit dem Tod in Verbindung gebracht wird, tauchte Mars nur in einer zufälligen, nicht weiter aussagefähigen Zahl von Fällen auf.

Bei der Untersuchung von Forschungsergebnissen aus der traditionellen Astrologie stoßen wir auf drei Hauptarten von Unstimmigkeiten. Die erste ist ganz offenkundig: Eine Studie fördert interessante Ergebnisse zutage, die nicht mehr erzielbar sind, wenn die gleiche Arbeit wiederholt wird. Paul Choisnard beispielsweise fand in einer französischen Arbeit, die sich auf zweihundert Fälle stützte, daß Mars oder Saturn auffallend häufig zur Zeit des Todes eines Menschen in Konjunktion mit der Geburtssonne standen, d. h. zur Todeszeit nahm einer dieser Planeten die gleiche Position ein, die die Sonne zur Zeit der Geburt innehatte. Diese Konstellation kam dreimal so häufig vor, als man nach der Wahrscheinlichkeit hätte erwarten dürfen. Hätte sich dieses Resultat bestätigen lassen, so hätten sich daraus ungeheure praktische Konsequenzen ergeben: Wir wären in die Lage versetzt worden, die genaue Todeszeit eines Menschen »an der Schwelle zum Tod« vorauszubestimmen (eine große Hilfe etwa bei der Planung riskanter Operationen und in der Krankenpflege). Allerdings erwies sich das Ergebnis als unhaltbar, nachdem Gauquelin (1970) die Untersuchung mit wesentlich mehr Fällen (7428) wiederholte. Die Todeszeiten traten nach den Erwartungen der Wahrscheinlichkeitsrechnung ein und Choisnards Resultat erwies sich als Zufallstreffer. Choisnard und ein aus der Schweiz stammender Astrologe namens Karl Ernst Krafft wandten als erste Astrologen die Statistik an, und ihre Ergebnisse wurden weithin zitiert. Gauquelin führte eine vollständige Analyse anderer Forschungen dieser beiden Pioniere durch. Obgleich ihre Ergebnisse zunächst so ausgesehen hatten, als stützten sie die Astrologie, fand Gauquelin bei der Anwendung konventioneller statistischer Analysen heraus, daß sich alle nach den Regeln der Wahrscheinlichkeitsrechnung erklären ließen. Nur bei der Todeszeitstudie hielt ein ursprüngliches Ergebnis der statistischen Nachprüfung stand (wenn auch nicht der Replikation).

Eine zweite Art der Unstimmigkeit zeigt sich, wenn sich von Wirkungen herausstellt, daß sie das Ergebnis gewöhnlicher astronomischer Gesetze und nicht etwa astrologischer Natur sind. Als Choisnard beispielsweise die Horoskope von Menschen erstellte, die ob ihrer außerordentlichen Intelligenz berühmt waren, fand er auffallend viele Aszendenten in Zwillingen, Waage und Wassermann. Das heißt, diese Tierkreiszeichen standen besonders häufig zum Zeitpunkt der Geburt bekannter Intellektueller am Horizont. Daraus leitete Choisnard später sein »Gesetz der Aszendenten für hervorragende Geister« ab. Was Choisnard nicht in Rechnung stellte, war der Umstand, daß nicht alle zwölf Tierkreiszeichen die gleiche Zeit am Horizont verbringen, weil die Erdachse gegen die Umlaufebene geneigt ist. Der einzige sichere Ausweg aus solchen astronomischen Problemen besteht darin, eine Kontrollgruppe zu haben. Choisnard hätte eine Gruppe von Menschen mit nur durchschnittlicher Intelligenz und Leistung zusammenstellen müssen, die aber auf jede andere Weise mit seiner Gruppe »hervorragender Geister« übereinstimmte. Da auf beide Gruppen dieselben astronomischen Gesetze zugetroffen hätten, hätten sich alle astrologischen Zusammenhänge mit geistiger Überlegenheit in Unterschieden zwischen den Gruppen niederschlagen müssen. Als andere Forscher versuchten, die Studie Choisnards mit anderen Gruppen zu wiederholen, erwies sich seine Theorie als unhaltbar. Wir sind genötigt, sein »Gesetz der Aszendenten für hervorragende Geister« dem Abfalleimer der Astrologiegeschichte zu überantworten.

Was für die Aszendenten gilt, das gilt auch für die Aspekte. Nicht alle Planetenaspekte treten gleich häufig auf. Ja, einige kann es überhaupt nicht geben. Merkur beispielsweise kann, von der Erde aus gesehen, nie mehr als 23 Grad von der Sonne abweichen und Venus nie mehr als 48 Grad. Diese beiden Planeten vermögen infolgedessen die meisten der anerkannten astrologischen Aspekte nicht zu verwirklichen. Kommen bestimmte Planetenaspekte häufiger als andere in Zusammenhang mit bestimmten menschlichen Ereignissen vor, kann dies einfach deshalb der Fall sein, weil sie überhaupt häufiger auftreten.

Die dritte Fehlerquelle ist ähnlich und entstammt Verzerrungen aus demographischen Ursachen. Krafft stellte die Sternzeichen von 2817 Musikern fest und fand heraus, daß das Zeichen des Stiers am häufigsten vorkam. Dies sah wie ein Beweis für die Astrologie aus, da der Stier von Venus beherrscht wird, die man traditionell mit künstlerischen Neigungen in Zusammenhang bringt. Doch die Dinge liegen nicht so einfach. In Europa werden ganz allgemein mehr Kinder im Frühjahr geboren, und der Stier ist ein Frühjahrszeichen. Wie schon beim letzten Beispiel hätte auch hier eine Kontrollgruppe den Fehler aufgedeckt: Nicht nur bei Musikern, sondern auch bei jedem anderen Europäer ist die Möglichkeit, daß er unter dem Zeichen des Stiers geboren ist, etwas größer als bei anderen Menschen.

Die Art von Untersuchung, auf die wir uns eingelassen haben, wird stets dadurch erschwert, daß die meisten Sachverhalte mehrere Ursachen haben, die mehr oder weniger offensichtlich sein können. Nehmen wir als Beispiel den Tod infolge eines Flugzeugabsturzes. Häufig verwenden Astrologen das Geburtshoroskop, um zu erklären, warum ein Unglück zu einem bestimmten Zeitpunkt und zu keinem anderen stattfindet. Es gibt aber auch genügend andere Erklärungen, ja es gibt sogar Anzeichen für eine erhöhte Zahl von Flugzeugabstürzen, schweren Autounfällen und Selbstmorden nach dem vermehrten Erscheinen von Presseberichten zu solchen Themen.

1978 untersuchte Phillips die Auswirkungen von achtzehn ausführlich publizierten Morden in den Vereinigten Staaten. Er stellte fest, daß die Zahl der Unfälle mit Privatflugzeugen sich nach diesen Zeitungsberichten merklich erhöhte. Die meisten Unfälle ereigneten sich drei Tage nach dem Erscheinen des ersten Berichts. Darüber hinaus beobachtete er eine signifikante

Beziehung zwischen der Menge der Zeitungsartikel über einen Mord und der Anzahl der Flugzeugunfälle danach.

Man baute verschiedene Kontrollverfahren in diese Studie ein. Konnte ein Ergebnis, daß sich die meisten Unfälle drei Tage nach einem Mord ereigneten, auch auf die Auswirkung eines bestimmten Wochentags zurückzuführen sein? Falls beispielsweise Morde besonders häufig an Freitagabenden begangen werden, und Flugzeugunfälle sich vermehrt an Montagvormittagen ereignen, dann ließe sich der Zusammenhang auch durch die besonderen Wochentage erklären: Er wäre, was Statistiker ein »Artefakt« nennen. Phillips untersuchte diese Möglichkeit, indem er überprüfte, ob ein solcher drei-Tage-Rhythmus auch noch nach einer Woche nach den Presseberichten auftrat. Da dies nicht der Fall war, konnte Phillips folgern, daß tatsächlich die Pressemeldungen eine Unzahl von Selbstmorden auslösten, die nur wie zufällige Flugzeugunfälle aussahen.

Im Zusammenhang mit diesem traurigen Thema sei darauf verwiesen, daß eine Anzahl psychologischer Faktoren ermittelt wurde, die an der genauen Todeszeit beteiligt sind, so etwa der Lebenswille eines Menschen. Beispielsweise sinkt die Todesrate in manchen Ländern in den Tagen vor wichtigen Ereignissen wie den Olympischen Spielen. Dean und andere (1977) erwähnen mehrere Untersuchungen mit diesem Ergebnis und stellen fest, daß die Todeszeit offensichtlich von vielen Faktoren abhängt, die mit der Position bestimmter Planeten nichts zu tun haben. Auch solche beteiligten Elemente gilt es zu berücksichtigen, wenn man die Wirkung astrologischer Einflüsse untersuchen will.

Es gibt verschiedene Gründe dafür, daß die Behauptungen der Astrologie manchmal überzeugender aussehen, als sie in Wirklichkeit sind. Natürlich besteht in erster Linie die Möglichkeit echter Irrtümer beim Forschen. Viele Arbeiten sind dürftig geplant, unsorgfältig analysiert und fehlerhaft dargestellt. Glücklicherweise korrigiert sich die Wissenschaft selber; solche Fehler kann man entdecken und bei künftigen Forschungen berichtigen.

Ein weiteres Problem ergibt sich daraus, daß das Material oft nach dem Motto ausgewählt wird: »Wer suchet, der findet«. Im ersten Kapitel haben wir die einfache statistische Regel bereits erwähnt, daß im Durchschnitt unter zwanzig Malen einmal mit einem Ergebnis zu rechnen ist, das »auf der Fünf-Prozent-Ebene signifikant« ist, wenn man Zufallsergebnisse untersucht. Wir verstehen diese »Signifikanzebene« so: Es handelt sich um einen Fall, der bei fünf von hundert Versuchen aus Gründen der Wahrscheinlichkeit eintritt. Wenn wir also beispielsweise hundert Versuche im Münzenwerfen vornehmen, dürfen wir damit rechnen, fünf Ergebnisse zu erzielen, die auf der Fünf-Prozent-Ebene signifikant sind, und eines auf der Ein-Prozent-Ebene (das heißt mit einer Wahrscheinlichkeit von hundert zu eins gegen sein Auftreten per Zufall).

Wenn wir also Experimente auf einem beliebigen Gebiet beurteilen wollen – auch auf dem der Astrologie –, dürfen wir nicht nur diejenigen betrachten, die offenbar signifikante Ergebnisse erbrachten, sondern diejenigen, die es nicht taten. Gerade diese werden in der Literatur kaum behandelt, und so sind wir abermals auf eine kontrollierte Replikation der betreffenden Experimente verwiesen. Das allein, nicht das Auftreten eines einzelnen frappierenden Resultats, kann als wirklicher Beweis zählen.

Dann haben wir die Frage der Befangenheit. Voreingenommenheit kann sich auf vielerlei Weise äußern, als einfache Sorglosigkeit oder gar als Betrug. Unbewußte Voreingenommenheit erklärt vermutlich viel von dem »Experimentatoren-Effekt«, über den Rosenthal 1964 schrieb. Er wies nach, daß selbst, wenn Forschungsunterlagen von Assistenten zusammengestellt wurden, die nichts von der Hypothese oder dem erwarteten Ergebnis einer Untersuchung wußten, trotzdem noch Voreingenommenheit eine Rolle spielte, falls sie mit demjenigen Verbindung hatten, der die Studie entworfen hatte. Es hat den Anschein, daß das erwartete Resultat, allen Absichten zum Trotz, irgendwie zu dem Assistenten durchsickert. Selbst wenn Studien als »Doppelblindversuche« angelegt sind – das heißt, daß sowohl der Experimentator wie die Versuchsperson in Unwissenheit darüber gehalten werden, wie die Ergebnisse eines Experiments zustandekommen –, läßt sich, falls sich die Forscher die Mühe der Überprüfung machen, häufig zeigen, daß die Kontrolle versagt hat. Vor kurzem (1978) hat Rosenthal eine bei einundzwanzig Forschungsstudien (die selber daraufhin angelegt waren, Fehlerquoten zu bestimmen!) entdeckbare Fehlerquote von etwa einem Prozent nachgewiesen, wo sich die Tendenz zeigte, die Hypothese des Forschers zu begünstigen.

Hudson erläutert in ›The Cult of the Fact‹ (1972), daß Forscher recht häufig Resultate erzielen, die im Einklang mit ihren eigenen Theorien stehen. Folglich dürften Astrologen öfter auf

Ergebnisse kommen, die für die Astrologie sprechen, Naturwissenschaftler seltener. Wie wir sehen werden, geschah das in gewisser Weise auch.

Die Überprüfung der Ergebnisse

Ob die Astrologie nun die Schicksale von Menschen vorhersagen kann oder nicht, hat sie jedenfalls verhältnismäßig feststehende Regeln, so daß verschiedene Astrologen bei denselben Geburtsdaten zu denselben Auskünften kommen sollten. Natürlich muß die Auslegung in einem Kontext stehen: diejenige für einen Bankbeamten dürfte kaum für einen Buschmann aus der Kalahari geeignet sein. Dennoch sollten sich die Astrologen, wenn sie wirklich an Astrologie glauben, von deren Regeln leiten lassen und nicht von anderen Informationselementen. Doch ist das der Fall?

Sechrest und Bryan (1968) antworteten auf Inserate von achtzehn Astrologen, die Eheratschläge per Post anboten. Die Forscher baten um Rat für eine fiktive bevorstehende Heirat und sandten jedem der Astrologen dieselben Geburtseinzelheiten zu. Ein Begleitbrief lieferte weitere Informationen, die entweder günstig, neutral oder ungünstig im Hinblick auf die Ehe waren. Getestet werden sollte, ob sich die Astrologen durch dieses Zusatzmaterial beeinflussen ließen oder ob sie ihre Ratschläge ausschließlich auf die Horoskope des betreffenden Paars stützten.

In nur einem einzigen Fall schienen sich die Antworten an die Astrologie zu halten: Der Astrologe erstellte eine ausführliche Analyse der Geburtshoroskope. In den übrigen Fällen stützte sich der angebotene Rat eindeutig auf die Informationen, die nicht zu den Geburtsangaben gehörten. (Einer der Astrologen schrieb tatsächlich: »Die Ehe ist eine persönliche Sache und läßt sich nicht aus den Sternen vorhersagen.«)

Im allgemeinen waren sämtliche Antworten freundlich, beruhigend und bemerkenswert preiswert, gemessen an der Zeit, die es gekostet haben mußte, sie zusammenzustellen. Die Astrologen schienen einen alten und möglicherweise nützlichen Sozialservice zu bieten. Das einzige betrügerische Element bestand darin, daß sie sich als Astrologen anpriesen. Es gibt andere Astrologen, die ihre Dienste per Post anbieten und ihre Geschäfte offensichtlicher zu dem Zweck betreiben, Geld zu machen. Gauquelin wandte sich (1979) an eine Computerfirma, die versprach, »als Gegenleistung für Ihre Geburtsdaten und einen Scheck Ihren Charakter und Ihr Schicksal zu enthüllen«. Er sandte der Firma die Geburtsdaten einer Gruppe von Menschen mit einem eindeutigen Charakter und einem bekannten Schicksal zu: nämlich von zehn Kriminellen, die wegen Mordes verurteilt waren. Die Computerfirma lieferte für jeden der zehn Mörder ein Horoskop samt den entsprechenden Deutungen.

Die vom Computer angegebenen Planetenpositionen waren richtig. Die zehn Interpretationen wichen voneinander ab, obwohl man feststellen konnte, daß gewisse Standardabsätze übereinstimmten und in ein und derselben Deutung, vermutlich aufgrund eines Programmierfehlers, einige einander widersprechende Aussagen auftauchten. In keiner der zehn Deutungen fand sich der leiseste Hinweis auf eine kriminelle oder auch nur ungewöhnliche Veranlagung, und keines der Porträts wies eine Ähnlichkeit mit dem tatsächlichen Charakter der Mörder auf.

Auf ein anderes Computerinserat mit derselben Anschrift wie das ursprüngliche schickte Gauquelin die Geburtsangaben für einen der zehn Mörder abermals ein. Die danach gelieferte Deutung sah ganz anders aus, und sie wurde noch immer dem Charakter des Mörders nicht gerecht.

In beiden Fällen wurde behauptet, die Computerprogrammierung werde von einem berühmten Astrologen überwacht: dem Verfasser von sechsundzwanzig Büchern und »einem führenden Kopf der modernen Astrologie«. Es gibt nur einen französischen Astrologen, André Barbault, der diese Anzahl von Büchern geschrieben hat. In ihnen behauptet er: »Das Aszendenzzeichen hat einen ebenso großen – wenn nicht größeren – Einfluß wie das Sonnenzeichen.« Doch in keinem der Mörderhoroskope kommt eine Deutung des Aszendenten vor.

Die Computerfirma machte für ihre Porträts die Einschränkung, für ein genaues Horoskop sei die bis auf mindestens fünf Minuten genaue Geburtszeit vonnöten. Es ist natürlich selten, daß jemand seine genaue Geburtszeit weiß. Der Witz an dem Ganzen ist aber, daß die Firma jene Einschränkung erst machte, nachdem der Kunde sein Geld bezahlt hatte.

Frankreich ist nicht das einzige Land mit Computerastrologie. Ein elektronischer Horoskopdienst in New York verlangt den »Geburtszeitpunkt« und erklärt anschließend: »Falls unbekannt, werden wir von 12 Uhr mittags des Geburtsdatums ausgehen.« Offenbar möchte man nicht diejenigen Kunden verlieren, die ihre Geburtszeit nicht kennen. Noch schlimmer: Man ist bei jener Firma nicht einmal konsequent und erklärt in einer anderen Anzeige: »Falls kein Zeitpunkt angegeben ist, werden wir von 6 Uhr vormittags ausgehen.« Aufgrund solcher Aussagen sind wir geneigt, Gauquelin beizupflichten, der folgert, der einzige Zweck der Computerastrologie sei der Umsatz.

Eine andere Möglichkeit, den Wert der Astrologie zu beurteilen, besteht darin, die Treffsicherheit von Vorhersagen öffentlicher Ereignisse zu beobachten. Culver und Ianna untersuchten in ihrem Buch ›The Gemini Syndrome‹ (1979) die Behauptungen der Astrologie und behielten über eine Anzahl von Jahren hinweg bestimmte astrologische Vorhersagen im Auge, die in gedruckten Medien veröffentlicht wurden. Vorhersagen galten als mißlungen, wenn sie sich nicht innerhalb der von den Astrologen selber gesetzten Zeitgrenzen bewahrheiteten. Insgesamt wurden 3011 Vorhersagen festgehalten, und von ihnen erwiesen sich nur 338 (11 Prozent) als richtig. Die betreffenden Vorhersagen stammten aus bekannten amerikanischen astrologischen Zeitschriften, von bekannten Astrologen und aus anderen Quellen; die »Treffer«-Quote war bei all diesen Quellen so ziemlich die gleiche und lag nie über 15 Prozent.

Mit den Worten der Verfasser: »In jedem Fall wurden sämtliche Vorhersagen, die sich auf intelligente Mutmaßungen (die SALT-Verhandlungen werden ein weiteres Jahr lang unterbrochen bleiben), auf ungenaue Formulierung (in den Frühlingsmonaten wird es im Osten der Vereinigten Staaten eine Tragödie geben) oder auf ›Insider‹-Informationen über die betreffende(n) Person(en) (Starlet A wird vor Weihnachten Direktor B heiraten) zurückführen ließen, dem ›Erfolgs-Konto‹ des Astrologen zugerechnet.« Diese Ergebnisse zeichnen in der Tat ein klägliches Bild der herkömmlichen astrologischen Behauptung, die Astrologie »funktioniere«. Sicherlich ist eine richtige unter zehn Vorhersagen nicht sehr eindrucksvoll, zumal wenn man unter die »Treffer« auch diejenigen rechnet, die intelligenten Mutmaßungen, ungenauer Formulierung oder Insider-Informationen zu verdanken sind.

Leider führten Culver und Ianna keine Vorhersagen einer Kontrollgruppe intelligenter Menschen an, die nicht behaupteten, astrologische Kenntnisse zu haben. Sie hätten durchaus besser als mit elf Prozent abschneiden können. Einer von uns hat viele Jahre lang Vorhersagen vornehmlich politischer und sozialer Natur gemacht und sich dabei nur auf Allgemeinwissen und Informationen aus Zeitungen, politischen Zeitschriften und ähnliche Quellen gestützt: Seine Erfolgsquote lag über 50 Prozent. Zieht man in Betracht, daß die Öffentlichkeit dazu neigt, sich an zutreffende Vorhersagen zu erinnern und falsche zu vergessen, kann man leicht verstehen, wie sich der Glaube an die Astrologie verstärken läßt.

Die menschliche Selbsteinschätzung

Die Bereitschaft zu glauben ist eindeutig ein ausschlaggebender Faktor, und eine Anzahl von Untersuchungen zeigt, wie es möglich ist, ihn ins Spiel zu bringen.

In einer bekannten Studie von Louise Omwake wurden Studenten aufgefordert, ihren »Sinn für Humor« zu bewerten. Über 90 Prozent der Befragten behaupteten, »über dem Durchschnitt« zu liegen. In einer unserer eigenen Untersuchungen, von der im 4. Kapitel die Rede sein wird, wurden Menschen aufgefordert, aus 69 Wörtern diejenigen auszusuchen, die auf sie (die Testpersonen) am besten zuträfen. Zu den am häufigsten ausgewählten Wörtern gehörten »einfühlsam«, »empfindungsfähig«, »freiheitsliebend«, »aktiv«, »praktisch« und »angenehm«. Zu den Eigenschaftsbezeichnungen, die kaum angeführt wurden, zählten »forsch«, »unruhig« und »mitfühlend«. Es gibt unverkennbar gewisse Eigenschaften, von denen wohl fast jeder meint, er besäße sie. Erstellen wir nun eine Persönlichkeitsbeschreibung, die fast ausschließlich aus diesen Eigenschaften besteht, sind die meisten Menschen bereit, sie als Beschreibung ihrer selbst zu akzeptieren.

Diese Vorliebe der Menschen, sich mit Persönlichkeitsbeschreibungen allgemeiner und vager Beschaffenheit zu identifizieren, wird als Barnum-Effekt bezeichnet und wurde in einer großen Anzahl von Arbeiten nachgewiesen. Eine der ersten führte Forer (1949) durch. 39 Studenten wurden einem Persönlichkeitstest unterzogen und erhielten eine Woche später dasjenige, was sie für ihre Ergebnisse hielten. In Wirklichkeit hatte man für sämtliche Studenten dasselbe Persönlichkeitsprofil erstellt, das aus dreizehn einem Tierkreiszeichenbuch entnommenen Aussagen bestand. Die Studenten wurden aufgefordert, für jede Aussage anzugeben, ob sie diese für eine richtige Beschrei-

Aussage		*Als richtig bezeichnet*
1	Sie haben ein großes Bedürfnis, von anderen Menschen gemocht und bewundert zu werden.	28
2	Sie neigen zur Selbstkritik.	38
3	Sie haben reichlich ungenutzte Fähigkeiten, die Sie noch nicht zu Ihrem Vorteil eingesetzt haben.	23
4	Obwohl Sie gewisse Persönlichkeitsschwächen haben, sind Sie im allgemeinen imstande, sie auszugleichen.	31
5	Ihre sexuelle Anpassung hat Ihnen Probleme bereitet.	18
6	Nach außen hin diszipliniert und selbstbeherrscht, neigen Sie dazu, innerlich ärgerlich und unsicher zu sein.	35
7	Zuweilen haben Sie ernstliche Zweifel, ob Sie die richtige Entscheidung getroffen oder das Richtige getan haben.	38
8	Sie bevorzugen ein gewisses Maß an Veränderung und Abwechslung und werden unzufrieden, wenn Sie durch Restriktionen und Einschränkungen eingeengt werden.	37
9	Sie sind stolz darauf, unabhängig zu denken, und akzeptieren Aussagen anderer nicht ohne befriedigende Beweise.	34
10	Sie haben entdeckt, daß es unklug ist, sich anderen allzu frei zu offenbaren.	35
11	Zuweilen sind Sie extravertiert, umgänglich, gesellig, während Sie zu anderen Zeiten introvertiert, vorsichtig, zurückhaltend sind.	34
12	Einige Ihrer Wünsche sind ziemlich unrealistisch.	12
13	Sicherheit ist in Ihrem Leben eines der Hauptziele.	28

Persönlichkeitseigenschaften, die man als bezeichnend für einen selber ansieht. (Nach Forer, 1949)

bung ihrer selbst hielten. Die Tabelle zeigt, wie oft jede Aussage von den 39 Studenten als richtig eingestuft wurde. Die meisten Studenten erklärten zu dem Gesamtprofil, es träfe auf sie zu.

Forer spricht Aussagen dieser Art »universelle Gültigkeit« zu und stellt fest, daß die astrologischen Deutungen eine ganze Menge solcher Aussagen verwenden. Selbst Psychologiestudenten, die gegen solche Täuschungen immun sein sollten, sind dafür doch anfällig. Gauquelin (1979) beschreibt eine von R. Meili durchgeführte Studie, bei der an eine Klasse von Psychologiestudenten 25 Charakterbeurteilungen aufs Geratewohl ausgegeben wurden. Die meisten dachten, die Beschreibungen träfen auf ihre eigene Persönlichkeit zu.

Noch frappierender war ein Test Sundbergs (1955). Er legte jedem von 44 Studenten zwei Persönlichkeitsbeschreibungen vor. Die eine enthielt Ergebnisse eines echten Persönlichkeitstests, dem der jeweilige Student unterzogen worden war, die andere war eine Sammlung von fingierten Ergebnissen nach den Prinzipien der »universellen Gültigkeit«. Als die Studenten aufgefordert wurden, diejenigen Beschreibungen zu bezeichnen, die am besten auf sie paßten, wählten nur 18 unter den 44 ihre eigenen aus. Die fingierten Ergebnisse erwiesen sich als etwas akzeptabler denn die echten.

Ebenso wie Menschen in »universellen« Merkmalen gern solche sehen, die besonders für sie selber zutreffen, neigen sie dazu, in ihre eigenen Persönlichkeiten diejenigen Züge hineinzuprojizieren, die die Astrologie vorhersagt.

Dean und andere (1977) zitieren eine Studie R. Ebertins, bei der Leser einer seriösen astrologischen Zeitschrift aufgefordert wurden, aus sechzig Eigenschaften, die unter ihrem eigenen Tierkreiszeichen aufgeführt wurden, diejenigen anzugeben, die auf sie zuträfen. Die am höchsten rangierenden Eigenschaften kamen auf einen Durchschnitt von 80 bis 90 Prozent und stimmten gemeinhin mit der Tradition überein. Beispielsweise kreuzten 84 Prozent der Widder »selbstsicher« an, 92 Prozent der Zwillinge »vielseitig« und 77 Prozent der Fische »imaginativ«. Stützen diese Ergebnisse die Astrologie? Leider gab es keine Kontrollgruppe, so daß es nicht möglich ist, die Resultate zu beurteilen. Es läßt sich nur so viel sagen, daß sie mit dem übereinstimmen, was wir bereits gesehen haben: Daß nämlich Menschen, wenn man ihnen ein allgemeines Eigenschaftenverzeichnis gibt, einen großen Teil davon als auf sie selber zutreffend bezeichnen werden. Darüber hinaus kann man, da die meisten der Versuchspersonen fortgeschrittene Astrologiekenntnisse besaßen, damit rechnen, daß sie sich im entsprechenden Licht sahen.

Eine Untermauerung dieser Erklärung bietet Silverman (1971). Studenten mit geringen oder fehlenden Astrologiekenntnissen wurden aufgefordert, aus den zwölf Standardpersönlichkeitsbeschreibungen für die einzelnen Tierkreiszeichen diejenigen auszusuchen, die am besten auf sie paßten. Als die Beschreibungen nur mit Zahlen etikettiert waren, so daß die Studenten nicht wußten, welche zu ihrem eigenen Geburtsdatum paßten, lief die Anzahl der Studenten, die ihre eigene Tierkreiszeichenbeschreibung auswählten, beinah genau auf das hinaus, was sich als Wahrscheinlichkeitsergebnis vorhersagen ließ. Als jedoch eine andere Gruppe die Beschreibungen in der Form erhielt, daß sie mit dem Tierkreiszeichen und den dazugehörigen Zeitabschnitten versehen waren, wählten sie im allgemeinen jeweils ihre eigenen. (Die Zahlen für die beiden Gruppen waren 18 von 60 und 26 von 52, und die entsprechenden Wahrscheinlichkeitserwartungen betrugen 20 und 17.)

Es sieht also ganz so aus, als ob die Menschen stets bereit sind, als Beschreibung ihrer selbst diejenige zu akzeptieren, von der sie meinen, sie werde von der Astrologie vorhergesagt. Gauquelin unterzog dies (1979) in einer praktischen Situation einer Probe. Er annoncierte in ›Ici-Paris‹, er werde völlig kostenlos ein persönliches Horoskop erstellen. Aus ganz Frankreich gingen Anfragen ein. Jedermann bekam das gleiche Horoskop zugesandt, das von der oben erwähnten Computerfirma stammte und aus den Geburtsdaten von Dr. Petiot, einem der berüchtigsten Massenmörder Frankreichs, errechnet worden war. (Er hatte vorgegeben, er könne Menschen zur Flucht aus dem von den Nazis besetzten Frankreich helfen. Sowie sie mit ihrem Geld und ihren Besitztümern bei ihm zuhause eintrafen, ermordete er sie und löste ihre Leichen in einer Wanne mit ungelöschtem Kalk auf. 1946 wurde er wegen der Ermordung von 27 Menschen hingerichtet. In der Todeszelle sprach er von 63 Opfern.)

Die an jenem Anzeigentest Beteiligten wurden aufgefordert mitzuteilen, ob sie sich in dem Horoskop wiedererkannten. Ihre Antworten fielen vorwiegend positiv aus, und einige Leute waren so beeindruckt, daß sie für detailliertere Analysen Geld boten. Von den ersten 150 Antwortenden erklärten 94 Prozent, das fingierte Horoskop gebe genau ihren Charakter wieder, und 90 Prozent fanden diese Genauigkeit von ihren Familien und Freunden bestätigt.

Es ist nicht schwierig zu erkennen, warum so viele Menschen dieses spezielle Horoskop als ihr eigenes akzeptieren, da es Eigenschaften wie »herzlich«, »anpassungsfähig«, »geordnet«, »ehrenhaft« und »rechtschaffen« enthielt. Nicht so leicht zu erkennen ist, wie es dem Computer gelang, diese astrologische Beschreibung zustandezubringen, da der einzige Mensch, auf den sie wirklich hätte zutreffen sollen, ein besonders abstoßender Mörder war.

Man könnte vorbringen, so viele Menschen hätten deshalb behauptet, mit ihrem kostenlosen Horoskop glücklich zu sein, weil man ihnen sonst hätte nachsagen können, sie seien undankbar. Daran ist sicherlich etwas Wahres, doch Gauquelin erledigte den Einwand in einer anschließenden Untersuchung. Statt die Menschen einfach zu fragen, ob sie mit einer Beschreibung ihrer selbst einverstanden seien, legte er jeder Person in seiner neuen Gruppe zwei Beschreibungen vor, von denen sich die eine tatsächlich auf das eigene Horoskop der jeweiligen Versuchsperson stützte, die andere hingegen nicht. Als die Probanden gefragt wurden, welche der beiden Beschreibungen besser auf sie paßte, nannten sie mit ebenso großer Wahrscheinlichkeit die fiktive wie die richtige.

Eine weitere Studie, 1974 ausgeführt von Snyder, läßt erkennen, daß die Menschen, wenn sie sich mit einer Beschreibung einverstanden erklären, davon beeinflußt sind, ob sie meinen, sie stütze sich auf ihre eigenen astrologischen Daten. Snyder legte einer Anzahl von Studenten jeweils dieselbe Persönlichkeitsbeschreibung vor, die er Linda Goodmans Buch ›Sun Signs‹ entnommen hatte. Diejenigen in der einen Gruppe jedoch bekamen gesagt, sie träfe »allgemein auf Menschen« zu, denjenigen in einer zweiten Gruppe sagte man, die Beschreibung stütze sich auf ihren jeweils eigenen Geburtsmonat, und eine dritte Gruppe erfuhr, sie bezöge sich auf den jeweiligen Geburtstag. Die Studenten eben dieser dritten Gruppe akzeptierten am häufigsten die Beschreibung als auf sie zutreffend.

Es gibt jedoch Beweise dafür, daß ein Psychologe mit einem Persönlichkeitsfragebogen mehr Ansehen genießt als ein Astrologe. Rosen (1975) veranlaßte eine Gruppe von Studenten, sich einem Persönlichkeitstest zu unterziehen und auch ihre Geburtsdaten anzugeben. Dann erhielten alle dieselbe Reihe von Ergebnissen – vermeintlich ein Profil der jeweiligen individuellen Persönlichkeit. Die Hälfte bekam gesagt, die Resultate seien die Beurteilungen durch einen Psychologen, und den anderen sagte man, die Profile stammten von einem Astrologen. Als die Studenten aufgefordert wurden, die Genauigkeit der Profile zu beurteilen, zeigten ihre Bewertungen, daß sie meinten, der Psychologe habe bei ihrer Persönlichkeitsbeschreibung bessere Arbeit geleistet. Dennoch tendierten auch die Studenten in der »Astrologie«-Gruppe dazu, ihre Profile als zutreffende Beschreibungen ihrer selbst zu akzeptieren.

Eine ähnliche Studie führten Snyder, Larsen und Bloom (1976) durch. Sämtliche beteiligten Studenten erhielten dasselbe Persönlichkeitsprofil, bekamen aber gesagt, es stütze sich entweder auf Psychologie (den Tintenkleckstest), auf Graphologie (die Handschriftenbeurteilung) oder auf Astrologie. Die Studenten aller drei Gruppen waren bereit, das Profil als zutreffend zu akzeptieren. Am meisten – wenn auch nicht sehr ausgeprägt – wurde die psychologische Methode akzeptiert, gefolgt von der graphologischen, und die astrologische bildete das Schlußlicht.

Warum Menschen glauben

Aus diesen wenigen Beispielen (die sich um ein Vielfaches vermehren ließen) kann man ersehen, wieso Astrologen imstande sind, ihre Kunden zufriedenzustellen. Die Menschen sind bereit, nahezu alles als Evangelium zu akzeptieren, solange es sich um sie selber dreht. So können sich Astrologen wahrheitsgemäß auf begeisterte Anerkennungsschreiben berufen; und wenn die meisten ihrer Kunden mit den angebotenen Produkten zufrieden sind, kann es den Astrologen kaum schwerfallen, an die Astrologie zu glauben! Auf diese Weise baut sich ein Ring gegenseitiger Bestätigung auf, durch den der Astrologe und seine Kunden immer stärker davon überzeugt werden, daß astrologische Aussagen richtig seien.

An diesem Punkt könnte man leicht den Schluß ziehen, daß Astrologie ihr Ansehen in Wirklichkeit nur durch die universelle Gültigkeit und die Leichtgläubigkeit erhalten habe. Doch viele Anhänger der Astrologie sind scharfsinnig, hochintelligent und alles andere als leichtgläubig. Abell (1976), der vor Kunststudenten eine Einführung in die Astronomie gab, stellte fest, daß »etwa ein Drittel von ihnen bekennen, an Astrologie zu glauben«. Salter und Routledge (1974) fanden gleichermaßen, daß Universitätsstudenten verwirrend häufig an Astrologie und Hexerei glaubten. Salter und Routlege untersuchten auch den Zusammenhang zwischen Intelligenz und dem Glauben an Astrologie und fanden heraus, daß zu Beginn der Universitätsausbildung bei den Intelligenteren nur eine geringe Tendenz herrschte, die Astrologie abzulehnen. Außerdem schien nach einem Universitätsjahr diese Tendenz abzunehmen. Aus Gallup-Umfragen geht zwar hervor, daß Astrologie-Gläubige eher Berufe von geringerem Ansehen und eine geringere Bildung haben als Nicht-Gläubige, doch selbst hier ist der Zusammenhang nicht sehr eng.

Es muß noch einen Faktor geben, und Hyman (1977) hat eine mögliche Antwort geliefert. Er verweist darauf, daß bei unserem normalen Verstehensprozeß unsere eigenen Erfahrungen und Erwartungen mit im Spiel sind, damit einen Sinn ergibt, was gewöhnlich eine ungeordnete Folge von »Inputs« ist. Ein abstraktes Kunstwerk beispielsweise erhält Sinn und Bedeutung, wenn es im Sinn unserer eigenen persönlichen Werte interpretiert wird. Dieser Prozeß, in der Welt rings um uns her nach Mustern und Bedeutungen zu suchen, ist ungeheuer wichtig, und zwar so sehr, daß wir ihn, um existieren zu können, die ganze Zeit automatisch anwenden, selbst in Situationen, wo keine wirkliche Botschaft übermittelt wird. Wenn dies geschieht, besteht die Wahrscheinlichkeit, daß wir auch dort einen Sinn finden, wo es keinen gibt, und eben dies ist in der Tat die Grundlage bestimmter psychologischer Tests wie des Rorschach-Tinten-Klecks-Verfahrens.

Auf dieser Basis ist leicht einzusehen, warum astrologische Beschreibungen »funktionieren«: Sie funktionieren einerseits wegen der universellen Gültigkeit und der Leichtgläubigkeit, andererseits, weil der fundamentale menschliche Verstehensprozeß eine Rolle spielt. Natürlich bedeutet dies nicht, daß die Astrologie keinen Wahrheitsgehalt hat; es läßt lediglich dessen Entdeckung schwieriger werden. Eine gewisse Ironie liegt darin, daß uns derselbe Prozeß, der uns in die Lage versetzt, dem Leben Sinn und Bedeutung abzugewinnen und neue Entdekkungen zu machen, zugleich für irrtümliche Überzeugungen anfällig macht – und noch dazu wächst die Anfälligkeit zusammen mit der Fähigkeit des Verstehens, also mit der Intelligenz!

4. Tierkreiszeichen und Persönlichkeit

> Die große Tragödie der Wissenschaft:
> die Ermordung einer schönen Hypothese
> durch eine häßliche Tatsache.
>
> T. H. Huxley

Nur ein Einzelfaktor

Was haben Tolstoi, Goethe und H. G. Wells miteinander gemeinsam? Antwort: Sie alle sind Jungfrauen.

Wenn die Thesen der Astrologie stimmen, sollten wir imstande sein, Verbindungen zwischen dem Beruf und der Persönlichkeit eines Menschen und den astrologischen Einflüssen zu entdecken, denen er unterworfen ist. Insbesondere sollte es möglich sein, den Einfluß der zwölf Tierkreiszeichen, der wichtigsten und bekanntesten all der zahlreichen astrologischen Variablen, wahrzunehmen. Für Forschungszwecke sind die Tierkreiszeichen besonders nützlich, weil sie eindeutig definiert und leicht zu bestimmen sind. Solange wir nicht jemandes exakten Geburtszeitpunkt kennen, können wir uns der Häuserpositionen, der Aspekte und anderer Faktoren in seiner Geburtshoroskopzeichnung nicht sicher sein; solange wir jedoch seinen Geburtstag kennen, besteht an seinem Tierkreiszeichen kein Zweifel. Ausnahmen gelten nur für Menschen, die an einem Tag geboren sind, an dem die Sonne das Zeichen wechselt.

Es ist richtig, daß das Tierkreiszeichen, wie die Astrologen betonen, nur einen unter einer ganzen Reihe von Faktoren darstellt, die in jedem einzelnen Fall seine Wirkung verdecken oder sogar aufheben können. Nehmen wir jedoch eine ausreichend große Gruppe von Menschen, sollte sich sein Einfluß zeigen. Wenn sich im Durchschnitt dieser Gruppe kein wahrnehmbarer Effekt zeigt, so hat es keinen Sinn, das Tierkreiszeichen weiter in Betracht zu ziehen.

In einer der umfangreichsten Studien auf diesem Gebiet (von Mayo, White und Eysenck, 1978) wurde die Hypothese, daß es einen Zusammenhang zwischen Persönlichkeit und Tierkreiszeichen gebe, einer Prüfung unterzogen.

Nach einer uralten astrologischen Überzeugung sind die Zeichen abwechselnd positiv und negativ, angefangen mit dem Widder, wobei die positiven oder ungeradzahligen Zeichen für mas-

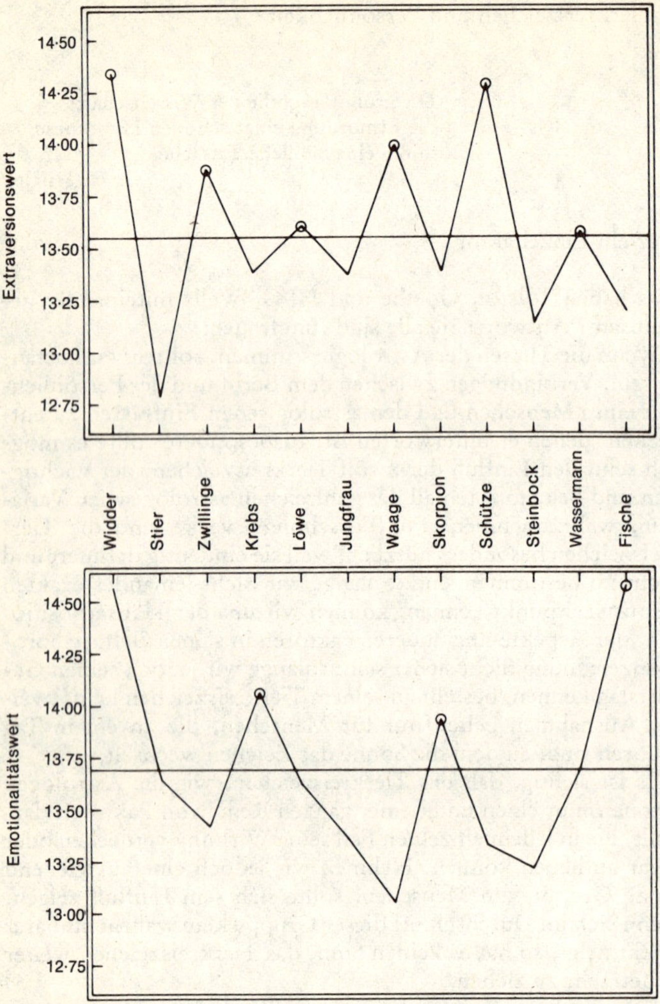

Die beiden Diagramme zeigen die Punktwerte für Emotionalität/Stabilität und für Extraversion/Introversion, bezogen auf die Tierkreiszeichen. Obgleich die Unterschiede in den Punktwerten recht gering sind, werden sie durch die große Anzahl an Versuchspersonen statistisch signifikant. Die eingekreisten Punkte bezeichnen diejenigen Zeichen, die nach der Lehre der Astrologie hohe Werte erreichen müßten. (Nach Mayo und andere, 1978)

kuline, gesellige, spontane Eigenschaften sprechen, die negativen oder geradzahligen Zeichen hingegen mit femininen, unterwürfigen und passiven Zügen assoziiert werden. Die Zeichen werden auch, wieder ausgehend vom Widder, mit Feuer, Erde, Luft und Wasser verknüpft. Von den unter Erdzeichen (Stier, Jungfrau und Steinbock) Geborenen heißt es, sie seien praktisch und beständig, während die Wasserzeichen (Krebs, Skorpion und Fisch) auf Emotionalität und Intuition schließen lassen.

Mit anderen Worten: Die Astrologie behauptet, die beiden Hauptdimensionen der Persönlichkeit: Extraversion/Introversion und Emotionalität/Stabilität, vorhersagen zu können. Bei der Studie mit Mayo wurde von 2324 Personen ein Fragebogen ausgefüllt, der es dem Forscher gestattet, diese beiden Dimensionen abzuschätzen.

Die Ergebnisse waren frappierend. Im Koordinatensystem Extraversion/Introversion stimmten sie genau mit der astrologischen Vorhersage überein, während sie in dem für Emotionalität/Stabilität davon nur insofern abwichen, als der Widder eine zu hohe Punktezahl erhielt. Ist dies der erste eindeutige Beweis für die Astrologie, den wir suchen?

Naive und informierte Versuchspersonen

Von der astrologischen Zeitschrift ›Phenomena‹ als die »vielleicht wichtigste Darlegung zugunsten der Astrologie in unserem Jahrhundert« gefeiert, wurde die Studie mehreren Replikationsversuchen unterzogen. Im allgemeinen wurde, wie wir sehen werden, das Ergebnis in bescheidenem Maß bestätigt. Relativiert werden die Ergebnisse der Untersuchung aber durch den Umstand, daß sie mit Versuchspersonen arbeitete, die astrologische Kenntnisse hatten. Wir haben im 3. Kapitel ausgeführt, daß die Menschen dazu neigen, in ihre eigenen Persönlichkeiten die Eigenschaften hineinzudeuten, die sie nach Auskunft der Astrologie erwarten sollten. Es ist möglich, daß dies die tatsächliche Entwicklung ihrer Charaktere beeinflussen könnte, und zumindest könnte es sich darauf auswirken, wie sie einen Fragebogen beantworten. Beispielsweise antwortet ein unter dem Zeichen des Widders Geborener auf die Frage: »Sind Sie wagemutig und energisch?« wahrscheinlicher mit »Ja«, wenn er weiß, daß dies die beiden Hauptmerkmale seines eigenen Tierkreiszeichens sind. Dieser Punkt ist so wichtig, daß wir ihn eingehender untersuchen, ehe wir fortfahren.

Delaney und Woodyard (1974) veranstalteten ein interessantes Experiment, das diesen Effekt vor Augen führt. Sie forderten aus einer Gruppe von 55 Gymnasiasten jeden einzelnen auf, eine astrologische Persönlichkeitsbeschreibung zu lesen, die angeblich seinem Geburtszeichen entsprach. In Wirklichkeit legte man ihnen nur zwei Beschreibungen vor, die entweder ein hohes oder ein geringes Niveau der Eigenschaften »Dominanz« und »Veränderung« anzeigten. Nachdem sie ihre eigene Beschreibung gelesen hatten, wurde jede Versuchsperson aufgefordert, einen Fragebogen auszufüllen, nach dem sich ihr »Dominanz«- und »Veränderungs«-Niveau abschätzen ließ. Diejenigen Versuchspersonen, deren Text für ihr Sternzeichen ein hohes Niveau dieser Eigenschaften angab, kamen auf Durchschnittswerte von 17,1 für Dominanz und von 23,7 für Veränderung. Im Gegensatz dazu kamen diejenigen, deren Beschreibungen für diese Eigenschaften ein niedriges Niveau angegeben hatten, auf Durchschnittswerte von 13,0 und 21,3.

Diese Unterschiede sind statistisch signifikant. Es war klar, daß die Versuchspersonen ihre Vorstellungen von sich selber berichtigt hatten, um ihren Beschreibungen zu entsprechen, obwohl man ihnen gesagt hatte, der Fragebogen befasse sich »mit *Ihrer* Persönlichkeit und *nicht* mit der Persönlichkeit, die astrologisch vorhergesagt ist.«

Das Mayo-Forschungsteam andererseits berichtete, daß die Unterteilung seiner Versuchspersonen je nach astrologischen Kenntnissen in »naive« und »informierte« Gruppen keine unterschiedlichen Resultate zutage gefördert habe. Wie läßt sich dieser Befund mit demjenigen von Delaney und Woodyard vereinbaren? Betrachten wir die Mayo-Ergebnisse genauer, können wir erkennen, daß es sowohl in der Gruppe der »Informierten« wie in derjenigen der »Naiven« zu Verzerrungen gekommen sein kann. Sicherlich verstanden die »informierten« Versuchspersonen weit mehr von der Astrologie als einfach die Tierkreiszeichen, und sie dürften eine Anzahl anderer Faktoren mit in Betracht gezogen haben, so etwa ihre Mondstellung und ihre Aszendentenzeichen. Dies hat offensichtlich die Auswirkungen der Tierkreiszeichenerwartung verwässert. Zweitens kann es durchaus sein, daß eine »naive« Versuchsperson über Astrologie nicht Bescheid wußte, doch das bedeutet nicht notwendig, daß sie auch nichts über Tierkreiszeichen wußte. Man

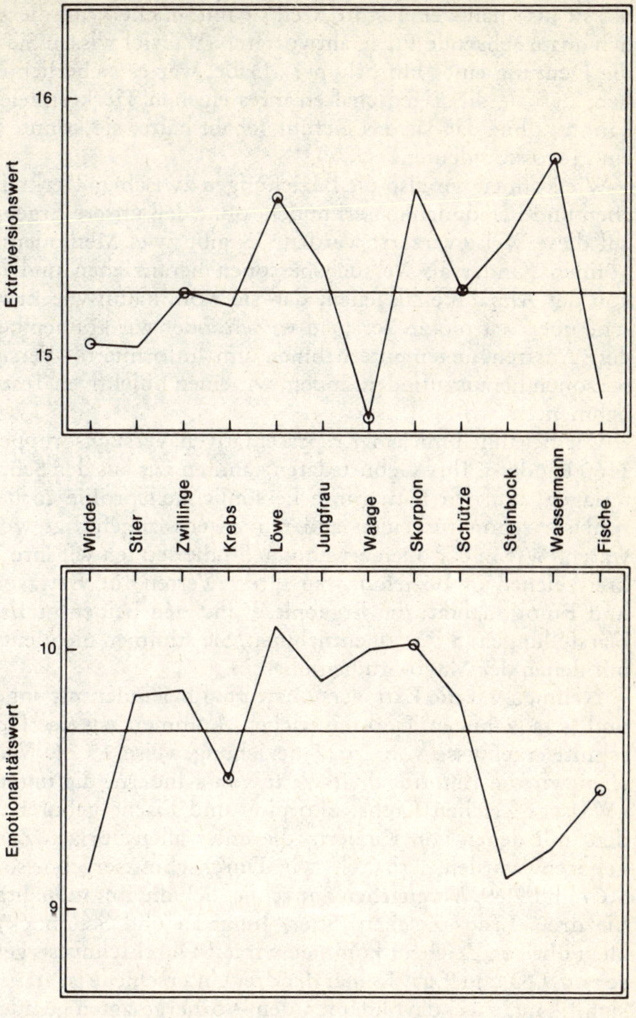

Die obere Kurve zeigt die Extraversionswerte für die Gruppe von 1160 Kindern zwischen elf und siebzehn Jahren an. Die untere Kurve gibt ihre Emotionalitätswerte an. Keine von beiden deckt sich mit der astrologischen Vorhersage.

hat sie als »naiv« eingestuft, weil sie mit »nichts« auf die ziemlich anspruchsvolle Frage antwortete: »Wieviel wissen Sie über die Deutung eines Horoskops?« Dabei war es sicherlich möglich, daß sie die Eigenschaften ihres eigenen Tierkreiszeichens kannte, ohne daß sie das Gefühl gehabt hätte, sie könnte auch ein Horoskop deuten.

Wie können wir also die Beziehungen zwischen Tierkreiszeichen und Persönlichkeit erkunden, ohne daß unsere Ergebnisse auf diese Weise verzerrt werden? Es gibt zwei Methoden: Wir können Kinder als Versuchspersonen heranziehen und dabei von der Annahme ausgehen, daß sie wohl kaum wie Erwachsene über Astrologie Bescheid wissen; oder wir können besondere Anstrengungen unternehmen, um »informierte« Versuchspersonen herauszufinden, indem wir einen objektiven Test vornehmen.

Wir begannen mit einer repräsentativen Versuchsgruppe von 1160 Kindern. Ihre Geburtsdaten kannten wir aus den Schulunterlagen, und wir hatten ihre Persönlichkeitsprofile vorliegen, weil sie schon für einen anderen Zweck angefertigt worden waren. Wie in der oben erwähnten Studie setzten wir ihre Tierkreiszeichen in Beziehung zu ihren Werten für Extraversion und Emotionalität; die Ergebnisse sind den beiden grafischen Darstellungen (S. 75) zu entnehmen. Sie stimmen nicht entfernt mit denen der Mayo-Studien überein.

Nehmen wir die Extraversionswerte für Kinder mit ungerad- und geradzahligen Tierkreiszeichen, kommen wir auf Durchschnittsergebnisse von 15,27 beziehungsweise 15,24. Vergleichen wir die Emotionalitätswerte von Kindern, die unter den »Wasser«-Zeichen Krebs, Skorpion und Fische geboren wurden, mit denen von Kindern, die unter allen übrigen Zeichen geboren wurden, erhalten wir Durchschnittsergebnisse von 9,64 und 9,69. Vergleichen wir schließlich die Emotionalität für die drei »Erde«-Zeichen (Stier, Jungfrau und Steinbock) mit allen übrigen Zeichen, kommen wir auf Durchschnittsergebnisse von 9,63 und 9,69. Keiner der drei Unterschiede ist statistisch signifikant, zwei davon laufen dem Vorhergesagten gerade entgegen. Kurzum: Die Sternzeichen scheinen mit Persönlichkeitsunterschieden nichts zu tun zu haben.

Unseren zweiten Test führten wir mit 122 Erwachsenen durch. Wir gaben jedem von ihnen zwölf Sätze von Eigenschaften und forderten ihn auf, den Satz auszuwählen, der seiner Persönlichkeit am besten entspreche. Außerdem forderten wir jede Versuchsperson auf, einen zweitbesten und einen drittbesten Satz auszuwählen. In Wirklichkeit waren diese zwölf Sätze von Eigenschaften eben diejenigen, die mit den zwölf Tierkreiszeichen in Zusammenhang gebracht werden, doch fast sämtliche Versuchspersonen erkannten dies erst, als man sie später

1 *Widder*
Kühn, Energisch, Bejahend, Selbstsüchtig, Gefühllos, Aggressiv.
2 *Stier*
Praktisch, Konservativ, Besitzergreifend, Starrsinnig, Habgierig, Unflexibel.
3 *Zwilling*
Lebhaft, Vielseitig, Unruhig, Oberflächlich, Sprunghaft, Falsch.
4 *Krebs*
Emotional, Beschützend, Feinfühlig, Launisch, Reizbar, Unvernünftig.
5 *Löwe*
Stolz, Großmütig, Großzügig, Tonangebend, Eingebildet, Angeberisch.
6 *Jungfrau*
Analytisch, Logisch, Fleißig, Nervös, Sich einmischend, Unemotional.
7 *Waage*
Angenehm, Harmonisch, Taktvoll, Unentschieden, Unordentlich, Eigensinnig.
8 *Skorpion*
Heftig, Leidenschaftlich, Zurückhaltend, Empfindlich, Nachtragend, Starrsinnig.
9 *Schütze*
Aktiv, Waghalsig, Freiheitsliebend, Maßlos, Sorglos, Taktlos.
10 *Steinbock*
Vorsichtig, Praktisch, Beharrlich, Selbstsüchtig, Streng, Engstirnig.
11 *Wassermann*
Unabhängig, Originell, Humanitär, Störrisch, Exzentrisch, Geringe Ehrlichkeit.
12 *Fische*
Einfühlsam, Vergeistigt, Beeinflußbar, Verworren, Unpraktisch, Eigenwillig.

Die Persönlichkeitseigenschaften in Verbindung mit den zwölf Tierkreiszeichen. Die Eigenschaften sind repräsentativ für diejenigen, die vier führende Astrologieautoren angeben, und sie wurden so ausgewählt, daß sich die Zeichen möglichst gut unterscheiden. Für jedes Zeichen sind drei positive und drei negative Eigenschaften aufgeführt. (Nach Dean und andere, 1977) darauf aufmerksam machte. (Die Sätze wurden ihnen in zufälliger Reihenfolge vorgelegt.) Angegeben waren die Eigenschaften, die Dean und andere 1977 aufgelistet hatten: Es sind die, die den jeweiligen Tierkreiszeichen am häufigsten zugeordnet werden. Wir wollten damit die Hypothese überprüfen, daß die Personen, die astrologisch wirklich uninformiert waren, nicht die Eigenschaftensätze auswählen würden, die mit ihrem eigenen Tierkreiszeichen verknüpft waren.

Zunächst mußten wir die Versuchspersonen im Hinblick auf ihre astrologischen Kenntnisse beurteilen. Nachdem sie die Eigenschaftensätze ausgewählt hatten, die sie selbst ihrer Annahme nach am besten beschrieben, wurde ihnen gesagt, daß die zwölf Sätze die zwölf Tierkreiszeichen repräsentierten, und sie wurden aufgefordert, den Satz zu benennen, der zu ihrem jeweiligen Zeichen gehörte. Abermals räumten wir ihnen eine erste, zweite und dritte Wahl ein, und es wurde betont, daß sie dieses Mal nicht ihre eigene Persönlichkeit beurteilen, sondern nur versuchen sollten, anzugeben, welches die Eigenschaften ihres eigenen Tierkreiszeichens seien, und zwar aufgrund dessen, was man ihnen erzählt habe oder was sie in Zeitschriften oder Zeitungen gelesen hätten. Auch wenn sie sich sehr unsicher fühlten, wurden sie aufgefordert, eine Vermutung zu wagen.

Diejenigen, deren erste Wahl richtig war, wurden als »informiert« eingestuft, und in diese Kategorie fielen 46 der 122 Versuchspersonen. Diejenigen, die dreimal eine falsche Wahl trafen, wurden als »unwissend« eingestuft (50 Versuchspersonen). Diejenigen, die beim erstenmal falsch wählten, aber beim zweiten oder dritten Versuch das Richtige trafen, wurden als »Grenzfälle« eingestuft.

Die Ergebnisse für diese drei Gruppen sind in der Tabelle dargestellt. Selbst wenn wir mögliche Verzerrungen einkalkulieren – etwa, daß offenbar informierte Versuchspersonen aus Zufall richtig wählten oder daß einige Leute den »astrologischen« Satz von Eigenschaften so wählten, daß er dem Satz entsprach, den sie zur Selbstbeurteilung gewählt hatten –, bleibt doch noch immer eine unmißverständliche Auskunft. Die Gruppe der Unwissenden zeigt keine Tendenz, die Vorhersagen der Astrologie über ihre Persönlichkeit zu bestätigen. Ja, die Zahl der Versuchspersonen in dieser Gruppe, deren erste Selbstbeurteilung mit den Eigenschaften der Tierkreiszeichen übereinstimmte, liegt in Wirklichkeit – wenn auch nicht sehr weit – unter dem, was man als Wahrscheinlichkeitsergebnis hät-

	Erste Nennung	*Wahrschein-lichkeit*	*Drei Nennungen*
Unwissende (50 Personen)	3	4,2	9
Grenzfälle (26 Personen)	2	2,2	10
Informierte (46 Personen)	17	3,8	29

Diese Tabelle zeigt die Anzahl von Versuchspersonen in jeder Gruppe, deren Beurteilung der eigenen Persönlichkeit den Eigenschaften ihres Sternzeichens entsprach. Die erste Spalte zeigt die Anzahl derjenigen, die als erste Wahl einer Selbstbeschreibung ihre eigenen Tierkreiszeicheneigenschaften angaben. Die rechte Spalte zeigt die Anzahl derjenigen, die bei der ersten, der zweiten oder der dritten Wahl ihr Tierkreiszeichen trafen. Die mittlere Spalte zeigt die Anzahl derjenigen, von denen man nach der Wahrscheinlichkeitsrechnung hätte erwarten können, daß sie das Zeichen beim ersten Mal trafen (eine unter zwölf Versuchspersonen aus der Stichprobe, da zwölf Sätze zur Wahl vorliegen).

te erwarten können. Bei der Gruppe der Grenzfälle sieht das Ergebnis genauso aus: Sie schnitten etwas unterhalb des Wahrscheinlichkeitsniveaus ab. Die Gruppe der Informierten hingegen zeigte eine ausgeprägte Neigung, sich in Übereinstimmung mit den astrologischen Vorhersagen zu beurteilen. (Die Wahrscheinlichkeit, daß sie dieses Ergebnis aus Zufall erzielten, ist geringer als eins zu zehntausend.)

Betrachten wir die Resultate aller drei Selbstbeurteilungen insgesamt, ist es zwar unmöglich, die *genaue* Wahrscheinlichkeit einer richtigen Wahl aus Zufall zu berechnen; aber es ist durchaus klar, daß die Ergebnisse die gleiche allgemeine Tendenz aufweisen wie diejenigen der ersten Selbstbeurteilung allein.

Gläubige und Ungläubige

Wir bauten verschiedene andere Tests in diesen Versuch ein, und einer davon verdient es, hier erwähnt zu werden. Zu Beginn forderten wir die Versuchspersonen auf, aus den für die Tierkreiszeichen angeführten Eigenschaften jeweils die sechs auszuwählen, die am besten zu ihnen paßten. Wir legten sämtliche Eigenschaften in alphabetischer Reihenfolge vor (es sind neunundsechzig insgesamt, drei davon wiederholen sich in der Tabelle), und abermals wählten die meisten Versuchspersonen nur dann Wörter in Übereinstimmung mit ihrem Tierkreiszeichen, wenn sie informiert waren. Wir können uns nicht der Schlußfolgerung entziehen, daß bei den Menschen eine Tendenz besteht, sich in ihrer eigenen Selbstbeurteilung durch ihr astrologisches Wissen beeinflussen zu lassen.

Eine besonders interessante Erscheinung ist, daß dies selbst dann geschehen kann, wenn ihr Vorwissen nur sehr gering ist. Unter unseren 46 »informierten« Versuchspersonen kannten nur vier ihr Aszendentenzeichen, und nur einer von ihnen kannte auch noch sein Mondzeichen. (Allerdings konnte man von unserer Testgruppe nicht erwarten, daß sie viele astrologisch hochgebildete Personen enthielt: Sie bestand hauptsächlich aus Wirtschafts- und Kunststudenten an Abendschulen für Erwachsene und aus Rekruten der Heilsarmee.) Bei der Mayo-Studie hingegen waren viele der Versuchspersonen an Astrologie besonders interessiert, einige davon hatten sie sogar zum Studienfach gewählt. Eines scheint aber klar: Die in unserer Studie ermittelte Tendenz könnte auch das ursprüngliche Mayo-Resultat erklären: Was diese ursprüngliche Studie wirklich vorführt, ist eine psychologische Tatsache, keine astrologische.

Zu einer ähnlichen Schlußfolgerung kamen in Deutschland Pawlik und Buse (1979) auf der Grundlage einer sorgfältig kontrollierten Studie mit 799 erwachsenen Versuchspersonen, von denen 68 Prozent Frauen waren. Die Probanden füllten eine deutsche Fassung des beim Mayo-Versuch benutzten Fragebogens für Extraversion und Emotionalität aus, dazu einen weiteren Fragebogen, in dem ihre Vertrautheit mit Astrologie befragt wurde. Die Ergebnisse zeigten, daß sich die Versuchspersonen in drei ungefähr gleichgroße Gruppen von »Ungläubigen«, »Gläubigen« und »Strenggläubigen« aufteilen ließen. Die Persönlichkeitswerte der Gläubigen und der Strenggläubigen stimmten wie bei der Mayo-Gruppe überein, und die Unterschiede in den Werten ähnelten den von Mayo beobachteten. Die Unterschiede waren vom Alter unabhängig, aber bei den Frauen etwas größer. Die Ergebnisse der Ungläubigen zeigten keinen wahrnehmbaren astrologischen Effekt.

Es ist denkbar, daß die Astrologie nur für die wenigen Menschen wahr ist, die zu Gläubigen *wurden*, als sie entdeckten, daß ihr Leben dem astrologisch vorhergesagten Muster folgte. Ein solcher Effekt könnte die Ergebnisse Mayos und unserer eigenen Untersuchung erklären. Aber er würde noch immer nicht erklären, warum wir bei unserer Testgruppe von Kindern keine Anzeichen für ein Zutreffen astrologischer Charakterbeschreibungen finden konnten.

Das Vorwissen

Man muß berücksichtigen, daß auch Menschen, die keinerlei astrologische Kenntnisse für sich in Anspruch nehmen, mehr aufgeschnappt haben können, als sie selbst wahrnehmen. Bei dem beherrschenden Einfluß der Astrologie in Zeitungen und Zeitschriften – beispielsweise erscheinen Horoskopkolumnen in mehr als 70 Prozent der 1700 Tageszeitungen in den Vereinigten Staaten und in jeder einzelnen von über einem Dutzend australischer Frauenillustrierten – kann man von niemandem annehmen, daß er nicht angesteckt sei. Selbst bei anscheinend unwissenden Versuchspersonen darf man erwarten, daß sie ein wenig über Astrologie wissen, wenigstens über den Teil, der auf sie zutrifft, und dies kann ausreichen, um sie bei einem Selbstbeurteilungstest zu beeinflussen.

In unserer eigenen Studie konnten 46 der Versuchspersonen den Satz von Eigenschaften identifizieren, der zu ihrem eigenen Tierkreiszeichen gehört. Als man jedoch eben diese Personen früher gefragt hatte, ob sie dazu in der Lage seien, hatten das die meisten von ihnen verneint. Erst als sie aufgefordert wurden, eine Vermutung zu wagen, trat ihr Wissen zutage. Nur eine ganz geringe »Ansteckung« dieser Art genügt, um das Ergebnis eines Experiments zu verzerren. Beispielsweise läßt sich aus theoretischen Gründen zeigen, daß wahrscheinlich schon eine einzige Person unter zwanzig, die sich mit ihrem Tierkreiszeichen identifiziert, völlig ausreicht, um die Mayo-Resultate zu erklären.

Solange eine Studie diesen Faktor nicht in Betracht zieht und durch einen objektiven Test die astrologischen Kenntnisse ihrer Versuchspersonen feststellt, fördert sie wahrscheinlich ähnliche Ergebnisse zutage wie die Mayo-Studie. Genau das ist auch geschehen. Es kam zu einer Anzahl von Replikationen, und sie alle erbrachten Resultate, die zwar nicht so auffallend wie diejenigen von Mayo waren, aber in dieselbe Richtung tendierten. Doch die Forscher haben – abgesehen von Pawlik und Buse – versäumt, den entscheidenden Faktor des astrologischen Wissens in Rechnung zu stellen, und dies verfälscht unseres Erachtens ihre Ergebnisse.

Mayo hat den Versuch einer genauen Replikation des ursprünglichen Experiments unternommen, was eine Untersuchung jenes Effekts gestattete. Die bislang unveröffentlichten Ergebnisse sind sehr interessant. Wir unterteilten Mayos Versuchspersonen in drei Gruppen: diejenigen, die sehr viel wußten, diejenigen mit geringerem Wissen und diejenigen, die überhaupt kein Wissen hatten – oder es zumindest behaupteten. Wie die grafische Darstellung zeigt, erbrachten diejenigen mit sehr großem Wissen im wesentlichen unerhebliche Resultate, diejenigen, die behaupteten, kein Wissen zu haben, schnitten ein wenig besser ab, und das bedeutsamste Ergebnis stammte von denjenigen mit geringem Wissen. Wie wollen wir das deuten?

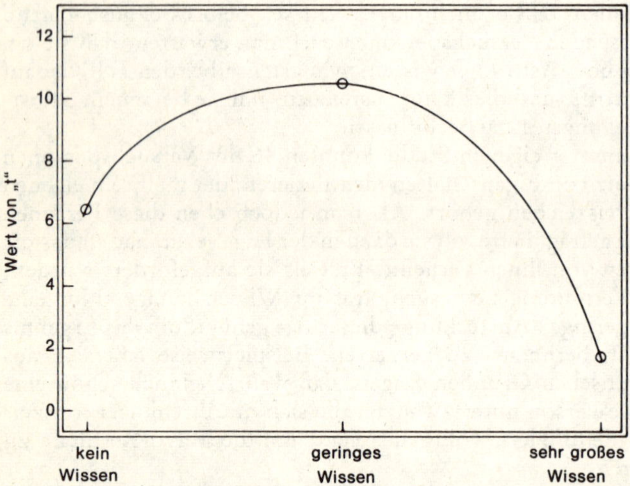

Das Resultat von Mayos Replikation seiner früheren Studie zeigt, wie astrologisches Wissen die Antworten der Versuchspersonen beeinflußt haben könnte. Die für »t« angegebenen Zahlen sind ein Maß der statistischen Signifikanz der beobachteten Beziehung zwischen Persönlichkeit und Tierkreiszeichen bei 2274 Personen.

Wie wir bei der Erörterung der ersten Mayo-Studie feststellten, war es durchaus möglich, daß die Angehörigen der informierten Gruppe außer den Tierkreiszeichen viele andere Faktoren mit in Betracht zogen, während für diejenigen mit nur geringem Wissen die Tierkreiszeichen größeres Gewicht hatten. Erinnern wir uns dann noch daran, daß die »unwissende« Gruppe beinahe mit Sicherheit etwas über Tierkreiszeichen wußte – die an dem Test Beteiligten entstammten zumeist einer Gruppe von Personen, die sich für Astrologie interessierten und astrologische Zeitschriften lasen –, dann erkennen wir ein klares Raster. Vorwissen beeinflußt in der Tat die Versuchsperson so, daß sie ihre Persönlichkeit in Übereinstimmung mit dem sieht, was sie nach Auskunft der Astrologie erwarten muß; und dieser Effekt nimmt mit wachsenden Kenntnissen zu – bis an den Punkt, wo allzu viel Wissen die Fragestellung verkompliziert und die relative Bedeutung des zu untersuchenden Faktors (der Tierkreiszeichen) verringert. Es ist interessant, daß Pawlik und Buse gleichfalls zu Resultaten kamen, die diesen Befund bestätigten. Der Effekt war bei ihren »Gläubigen« ausgeprägter als bei ihren »Strenggläubigen«.

All das sollte uns lehren, vorsichtig zu sein. Wenn wir nur das Gesamtresultat von Mayos zweitem Experiment betrachten, so erkennen wir eine höchst bedeutsame Korrelation, die anscheinend beweist, daß die Tierkreiszeichenastrologie in der Tat mit Erfolg die Persönlichkeit vorhersagt. Erst wenn wir den Test zergliedern, zeigt sich die eigentliche Aussage. Wir lernen daraus, daß wir auch alternative Erklärungen überprüfen müssen, ehe wir ein Resultat akzeptieren. Nur wenn wir gewöhnliche Ursachen ausgeschieden haben, sind wir berechtigt, das Resultat als Bestätigung für die Astrologie anzuführen.

Es wurden verschiedene andere Versuche unternommen, einen Zusammenhang zwischen Tierkreiszeichen und Persönlichkeit aufzuzeigen. Denjenigen, die sich ausführlicher mit der Sache beschäftigen wollen, nennen wir Forlano und Ehrlich (1941), Silverman (1971), Hume und Goldstein (1977), Tyson (1977) und Jourard (1978). Keine dieser Studien erbrachte eindeutige Resultate.

Eine Möglichkeit, das Problem der »Ansteckung durch Wissen« zu umgehen, besteht darin, sich nicht damit zu beschäftigen, wie sich die Menschen subjektiv selber beurteilen, sondern mit den Berufen, die sie ergreifen. Diese können sicher objektive Hinweise darauf geben, um welche Typen von Menschen es sich handelt. Besonders sinnvoll ist es, diejenigen herauszugreifen, die erfolgreich sind, denn jeder kann zwar in einen Beruf hineinrutschen, der nicht zu seiner Persönlichkeit paßt, aber er hat dann wahrscheinlich weniger Erfolg als jemand, der wirklich dafür geeignet ist. Der ängstliche Soldat, der bequeme, an Wettbewerb nicht interessierte Sportler, der introvertierte Verkäufer dürften kaum unter den führenden Gestalten ihres jeweiligen Berufs zu finden sein. In der Vergangenheit soll es Kulturen gegeben haben, in denen »Skorpione« als Krieger rekrutiert wurden, weil das Tierkreiszeichen eine heftige, leidenschaftliche und rachsüchtige Wesensart anzeige. Wenn die Astrologie recht hat, war das eine vernünftige Taktik.

Der umfassendste Versuch, Tierkreiszeichen mit Berufen in Verbindung zu bringen, war der von Van Deusen (1976). Er sammelte die Tierkreiszeichen Tausender von Menschen, die erfolgreich genug waren, um in biographischen Handbüchern wie ›Who's Who in America‹ und den spezialisierteren wie ›Who's Who in the Theatre‹ und ›The Baseball Encyclopedia‹ aufgenommen zu werden. Eine Zusammenstellung einiger dabei gewonnener Resultate zeigt die Tabelle.

Van Deusen behauptet, seine Ergebnisse zeigten eine Übereinstimmung mit der astrologischen Überlieferung. So schreibt er im Zusammenhang mit dem Befund, daß Journalisten am häufigsten im Skorpion und am seltensten im Steinbock geboren sind: »Die natürliche Wißbegierde der Skorpione zeigt sich in ihrem überdurchschnittlich häufigen Vorkommen (in dieser Berufsgruppe). Sie sind bereit, nach Fakten zu graben, weil Wissen seinen Lohn in sich selber hat. Steinböcke hingegen empfänden einen Mangel an Beachtung als eine ernstliche Bedrohung ihres Ego und ihrer Sicherheit – besonders in einem Beruf, für den instabile Arbeitsbedingungen und niedrige Bezahlung charakteristisch sind.«

Nehmen wir zwei weitere Beispiele. Zu der Feststellung, daß die Zwillinge das häufigste Tierkreiszeichen bei den Juristen sind, sagt Van Deusen, dies »sollte für Astrologen nicht überra-

Beruf		*Häufigstes Zeichen*	*Seltenstes Zeichen*
5036	Architekten	Steinbock + 8,2%	Fische – 11%
5000	Ärzte	Löwe + 12%	Widder – 8,8%
2690	Bankiers	Jungfrau + 27%	Stier – 30%
5111	Bibliothekare	Waage + 22%	Steinbock – 31%
5047	Geschäftsleute	Krebs + 7,5%	Schütze – 14%
2842	Ingenieure	Krebs + 11%	Waage – 7,4%
2088	Journalisten	Skorpion + 21%	Steinbock – 19%
5477	Juristen	Zwillinge + 17%	Fische – 10%
8762	Kleriker	Zwillinge + 7,5%	Steinbock – 9,9%
4698	Komponisten	Steinbock + 18%	Jungfrau – 21%
2982	Künstler	Krebs + 16%	Fische – 15%
2616	Musiker	Fische + 23%	Krebs – 14%
5022	Politiker	Waage + 9,4%	Widder – 8,0%
5011	Psychiater	Skorpion + 9,2%	Löwe – 16%
1055	Sänger	Wassermann + 16%	Jungfrau – 31%
1522	Schauspieler	Stier + 14%	Krebs – 17%
2931	Schriftsteller	Jungfrau + 14%	Zwillinge – 9,5%
4006	Sportler	Löwe + 11%	Widder – 6,8%
7118	Werbefachleute	Zwillinge + 8,6%	Steinbock – 8,8%

Van Deusens Studie über Berufe und Tierkreiszeichen. Die beiden Kolumnen zeigen, welche Zeichen für die einzelnen Berufe am häufigsten und welche am seltensten vorkamen. Die Prozentzahlen geben an, in welchem Maß die Häufigkeit des betreffenden Zeichens über seine Häufigkeit in einer Kontrollgruppe – der allgemeinen Bevölkerung Kaliforniens entnommen – hinausging (+) oder dahinter zurückblieb (–).

schend sein. Juristen müssen bereit sein, beide Seiten eines Falles zu bedenken, deshalb sind die den Blickpunkt wechselnden (aber nicht schizophrenen) Zwillinge hier in ihrem Element.« Ähnlich schreibt er über Bankiers, daß »Jungfrauen von Natur aus Buchhalter sind; das Leben ist ein Hauptbuch, in dem jedes Ereignis säuberlich eingetragen sein muß – und alle Konten müssen perfekt ausgeglichen sein.«

Man fragt sich, ob Bankiers wirklich viel mit Autoren wie Goethe, Tolstoi und H. G. Wells gemeinsam haben, die, wie zu Beginn dieses Kapitels erwähnt, sämtlich Jungfrauen waren. Die Ergebnisse enthalten auch verschiedene andere Merkwürdigkeiten. Beispielsweise ist es überraschend, daß der Widder unter den Sportlern und den Politikern am wenigsten vertreten ist, während der Journalismus traditionell mit den Zwillingen, nicht mit dem Skorpion, in Zusammenhang gebracht wird, und das Recht mit dem Schützen, nicht mit den Zwillingen. Überhaupt ist es offenkundig, daß die Deutungen erst nachträglich gemacht wurden. Sie mögen plausibel klingen, doch sind sie das, worauf Astrologen sich geeinigt hätten, wenn man sie aufgefordert hätte, die Ergebnisse vorherzusagen, *ehe* sie bekannt waren? Die einzige Möglichkeit, das mit Sicherheit festzustellen, hätte darin bestanden, sie eben darum zu bitten. Schon aus diesem Grund kann die Studie Van Deusens nicht als schlüssig gelten.

Obgleich Van Deusen dies nicht tat, ist es möglich, ein objektives Verfahren zu entwickeln. Aus den Berufsgruppen wählten wir zehn aus, die eindeutige Resultate aufzuweisen hatten: Bankiers, Bibliothekare, Geschäftsleute, Journalisten, Juristen, Komponisten, Psychiater, Schauspieler, Schriftsteller und Sportler. Dann gaben wir zehn Studienabsolventen der Psychologie (die nichts über die Studie Van Deusens wußten) eine Persönlichkeitsbeschreibung für jedes Tierkreiszeichen; die Beschreibungen entnahmen wir einem Standardtext (›The Complete Astrologer‹ von Parker und Parker, 1975), von dem Van Deusen geschrieben hatte, er repräsentiere zutreffend »gegenwärtige Trends des astrologischen Denkens«. Die zehn Psychologen wurden aufgefordert, jede der zwölf Beschreibungen zu lesen und dann zu entscheiden, welche Berufe sich am besten und am wenigsten für jedes Tierkreiszeichen eigneten.

Neigten die Beurteiler nun dazu, Tierkreiszeichen mit Berufen auf eine Weise zu verknüpfen, die den von Van Deusen gewonnenen Ergebnissen entsprachen? Die Tabelle zeigt, was herauskam. Man sieht, daß vier Zeichen mit denselben Berufen verbunden sind wie in der Studie Van Deusens: Skorpion am besten geeignet für Journalisten und Psychiater, Zwillinge am geeignetsten für Juristen; und Fische am wenigsten geeignet für Juristen. Die Tabelle enthält 29 Vorhersagen, und man könnte eine von zwölf nach der Wahrscheinlichkeit als richtig erwarten – was 2,4 korrekte Vermutungen ergäbe. Der erreichte Wert von 4 liegt daher ein wenig über der Wahrscheinlichkeit, aber es ist schwierig, eine exakte Prüfung der Signifikanz vorzunehmen, weil bestimmte statistische Voraussetzungen (so etwa die gleich hohe Repräsentation jedes Tierkreiszeichens) nicht erfüllt sind. Jedenfalls ist eine Trefferzahl von vier bei zwanzig möglichen richtigen Vorhersagen (zehn Berufe, jeder zweimal beurteilt: im Hinblick auf beste und geringste Eignung) kaum eindrucksvoll. Das ganze wäre für jemanden, der versuchte, sich für einen Beruf zu entscheiden, wohl kaum eine Hilfe. Wir

Beruf	*Beste Eignung*	*Schlechteste Eignung*
Bankiers	Krebs 7	Zwillinge 7
Bibliothekare	Jungfrau 7	Skorpion 6
Geschäftsleute	Löwe 7	Fische 8
Journalisten	*Skorpion* 7	Krebs, Löwe, Waage 2
Juristen	*Zwillinge* 7	Wassermann, *Fische* 5
Komponisten	Wassermann 8	Löwe 7
Psychiater	Stier, *Skorpion*, Steinbock 6	Widder, Zwillinge 3
Schauspieler	Fische 9	Jungfrau 7
Schriftsteller	Wassermann 9	Waage 6
Sportler	Widder 4	Krebs, Skorpion, Schütze, Steinbock 4

Zehn Studenten der Psychologie wurden aufgefordert, Erfolg in zehn Berufen mit astrologischen Persönlichkeitsbeschreibungen zu verknüpfen. Sie sollten angeben, welcher Beruf sich am besten und welcher sich am schlechtesten für jedes Tierkreiszeichen eignete. Die Tabelle zeigt für jeden Beruf die Zeichen, mit denen er am häufigsten in Zusammenhang gebracht wurde. (Wo es zu einem Unentschieden kam, sind zwei oder mehr Zeichen aufgeführt.) Die Zahlen geben an, wieviele Beurteiler jeden Beruf als am geeignetsten oder am ungeeignetsten für das betreffende Tierkreiszeichen nannten.

Wo ein Zeichen mit demjenigen übereinstimmte, das Van Deusen als am häufigsten oder am seltensten vorkommend ermittelt hatte, ist es kursiv gedruckt.

werteten diese Ergebnisse auf die unterschiedlichste Weise aus, aber letztlich war die Übereinstimmung mit den Resultaten Van Deusens gering, und es fand sich wenig, das seine Behauptung gestützt hätte. Ein Test, den wir anwandten, sollte die Beurteiler aussondern, die am häufigsten Van Deusens Resultate getroffen hatten; damit wollten wir feststellen, ob ihr Erfolg vielleicht von einer sehr hohen Fehlerrate bei den erfolglosen Beurteilern verdeckt wurde. Selbst dies förderte nichts Auffallendes zutage, und der beste Beurteiler brachte es nur auf 8 richtige unter insgesamt 53 Vorhersagen, die er machte – ein Einzelergebnis, das sich durchaus im Spielraum der Wahrscheinlichkeit hält.

Aus den verschiedenen Analysen ergab sich, daß die zehn Beurteiler meist in ihren Vorhersagen miteinander übereinstimmten, und daß sie etwas häufiger recht als unrecht hatten.

Die Erfolgsquote war jedoch zu niedrig, um ohne eine Bestätigung durch ein repliziertes Experiment, das wir allerdings nicht durchführten, aussagefähig zu sein. Hätten die Psychologen Besseres zustandegebracht, wenn sie detailliertere Beschreibungen erhalten hätten? Hätten erfahrene Astrologen besser abgeschnitten als Psychologen? Mit Sicherheit kann man nur sagen, daß die Ergebnisse, so wie sie dastehen, wenig überzeugend sind.

Eine Möglichkeit, die Resultate Van Deusens zu überprüfen, hätte darin bestanden, sie mit denjenigen anderer Forscher zu vergleichen. Leider unternimmt er wenig, um das zu tun. Er erwähnt nur eine ältere Arbeit Kraffts über berühmte Musiker. Die Resultate, so behauptet er, seien ähnlich: hohe Werte für Fische und niedrige für Jungfrauen; man könnte aber die Ähnlichkeit auch darauf zurückführen, daß Van Deusen und Krafft ihre Vergleichsgruppen demselben internationalen Verzeichnis entnommen haben.

Dies ist ein stets wiederkehrendes Problem, wie Dean und andere (1977) erläutern. Sie versuchten, die Ergebnisse aller erreichbaren Arbeiten auf diesem Gebiet zusammenzutragen, und fanden, daß die Korrelation zwischen verschiedenen Studien das ganze Spektrum zwischen dem entschieden Positiven übers Wahrscheinlichkeitsniveau bis zum Negativen umspannten. Doch wo eine deutliche Korrelation vorlag, war sie nur dann besonders hoch, wenn es eine Überschneidung in den ausgewählten Beispielen gab. Natürlich erhält man, wenn man dieselben Menschen untersucht, auch dieselben Resultate.

Hält man sich all das vor Augen, dann lohnt es sich, einige der interessanteren Ergebnisse aus anderen Forschungsarbeiten über Berufe und Tierkreiszeichen zu betrachten.

Sternbilder und das Militär

Offiziere gehören einem Berufsstand an, über den in mehreren Ländern Studien vorliegen. Gauquelin erfaßte 1978 die Geburtstage von 1995 französischen Generälen, um festzustellen, ob sie in der Mehrzahl zum Tierkreiszeichen Widder gehörten, durch das eine Disposition zu Abenteuern, Unfällen, Kampf, Streit und Rivalität signalisiert wird. Hatte die Astrologie recht? Nein. Die Geburtstage der Generäle verteilten sich fast gleichzeitig über alle zwölf Tierkreiszeichen, nur ein durchschnittlicher Anteil entfiel auf den Widder.

Andererseits ergab eine Übersicht von Cooper und Smithers (1973), daß die Geburtstage von 16000 Offizieren in Großbritannien relativ oft in den Sommer und in den März fielen. Dies steht im Gegensatz zum Jahresverteilungsmuster der Bevölkerung insgesamt, wonach (laut Auskunft des Registrar General) die meisten Geburten im späten Frühjahr und die wenigsten im Spätherbst stattfinden. Daran gemessen, läßt das Muster der Offiziere einen Überschuß von zehn Prozent in der Zeitspanne vom Löwen bis zum Skorpion erkennen, wie die Abbildung zeigt. Bestätigt dieser Befund, da diese Tierkreiszeichen traditionell mit einer kriegerischen Veranlagung in Zusammenhang gebracht werden – man kann als moderne Beispiele Napoleon, de Gaulle, Mussolini, Montgomery und Rommel anführen –, die Astrologie?

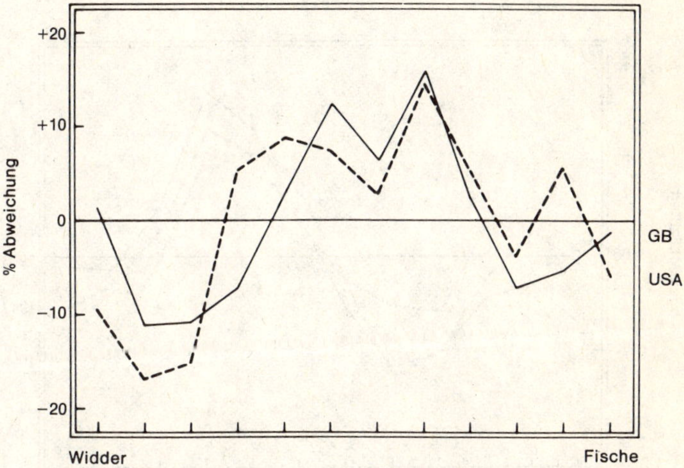

Auffallend viele britische und US-Offiziere haben in der von den Tierkreiszeichen Löwe bis Skorpion beherrschten Sommer- und Herbstzeit Geburtstag. Dies ergibt sich aus dem Vergleich mit der durchschnittlichen monatlichen Geburtenrate Großbritanniens. (Nach Cooper und Smithers, 1973 und 1975)

Cooper und Smithers führten eine ähnliche Studie auch für 12000 Offiziere der Vereinigten Staaten durch, und die betreffenden Ergebnisse sind gleichfalls in der Abbildung zu sehen. Die Verteilung der Geburtstage in dieser Testgruppe ähnelte der britischen. Die Spitzen lagen abermals im Sommer und im Herbst, doch diesmal gibt es wenigstens eine teilweise Erklärung (Gauquelin, persönliche Mitteilung). Nach Auskunft des Department of Health der Vereinigten Staaten (Rosenberg 1966) unterscheidet sich die Kurve der Geburtsziffern in den USA sehr von der in Großbritannien. Wie die nächste Grafik zeigt, liegt in den Vereinigten Staaten ein Gipfel im Spätsommer (August und September) und ein Tal im Frühjahr (April und Mai), wobei in beiden Fällen der Unterschied etwa 5 Prozent beträgt. Obgleich sich die Kurve nach Gebiet, Jahr und Rasse verändert, ist sie im Grunde für das ganze Land ähnlich und gleicht auch dem Muster, das sich bei den Offizieren ergab.

Wir haben also den Befund vorliegen, daß auffallend viele Offiziere in den Vereinigten Staaten und in Großbritannien im

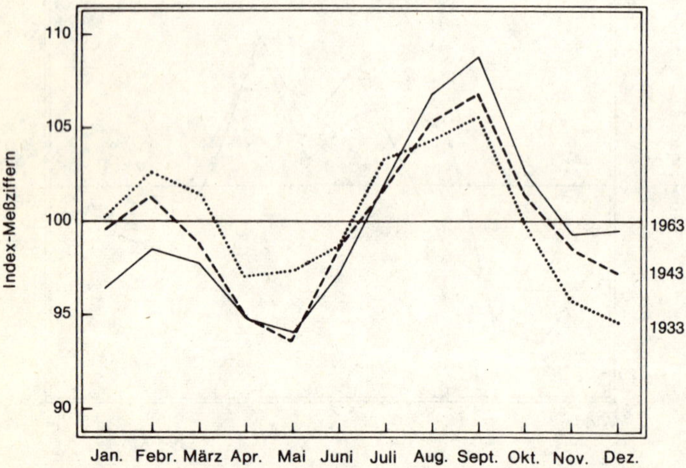

In Großbritannien und in den meisten anderen Ländern fällt ein Gipfel der Geburtsraten ins Frühjahr. In den USA hingegen gibt es, wie diese Kurve zeigt, statt dessen einen Gipfel im Herbst, worüber seit mindestens 1933 Belege existieren. (Nach Rosenberg, 1966)

Sommer und Herbst geboren sind und daß diese Erscheinung sich bei der Mehrheit der britischen Bevölkerung nicht zeigt. Ist es möglich, daß die Mütter künftiger Offiziere in Großbritannien eher im Winter empfangen, zur gleichen Zeit wie die Mehrzahl aller Mütter in den Vereinigten Staaten? Ein Grund könnte sein, daß Angehörige der Streitkräfte, deren Kinder vielleicht später eher zur Armee gehen werden als andere, ihre Ehepartner wohl meist zu Weihnachten treffen und ihre Kinder zu dieser Zeit zeugen. Erst wenn alternative Erklärungsmöglichkeiten solcher Art ausgeschlossen sind, kann das erwähnte Phänomen als Beweis für die Richtigkeit astrologischer Thesen aufgefaßt werden.

Viele andere Forscher haben nach einem Zusammenhang zwischen Tierkreiszeichen und Berufen Ausschau gehalten, doch das Ergebnis war gewöhnlich negativ. Für die wenigen Studien mit anscheinend positiven Ergebnissen, wie die oben angeführte, gibt es gewöhnlich andere Ursachenzusammenhänge, und auch der Zufall kann stets seine Hand im Spiel haben. Man hat errechnet, daß bei insgesamt zweitausend Fällen die Gesamtzahl für jedes Tierkreiszeichen allein durch Zufall um durchschnittlich 7,5 Prozent vom Mittel abweichen wird. Ferner besteht unter zwölf Zeichen die Wahrscheinlichkeit, daß wenigstens ein Zeichen nahezu doppelt so stark abweicht. Dieses statistische Prinzip erklärt teilweise, warum Van Deusens Resultate so hohe und niedrige Spitzen (bis zu 30 Prozent und mehr) aufweisen. Es veranschaulicht auch, daß man einzelnen, aus kleinen Gruppen gewonnenen Ergebnissen sehr wenig Bedeutung zumessen darf. Trotz der großen Zahl von Arbeiten auf diesem Gebiet herrscht selten Einigkeit zwischen den Forschern, welche dieselben Berufe untersucht haben. Abgesehen von dem Resultat der Arbeiten über die Offiziere, das eine mögliche Ausnahme bildet, kann kein Ergebnis als gesichert gelten.

Preisausschreiben ohne Preisträger

Das letzte Wort zu dieser Sache gebührt Dean und Mather. In einem Brief an das ›Astrological Journal‹ (Frühjahr 1979) setzten sie einen Preis von 500 Pfund Sterling für denjenigen hervorragenden Astrologen aus, der objektive Beweise für seine Behauptung beibringen könne, daß Tierkreiszeichen Auskunft über die Persönlichkeit gäben. Er müsse nichts weiter tun, als zu demonstrieren, daß das traditionelle Verständnis von Tierkreiszeichen in irgendeiner Weise zutreffe: daß beispielsweise im Zeichen des Widders geborene Menschen besonders bejahend sind, daß Stiermenschen meist praktische Veranlagungen haben, und so fort. Mit den Worten Deans und Mathers: »Wenn die behauptete Wirkung der Tierkreiszeichen existiert, dann läßt sich zeigen, daß es sie gibt ... Meinungen oder Überzeugungen reichen nicht aus; wir wollen Tatsachen.« Niemand konnte den Preis für sich fordern. Die Astrologen, die jahrelang darauf bestanden hatten, daß Tierkreiszeichen etwas besagten, waren außerstande, das, an was sie glaubten, auch zu belegen. Später wurde der Preis für jeden beliebigen Astrologen ausgesetzt, der die Wirkung der Tierkreiszeichen nachweisen könnte. Bislang wurde noch nicht ernstlich Anspruch darauf erhoben.

5. Persönliche Schicksale

Wissenschaft ist nichts weiter als eine
Verfeinerung des Alltagsdenkens.
Albert Einstein

Nicht nur die Persönlichkeit wird von den Sternen beeinflußt, wenn die traditionelle Astrologie recht hat. Die Astrologen sind überzeugt, daß sich unsere Beziehungen zu anderen Menschen, unser allgemeines Glück und Unglück, ja unser ganzer Lebenslauf von einem geübten Astrologen vorhersagen lassen. Nötig sei dazu nur eine hinreichend gründliche Kenntnis der kosmischen Einflüsse, die unser Schicksal und unseren Charakter prägen.

In diesem Kapitel wollen wir verschiedene Aspekte des menschlichen Lebens untersuchen, um festzustellen, ob dieser Anspruch in irgendeiner Weise berechtigt ist. Als besonders sinnfälliges Beispiel persönlicher Beziehungen werden wir die Ehe heranziehen. Für den allgemeinen Lebenslauf werden wir körperliche und seelische Gesundheit und Krankheit untersuchen. Als ein extremes und entscheidendes Moment des persönlichen Schicksals werden wir uns den Selbstmord vornehmen. Schließlich werden wir die Ergebnisse einiger allgemeiner Tests erörtern und zuletzt einen Blick auf die vermeintlich so eng verknüpften Lebensläufe von Zwillingen und »kosmischen Zwillingen« werfen.

Ehen

Eine der klassischen Behauptungen der Astrologie besagt, sie könne die menschliche Affinität – oder ihr Fehlen – zwischen einem Mann und einer Frau enthüllen. Sie weiß eine Menge über zusammenpassende und nicht zusammenpassende Zeichen, Aspekte und so fort zu sagen, wobei dem siebenten Haus (das mit der Ehe zu tun hat) besondere Bedeutung zukommt.

Ptolemäus beschrieb drei Grade von Harmonie: »Der erste ist dann gegeben, wenn die Sonne im Horoskop des Mannes und die Sonne oder der Mond in dem der Frau oder aber der Mond in beiden Horoskopen an ihren jeweiligen Stellen in einem Trigon – oder Sextilaspekt stehen. Der zweite Grad ist erreicht, wenn der Mond im Horoskop des Mannes und die Sonne in dem der Frau die gleiche Konstellation haben. Der dritte Grad ist gegeben, wenn der eine dem anderen gegenüber empfänglich ist.« Girolamo Cardan faßte dies zusammen, indem er eine andere Äußerung des Ptolemäus zitierte: »Allgemein gesprochen, wird ihr Zusammenleben lang und beständig sein, wenn in den Horoskopen beider Partner die leuchtenden Körper (Sonne und Mond) harmonisch zueinander stehen.«

Falls daran etwas Wahres sein sollte, dann hätte es offensichtlich als Eheleitfaden eine praktische Anwendungsmöglichkeit und müßte anhand von Ehe- und Scheidungsunterlagen zu überprüfen sein, die ein zwar grobes, aber doch objektives Kriterium der Verträglichkeit darstellen. Die Frage ist, ob Ehepartner zueinander passende und geschiedene Partner nicht zueinander passende Horoskope haben.

Die erste wissenschaftliche Studie veranstaltete C. G. Jung. Er untersuchte die Geburtshoroskope von 180 Ehepaaren im Hinblick auf wechselweise Konjunktionen im Unterschied zu wechselweisen Oppositionen und stellte fest, daß sich Aspekte zwischen Aszendent, Sonne, Mond oder Venus in dem einen Horoskop und den entsprechenden Faktoren im anderen fanden – Aspekte, die mit den von der traditionellen Astrologie angegebenen weitgehend übereinstimmen, also Konjunktionen statt Oppositionen bilden. Jung stellte eine Kontrollgruppe zusammen, indem er jede Person mit jemand anderem als dem eigenen Partner kombinierte, und fand heraus, daß die drei klassischen Mondaspekte bei den Verheirateten öfter vorkamen als in der Kontrollgruppe: Der weibliche Mond stand in Konjunktion mit der Sonne, dem Mond oder dem Aszendenten des Mannes.

Das klarste Resultat ergab sich für die Konjunktion des weiblichen Monds mit der Sonne des Mannes. Diese war bei 10 Prozent der Ehepaare festzustellen, hingegen nur bei 4,7 Prozent der Kontrollpaare. Das ist sicherlich an sich ein signifikantes Resultat, aber wir müssen berücksichtigen, daß Jung angab, er habe fünfzig Aspekte analysiert. Bei einer derartigen Anzahl von Möglichkeiten überrascht es nicht, wenn sich ein paar anscheinend signifikante Ergebnisse einstellen. Jung gestand ein, daß er nichts von Statistik verstand, und zog daher einen Statistiker zu Rate, der ihm erklärte, daß der Vergleich von 10 Prozent mit 4,7 Prozent zwar, für sich genommen, höchst signifikant war, die Gesamtergebnisse es aber nicht waren. Jung erkannte, daß die einzige Möglichkeit der Überprüfung, ob sein Ergebnis echt oder nur die Folge eines Zufalls war, darin bestand, die Studie zu wiederholen.

Eine Replikation mit 220 neuen Paaren erbrachte andere Ergebnisse. Diesmal bestand der häufigste Aspekt in einer Konjunktion der beiden Monde, was bei 10,9 Prozent der Paare der Fall war. Auch dies ist höchst signifikant, kann aber bei fünfzig Möglichkeiten abermals auf einen Zufall zurückgehen. Beim Vergleich der beiden Studien stellte Jung fest, daß sich die deutlichsten Ergebnisse immer bei Mondaspekten zeigten, wiewohl jedesmal bei anderen. Er entschloß sich, noch 83 Paare hinzuzunehmen, was eine Gesamtzahl von 483 Paaren ergab.

In dieser dritten Stichprobe ergab sich das deutlichste Resultat für den Mond in Konjunktion mit dem Aszendenten; dieser Aspekt traf auf 9,6 Prozent der verheirateten Paare zu. Die Tabelle zeigt die Ergebnisse für die auffälligsten Mond- und Sonnenaspekte aus den drei Studien und eine Zusammenfassung aller drei Gruppen. Das klarste Resultat ergibt sich für den Mond, der sich bei 8,4 Prozent der Ehepaare, gegenüber 4,6 Prozent in der Kontrollgruppe, in Konjunktion befindet.

Es gibt statistische Methoden, mit denen man feststellen könnte, ob dieses Resultat über die drei Studien hinweg signifikant ist, wobei man bedenken muß, daß fünfzig Tests vorgenommen wurden, Jung aber keine solchen Berechnungen vornahm. Offensichtlich zog er den Statistiker lediglich für die erste Studie heran.

Jung stellte fest, daß seine Resultate weniger klar wurden,

	Konjunktion		*Opposition*
	Mond-Sonne	*Mond-Mond*	*Mond-Sonne*
180 Ehepaare	10,0	7,2	7,2
220 Ehepaare	4,5	10,9	6,8
83 Ehepaare	7,2	4,8	4,8
Gesamtgruppe	7,2	8,4	6,6

Jungs Studie 1960 über Konjunktionen und Oppositionen zwischen Ehepaaren. Die Zahlen bezeichnen die Prozentsätze des Vorkommens in der jeweiligen Stichprobe. (Der weibliche Himmelskörper ist zuerst genannt, so daß »Mond-Sonne« bedeutet: »weiblicher Mond mit männlicher Sonne«.)

sowie der Gesamtumfang der Stichprobe zunahm, und erkannte das als die Folge einer erhöhten Zuverlässigkeit. Da sich jedesmal eine andere Konjunktion als signifikant ergab, schloß Jung, daß jede Übereinstimmung mit der traditionellen Astrologie auf einen Zufall zurückgehe. Das könnte ungerecht sein (ein Gesamtresultat *kann* bedeutsam sein), und Jung mag durch seine Einstellung der Astrologie gegenüber voreingenommen gewesen sein. Er glaubte nicht an sie, verwies häufig auf die Unrichtigkeit ihrer Vorhersagen, und wenn er feststellte, daß einige davon doch zutrafen, führte er das auf Hellseherei und Telepathie zurück: Die Sterne seien nur als Vorwand für Vorahnungen benutzt worden. Eine plausiblere Erklärung für seine Ergebnisse ergibt sich aus der Tatsache, daß er seine Testgruppe aus Ehepaaren zusammengestellt hatte, die so sehr an Astrologie interessiert waren, daß sie sich professionelle Horoskope hatten erstellen lassen. Dies bedeutete, daß Jung die Daten aus diesen Unterlagen benutzen konnte und nicht eigens die Planetenposition feststellen mußte. Jedenfalls könnte der Umstand, daß seine Versuchspersonen Interesse für Astrologie zeigten und vermutlich auch einiges darüber wußten, sie auch bei ihrer Partnerwahl beeinflußt haben – ein weiteres Beispiel der »Ansteckung durch Wissen«.

Bezeichnenderweise haben andere Forscher nicht versucht, Jungs Studie zu replizieren, sondern sie haben sich statt dessen mit anderen Variablen beschäftigt. Eine Ausnahme bildet eine Studie von A. Müller, der Jungs Arbeit replizierte, indem er eine Zufallsstichprobe aus Standesamtsunterlagen zusammenstellte und die Horoskope für dreihundert bestehende Ehen und dreihundert geschiedene Paare errechnete. Die Ergebnisse waren nicht signifikant und stützten Jungs Resultate nicht.

Gelegentlich hat man signifikante Resultate festgestellt. Furze-Morrish (1959) versandte Fragebogen an Ehepaare, deren Namen zufällig, nach Straßenverzeichnissen, ausgewählt worden waren. Er erhielt eine Antwortquote von 35 Prozent. Man darf annehmen, daß seine Versuchspersonen wohl einigermaßen »unverbildet« waren. Zumindest waren die meisten wohl nicht »astrologisch hochgebildet«. Furze-Morrish teilte die Paare aufgrund ihrer Antworten auf den Fragebogen in harmonierende und nicht harmonierende ein. In der einen aus 74 Paaren bestehenden Testgruppe bewerteten 47 ihre Ehe als harmonisch, 27 nannten sie »nicht harmonisch«. In der anderen Gruppe aus 49 Paaren gaben 33 »harmonisch« an und 16 »nicht harmonisch«. Mit den Geburtsangaben der Versuchspersonen ausgerüstet, konnte Furze-Morrish dann prüfen, ob sich bei »harmonischen« Paaren eine Tendenz zu gemeinsamen Trigon- oder Sextilaspekten (»leichten« Aspekten) zeigte und bei »nicht harmonischen« gemeinsame Quadrat- oder Oppositionsaspekte (»schwierige« Aspekte) besonders häufig auftraten. Verglichen mit einer Kontrollgruppe aus 35 Paaren, die nicht zusammengehörten, ergaben beide Stichproben signifikante Resultate, die in der Tat die Vorhersage zu bestätigen schienen. Ferner waren (gleichermaßen in Übereinstimmung mit der astrologischen Tradition) Venus und Jupiter in den gegenseitigen Aspekten der glücklichen Paare häufig vorherrschend, in denjenigen der unglücklichen war es hingegen Mars.

In einer späteren Replikation seiner Studie wandte Furze-Morrish (1971) ein ähnliches Verfahren an. Er testete 20 »harmonische«, 20 »nicht harmonische« und 20 nicht zusammengehörende Paare, und die Ergebnisse sollen ähnlich und abermals höchst signifikant ausgefallen sein, d. h. Trigon- und Sextilaspekte unter Beteiligung von Venus, Jupiter oder Sonne fanden sich in den Horoskopen harmonischer Paare öfter als in denen von nicht zusammengehörenden Paaren. Außerdem traten Quadrate oder Oppositionen unter Beteiligung von Mars, Saturn oder Uranus in den Horoskopen der nicht harmonischen Paare häufiger auf als bei der Kontrollgruppe. Leider legte Furze-Morrish seine Ergebnisse nicht in einer Form vor, in der sie sich angemessen beurteilen ließen. Der wichtigste Vorwurf, den man ihm machen könnte, besteht darin, daß er nicht den Grad der Ungenauigkeit (Orbis) benannte, von dem bei der Definition harmonischer und unharmonischer Aspekte ausgegangen wurde. Dies macht es schwierig, die Resultate relativ zur Wahrscheinlichkeit zu bewerten oder die Studie genau zu wiederholen.

Smit (1977) beschreibt, wie C. Kuypers in Holland 438 Ehen untersuchte und sie im Hinblick auf Sonnen- und Mondaspekte analysierte. Konjunktionen, Quadrate und Oppositionen wurden als signifikant ermittelt, doch eine Replikation mit 736 Ehen bestätigte lediglich eines dieser Ergebnisse, und eine von Smit selber in größerem Umfang vorgenommene Replikation konnte die holländischen Resultate überhaupt nicht bestätigen. Ein Test, der aussagefähiger war als einer der bisher erwähnten, machte davon Gebrauch, daß die Gauquelins die für ihre eigenen Forschungen verwendeten Geburtsangaben in einer Reihe von Dokumenten veröffentlicht hatten. Sie haben die Hoffnung, daß Wissenschaftler ihre Analysen überprüfen und vielleicht auch weitere Studien auf der Grundlage ihrer riesigen Sammlung an Rohmaterial durchführen möchten. Shanks (1978) ist einer der wenigen, die es bisher getan haben. Er wählte aus den Aufzeichnungen der Gauquelins über Geburtsdaten von Familien (sie stammten aus Standesamtsunterlagen aus ganz Frankreich und waren ursprünglich zur Prüfung von Auswirkungen der planetarischen Vererbung ausgewählt worden, wie sie im 10. Kapitel beschrieben ist) aufs Geratewohl 960 Paare. Eine Kontrollgruppe wurde aus zufällig zusammengestellten Paaren unterschiedlichen Geschlechts gebildet. Auf der Grundlage der traditionellen Astrologie machte Shanks zwölf Vorhersagen über die Aspekte, die Verheiratete erwartungsgemäß miteinander gemeinsam haben mußten. Dann überprüfte er diese zwölf Hypothesen zusammen mit zwanzig weiteren Beziehungen. Nur einer der Tests ergab ein akzeptables Niveau an Signifikanz: Bei den Ehepaaren tendierte der männliche Mond zur Konjunktion mit dem weiblichen Aszendenten. Da erwartungsgemäß schon einer unter zwanzig Tests aufgrund von Wahrscheinlichkeit Signifikanz erlangt, überrascht es kaum, daß dies in diesem Test bei einem von 32 der Fall war, obwohl man gerechterweise hinzufügen muß, daß die signifikante Beziehung zu den zwölf von der Astrologie vorhergesagten gehörte. Nimmt man darüberhinaus noch die zwölf »astrologischen« Beziehungen insgesamt und vergleicht sie mit den zwanzig anderen, zeigt sich bei den vorhergesagten Beziehungen keine erhöhte Tendenz, sich signifikanten Ergebnissen zu nähern. Das Ergebnismuster entspricht dem, das zu erwarten ist, wenn keine astrologischen Wirkungen vorliegen.

Diese sorgfältig angelegte Studie ist insofern wichtig, als bei ihr die Versuchspersonen ganz nach dem Zufall ausgesucht wurden, statt daß man sich auf Freiwillige verließ, die vielleicht besonders an Astrologie interessiert waren. Auch waren die Geburtshoroskope (wie auch die Vergleiche und Analysen) per Computer errechnet, wodurch Fehler bei einer ansonsten ausnehmend mühseligen Arbeit vermieden wurden. Die Studie wurde deshalb kritisiert, weil ein Großteil des Materials aus dem vorigen Jahrhundert stammt, als sich Partnerschaften eher aus sozialen als aus emotionellen Gründen bildeten. Trotzdem müßten sich irgendwelche Beweise zugunsten der Astrologie erkennen lassen. Da dies nicht der Fall ist, ist jede der früheren

Aussagen, man habe Beweise zugunsten der Astrologie gefunden, mit äußerster Skepsis zu betrachten.

Andere Forscher haben nicht den ganzen Bereich der möglichen Aspekte erfaßt, sondern speziell die Tierkreiszeichen und dabei vornehmlich die Aspekte zwischen ihnen untersucht. Nach Ansicht der meisten Astrologen sind Beziehungen von Tierkreiszeichen, bei denen Trigon- und Sextilaspekte im Spiel sind, günstig für Ehen, während Quadrate und Oppositionen es nicht sind. Tobey (1937) berichtet, wie J. A. Hadaller, ein kalifornischer Rechtsanwalt, die Geburtshoroskope seiner Klienten auswertete, und zwar die einiger tausend Paare, welche sich scheiden ließen. Er fand eindeutige Belege für eine Tendenz zu gemeinsamen Tierkreiszeichenaspekten von 45, 90, 135 und 180 Grad bei diesen Paaren. Traditionell gelten diese sämtlich als ungünstige Aspekte, was Dean und andere (1977) zu der Bemerkung veranlaßte: »Wenn sie stimmen, gehören diese Resultate zu den bemerkenswertesten Ergebnissen in der Astrologie.« Leider haben andere Untersuchungen keine ähnlichen Ergebnisse erbracht, und daher fällt auf die Befunde Hadallers ein gewisser Zweifel. Wie bei so vielen anderen Studien mit »positivem Ergebnis«, die in diesem Buch besprochen werden, hat die Replikation durch andere Forscher wie üblich nicht die nötige Stützung erbracht.

In zwei Studien (1970 und 1972) untersuchte Daneel Hunderte von Geburtshoroskopen geschiedener Paare in Bonn. Das Auftreten der vermeintlich ungünstigen Quadrate und Oppositionen von Tierkreiszeichen entsprach der Wahrscheinlichkeit, aber ein interessantes Resultat ergab sich dennoch. Skorpionfrauen (aber keine Skorpionmänner) lassen sich weit häufiger scheiden als die unter anderen Tierkreiszeichen geborenen. Nach Auskunft einiger Bücher über Astrologie sind Skorpione aggressiv, leidenschaftlich und rebellisch: »Sie neigen zu Eifersucht, hegen Groll, und es ist schwierig, mit ihnen zu leben.« Andere Bücher allerdings behaupten, daß Skorpione ausgesprochen treu und selbstlos seien. Das Ergebnis Daneels stimmt also nur mit der einen astrologischen Schule überein.

Andere Arbeiten jedenfalls haben dieses Resultat nicht bestätigt, und nach einer von Kop und Heuts (1974) durchgeführten Untersuchung ließen sich Skorpionfrauen sogar seltener scheiden. Dabei wurde eine Zufallsstichprobe von 3392 Ehen in Amsterdam untersucht, von denen 408 mit frühen Scheidungen geendet hatten. Insgesamt waren die Ergebnisse nicht signifikant, doch weil es 144 mögliche Kombinationen gab (zwölf Tierkreiszeichen für jeden Partner), ergaben sich zahlreiche interessante Muster, von denen einige mit der herkömmlichen Astrologie übereinstimmten. Steinbock- oder Wassermannmänner beispielsweise waren häufig mit Waage- oder Skorpionfrauen verheiratet, Ehen zwischen Wassermannmännern und Stierfrauen wurden vielfach geschieden. Da die Resultate insgesamt nicht signifikant waren, hat es keinen Sinn, auf einzelne Erfolge zu pochen, obwohl Astrologen sie gern zur Stützung ihrer Ansichten zitieren.

Silverman (1971) untersuchte die Akten von 2978 Ehen und 478 Scheidungen in Michigan. Man benutzte Werke von zwei Astrologen, um die Tierkreiszeichenkombinationen zu bestimmen, die als besonders verträglich bzw. unverträglich galten; ihre beiden Vorhersagenkomplexe wurden getrennt getestet. Die Ehe- und Scheidungszahlen bestätigten keine der Vorhersagen. Der Anteil von Ehen und Scheidungen an den verschiedenen Tierkreiszeichenkombinationen entsprach fast genau dem nach den Regeln der Wahrscheinlichkeit zu erwartenden Ergebnis.

Im großen Ganzen haben die verschiedenen Forschungsteams keine signifikanten Resultate ermittelt. Wir sind also zu der Schlußfolgerung gezwungen, daß die vereinzelten Befunde, die für die Astrologie sprachen, auf Zufall oder Fehler zurückgehen. Allerdings müssen wir hinzufügen, daß viele Astrologen die getesteten Hypothesen als Übersimplifikationen ansehen würden. Überdies ist jeder Vergleich zwischen verheirateten und geschiedenen Paaren ungenau, weil geschiedene Paare ja einmal verheiratet und vielleicht einmal viel verträglicher waren als der Durchschnitt. Es ist nicht unmöglich, daß verfeinerte Techniken oder die Analyse höher differenzierter Paare positive Ergebnisse zeitigen können. Man kann nur abwarten.

Psychiatrie

Astrologen haben sich bisher verhältnismäßig wenig für psychiatrische Störungen interessiert, ausgenommen in Verbindung mit dem Mond (wovon in einem späteren Kapitel die Rede sein wird). Dennoch ist ein wichtiger Aspekt der Astrologie die Beratung, und diese wird in zunehmendem Maß als Behandlungsmethode angewandt. (Der Reiz, der darin liegt, daß jemandes Geburtshoroskop ausgelegt wird, ist nicht unähnlich demjenigen, den man empfindet, wenn man sich einer Psychoanalyse unterzieht, die, obwohl sie keinen empirischen Rückhalt hat, bis vor kurzem die am weitesten verbreitete psychiatrische Behandlungsmethode war.) Dobyns (1970) erklärt: »Es ist meine feste Überzeugung, daß die Psychotherapie oder die psychologische Beratung in Zukunft das Horoskop genauso routinemäßig anwenden werden, wie sie heute die Befragung einsetzen und Hintergrundmaterial über den Patienten benutzen.«

Wenn wir Belegmaterial für Verbindungen zwischen Astrologie und Geisteskrankheit suchen, stoßen wir zunächst auf ein Gebiet, in dem schon gearbeitet wurde: die Drogensucht. Newmeyer und Anderson untersuchten 1973 die Beziehung zwischen Heroinmißbrauch und Tierkreiszeichen anhand der Geburtsangaben von 1386 Heroinsüchtigen in einer Klinik im Haight-Ashbury-Bezirk von San Francisco. Astrologen behaupten, daß die Tierkreiszeichen Fische und Skorpion auf Persönlichkeiten verweisen, die besonders anfällig für Drogenmißbrauch sind, doch Newmeyer und Anderson fanden, daß die Patienten häufiger unter dem Zeichen des Wassermanns und weniger häufig unter dem des Skorpions geboren waren als eine Kontrollgruppe aus den Vereinigten Staaten allgemein. Außerdem waren sie häufig unter dem Sternzeichen Jungfrau und Zwillinge geboren und seltener unter dem Steinbock.

Insgesamt standen die Befunde der Übersicht im Gegensatz zur Vorhersage, und selbst die oben erwähnten anscheinend signifikanten Ergebnisse können auch auf Wahrscheinlichkeit beruhen. Die Statistiken waren nicht darauf angelegt, daß es zwölf Möglichkeiten für die Tierkreiszeichen gibt, in anscheinend signifikanter Weise in Erscheinung zu treten, und weitere zwölf für die Mondzeichen, so daß die Autoren aus der Wahrscheinlichkeit Kapital geschlagen haben könnten. Nur eine Replikation könnte uns sagen, ob dies der Fall war oder nicht.

Unter Verwendung eines genaueren Meßinstrumentariums führten Shaffer, Nurco und Bonito (1977) eine derartige Replikation durch. Sie bezogen sowohl ihre Stichproben wie ihre Kontrollgruppe aus Maryland und untersuchten 349 männliche Rauschgiftsüchtige, die der Polizei von Baltimore bekannt waren. Ihre Ergebnisse lieferten keine Bestätigung für die Studie Newmeyers und Andersons. Es gab keinerlei signifikante Resultate, und für den Wassermann stellte man eine Tendenz fest, die der zuvor gefundenen gerade entgegenlief. Ganz abgesehen davon, daß sie widersprüchlich sind, sind die Befunde dieser beiden Studien zusammengenommen nicht aussagefähig. Selbst wenn die Ergebnisse signifikant gewesen wären, wären wir noch immer nicht unbedingt zu der Annahme berechtigt, astrologische Aussagen seien nun als richtig erwiesen. Immer besteht auch die Möglichkeit, daß Prophezeiungen wie diese sich gewissermaßen selber verwirklichen: Es ist möglich, daß bestimmte Menschen, die ihre Tierkreiszeichen und die astrologischen Vorhersagen kennen, sich schicksalhaft genötigt fühlen, drogensüchtig zu werden, und deshalb weniger Widerstand leisten, als sie es sonst getan hätten. San Francisco beispielsweise hat im Haight-Ashbury-Bezirk eine Bevölkerung, unter welcher der Glaube an die Astrologie besonders verbreitet ist, so daß diese Möglichkeit nicht so unwahrscheinlich ist, wie es auf den ersten Blick aussehen mag. Maryland ist wahrscheinlich weniger für Astrologiegläubigkeit anfällig, das könnte die weniger positiven Ergebnisse Shaffers und seiner Kollegen erklären. Wie dem auch sei, es besteht wenig Zweifel daran, daß sich die Ergebnisse nicht mit herkömmlichen astrologischen Überzeugungen vereinbaren lassen.

Die Schizophrenie ist der zweite Bereich der Psychiatrie, für den die Astrologen ein gewisses Interesse gezeigt haben. Leider sind die meisten Studien zu diesem Gebiet nicht ausreichend dokumentiert, um Schlußfolgerungen möglich zu machen, oder aber sie enthalten offensichtliche Fehler.

Eine interessante unveröffentlichte Arbeit wurde uns von G. A. Dean und D. J. Spencer zugänglich gemacht. Im ersten Teil verglichen diese Forscher die Geburtshoroskope von zehn zuverlässig diagnostizierten Schizophrenen und von zehn Nicht-Schizophrenen und fanden dabei fünf Kriterien, die der astrologischen Symbolik zu entsprechen schienen und die beiden Gruppen deutlich voneinander unterschieden. Dies sah vielversprechend aus, doch als diese Kriterien später bei zehn weiteren Paaren in einem Doppelblindversuch getestet wurden, lagen die Ergebnisse nicht über der Wahrscheinlichkeit. Hier zeigten sie, wie leicht man mit Astrologie im Nachhinein alles erklären kann; und es zeigten sich wiederum die Gefahren der Untersuchung kleiner Stichproben ohne Replikation. Wir können nur schließen, daß weder das veröffentlichte noch das unveröffentlichte Material einen Beweis dafür enthält, daß die Astrologie Drogensucht oder Schizophrenie vorhersagen könnte.

Medizin

Wenn schon die Astrologie beim Umgang mit psychiatrischen Problemen wenig Nutzen bringt, wie sind dann ihre Aussichten auf dem Gebiet der körperlichen Krankheiten? Einige der Chancen und Schwierigkeiten sind in einer Studie von Emerson, Lichtblau und Sansbury (1975) deutlich aufgezeigt, die sich mit Hämophilie (Bluterkrankheit) befaßt. Mit Hilfe eines Computers verglichen sie 75 Fälle von Hämophiliekranken und eine gleiche Anzahl gesunder, wobei sie nahezu 500 astrologische Faktoren berücksichtigten. Dann sonderten sie diejenigen Faktoren aus, durch die sich in diesen Gruppen die Hämophiliefälle am besten von den anderen Personen unterschieden, und testeten sie im Vergleich mit weiteren Gruppen von 25 Hämophiliekranken und 23 nicht daran Erkrankten. Diese Anwendung der aus der ersten Stichprobe abgeleiteten Vergleichswerte auf die zweite Stichprobe erbrachte signifikante Ergebnisse. 18 der 23 Hämophiliekranken wurden richtig diagnostiziert, wiewohl 12 Nichterkrankte falsch als Hämophile diagnostiziert wurden. Die Zahl der beteiligten Versuchspersonen ist zu klein, als daß man den Resultaten allzusehr vertrauen dürfte, und weitere Replikation mit größeren Zahlen wäre vonnöten, wollte man die Stichhaltigkeit der Befunde erweisen. Trotzdem muß man einräumen, daß die angewandte Methode korrekt ist, und für viele Forschungsarbeiten, die wir hier nicht erwähnt haben, wäre es sehr nützlich gewesen, wenn man einen ähnlichen Weg im Aufbau des Experiments und bei der Behandlung des Materials eingeschlagen hätte.

Einige der Fehlerquellen, die selbst bei einer ausgeklügelten Strategie wie dieser auftreten, kann man in einer Studie von Larry Michelson, Wood, Wilson, Silverstein und Piland (1977) erkennen. Diese Forscher beschäftigten sich mit der Kindersterblichkeit in den ersten drei Stunden nach der Geburt aufgrund einer Krankheit, die als »Respiratory Distress Syndrome« (RDS = Postnatales Atemnotsyndrom) bekannt ist. Babies mit dieser Erkrankung sterben oftmals wenige Stunden nach der Geburt, medizinisch ist die Veranlagung dazu nicht abzusehen. In dem Augenblick, da die Ärzte merken, daß etwas nicht stimmt, ist es oftmals zu spät, um das Baby noch zu retten.

Michelson und seine Kollegen führten sowohl eine Pilotstudie wie eine Replikation durch, um die Geburtshoroskope von RDS- und normalen Babies zu vergleichen, wofür sie die Unterlagen für 122 RDS-Babies unter 24000 Geburten in den nordöstlichen Vereinigten Staaten heranzogen und sie mit einer Zufallsstichprobe von 145 normalen Babies als Kontrollgruppe verglichen. Leider haben sie nur Einzelheiten aus der Replikation veröffentlicht, aber im ganzen gingen sie folgendermaßen vor: Sie benutzten einen Computer, um mehrere tausend astrologische Variable zu untersuchen und herauszufinden, welche mit RDS in Zusammenhang standen. Sie fanden keine bedeutsamen Unterschiede zwischen den RDS-Babies und den übrigen Kindern, was Faktoren wie Geburtsmonat, -tag oder -minute betraf. Dafür aber entdeckten sie eine Beziehung mit Sternzeichen. RDS-Babies waren weit häufiger im Zeichen des Wassermanns als in dem des Löwen geboren. Die Originalstudie und die Replikation zusammenfassend, ermittelten die Forscher achtzehn astrologische Variable, die für die Vorhersage des postnatalen Atemnotsyndroms bedeutsam erschienen. In Übereinstimmung mit der Astrologie schienen die Tierkreiszeichen und die Planeten ausschlaggebend zu sein, nicht die Geburtszeit als solche.

Die Forscher führten dann eine ausgeklügelte Analyse der elf

Variable	*Gewicht*
Mond im Aspekt zur Halbsumme von Venus und Himmelsmitte	2,78
Merkur im Aspekt zur Halbsumme von Mondknoten und Himmelsmitte	2,41
Herr des 6. Hauses im 3. Haus (Placidus)	1,62
Himmelsmitte im Aspekt zur Halbsumme von Sonne und Mondknoten	1,48
Sonne im Wassermann	1,30
Trigon von Sonne und Asteroid Juno	1,29
Sextil von Jupiter und Neptun	0,99
Mars im 1., 4., 7. oder 10. Haus	0,83
Herr des 2. Hauses im 10. Haus	0,54
Aszendent im Schützen	– 0,70
Quadrat oder Quincunx von Sonne und Neptun	– 1,08

Die Variablen, die am deutlichsten RDS-Babies von normalen unterschieden. Die beiden Variablen mit negativem Gewicht standen mit geringerer statt mit höherer als durchschnittlicher Wahrscheinlichkeit im Zusammenhang mit RDS. (Nach Michelson und andere, 1977)

bedeutsamsten astrologischen Variablen durch, wobei jede Variable im Hinblick darauf »abgewogen« wurde, wie deutlich sie RDS vorherzusagen schien. Die gewogenen Faktoren wurden dann zu einem »Vorhersageprofil« zusammengesetzt, das die Wahrscheinlichkeit von RDS anzeigen sollte. Die elf Variablen, die am häufigsten in den Geburtshoroskopen von RDS-Babies auftauchten, sind in der Tabelle aufgeführt. Für jedes einzelne Baby wurden die »Gewichte« für alle im Geburtshoroskop auftretenden Variablen zusammengezählt, und je höher die Punktezahl der Ergebnisse ausfiel, um so größer war die Wahrscheinlichkeit, daß RDS auftrat.

Als dieses Verzeichnis anhand der 145 normalen Babies getestet wurde, wurden 64 Prozent korrekt als normale und 36 Prozent fälschlich als RDS-Babies klassifiziert. Wurde es anhand der 122 RDS-Babies getestet, wurden 74 Prozent korrekt als RDS-Babies klassifiziert und 26 Prozent fälschlich als normal. Daher wurden insgesamt 69 Prozent korrekt und 31 Prozent inkorrekt klassifiziert.

Falls man diesen Zahlen glauben könnte, dann müßten sie von ganz beträchtlicher Bedeutung für die medizinische Praxis sein, und es ließen sich unnötige Todesfälle vermeiden. Der Anteil an normalen Babies, der fälschlich als anfällig für RDS klassifiziert wurde, ist natürlich störend, aber dabei handelt es sich sicherlich um einen Preis, den man gern entrichtet, wenn ein so hoher Anteil an RDS-Babies ermittelt wird. Larry Michelson und seine Kollegen scheinen auf ein bemerkenswertes Ergebnis gestoßen zu sein. Leider findet sich in ihrem Forschungsbericht eine Reihe von Mängeln, die es unmöglich machen, ihren Resultaten einen endgültigen Wert beizumessen. Insbesondere geht aus ihrer Darstellung nicht klar hervor, wie sie die Liste zur Vorhersage von RDS erarbeitet haben. Der Kontext gibt zu verstehen, daß sie aus der Analyse eben der Fälle abgeleitet wurde, anhand derer sie später getestet wurde, und wenn das der Fall wäre, erwiese sich die ganze Analyse als wertlos. Auch die Aufstellung der Kontrollgruppe ist zweifelhaft. Sie scheint aufs Geratewohl aus den 24000 Geburten herausgenommen zu sein, obwohl es besser wäre, sie mit der RDS-Gruppe im Hinblick auf Variable wie den sozioökonomischen Status, die Geburtsjahreszeit und einen ländlichen oder städtischen Wohnsitz abzustimmen. Es ist auch schade, daß die Anzahl der Kontrollpersonen so gering war; es dürfte wohl keine Schwierigkeit bestanden haben, aus den zur Auswahl verfügbaren 24000 Geburten eine weit größere Gruppe zusammenzustellen. Bei der ausgewählten Gruppe waren einige der astrologischen Angaben sehr ausgefallen, und viele der beobachteten Unterschiede mögen auf diese Ausgefallenheit zurückgehen und nicht auf irgendwelche Abweichungen von der Norm für RDS-Geburten.

Schließlich stoßen wir auf das Problem, das schon so oft aufgetaucht ist. Man teilt uns nicht mit, wieviele Variable getestet wurden. Gemessen an der speziellen Beschaffenheit der als signifikant angegebenen Variablen (beispielsweise Herr des 6. Hauses im 3. Haus), dürfte es davon ungefähr 2500 gegeben haben, und falls dem so ist, darf man wohl damit rechnen, daß etwa 25 schon aus Gründen der Wahrscheinlichkeit als äußerst signifikant in Erscheinung treten. Dies könnte die angemessenste Interpretation der vorgelegten Resultate sein. Wir haben versucht, eine Antwort auf diese und andere Fragen, die der Versuch aufwirft, zu erhalten, wie es auch Gauquelin getan hat, aber wir bekamen keine genauen Auskünfte, und unsere Briefe wurden häufig überhaupt nicht beantwortet. Dies ist bedauerlich angesichts der möglichen praktischen Bedeutung des Materials, und wir können nur hoffen, daß andere die Ergebnisse replizieren, falls das möglich ist.

Die frühen Anfänge der medizinischen Astrologie mit den bekannten Thesen des Paracelsus über den Zusammenhang zwischen Planeten und Krankheiten legen die Vermutung nahe, daß es sich hier um ein vielversprechendes Forschungsgebiet handelt. Doch abgesehen von den oben erwähnten Studien gab es bisher wenige Versuche, die aufgestellten Thesen zu untermauern.

Selbstmorde

Der Selbstmord ist wohl die extremste Handlung, die ein Mensch begehen kann. Falls unser Charakter oder unser Geschick in den Sternen geschrieben steht, dann ist eine Tendenz zum Selbstmord sicherlich etwas, das aus unseren Geburtshoroskopen ablesbar sein müßte. Außerdem kennt man im allgemeinen die genauen Zeitpunkte, zu denen Selbstmorde stattfinden, sie werden protokolliert, und es wird gerichtlich untersucht, ob es sich wirklich um Selbstmorde handelt. Die Angaben darüber sind also völlig objektiv oder zumindest so objektiv, wie die Bürokratie es gestattet.

Aus diesen Gründen bieten Suizidfälle ein besonders gutes Gebiet für astrologische Forschungen, und Nona Press, Michelsen, Russell, Shannon und Stark (1978) haben in einer ausgezeichneten Studie darüber gearbeitet. Press und ihre Kollegen suchten aus den Polizeiakten über Selbstmorde für New York City von 1969 bis 1973 Fälle von Selbstmördern, die in der Stadt geboren waren und deren Geburtsurkunden die genauen Geburtszeiten enthielten, heraus. Das erbrachte 311 geeignete Untersuchungsfälle. Man kombinierte danach jeden Selbstmörder mit einer Kontrollperson, die im selben Jahr und im selben Stadtbezirk geboren war, ausgewählt nach Zufallszahlen aus den gesamten Geburtsurkunden. Für die Analyse wurden die Selbstmordfälle alle nach den Jahren ihres Auftretens in drei Gruppen unterteilt, die Kontrollpersonen wurden in drei entsprechende Gruppen aufgeteilt.

Eine große Anzahl astrologischer Faktoren wurde dann in einen Computer eingegeben, und jeder dieser Faktoren wurde für die Selbstmörder und die Kontrollpersonen in jeder der drei Gruppen auf seine Signifikanz hin getestet. Insgesamt wurden etwa 100000 verschiedene Faktoren in jedem der 622 Horoskope geprüft. Ohne Computer hätte sich ein Mensch länger als ein Jahrhundert mit diesem Material abplagen müssen; es war weit umfangreicher, als daß es irgendein Astrologe hätte sichten können. Der Vorteil des Computers gegenüber herkömmlichen Rechnungsarten liegt auf der Hand: Er kann mit Zahlen arbeiten, an denen ganze Armeen von Astrologen scheitern müßten, die Anzahl der Variablen, die sich testen lassen, ist im Prinzip unbegrenzt, und wir sind nicht von vorgefaßten Meinungen oder möglicherweise irrigen altmodischen Auffassungen abhängig. Dieser Vorteil hat natürlich seinen Preis: Man muß sich auf einen höchst ausgeklügelten und komplexen Forschungsplan einlassen. Wir benötigen objektives Material und sorgfältig abgestimmte Kontrollgruppen, die Replikation ist gleich in den Forschungsplan mit aufzunehmen. Hat man aber diese Anforderungen erfüllt, dann ist die Methode der Computeranalyse in vielerlei Weise für die astrologische Forschung ideal.

Sämtliche Voraussetzungen waren in der Press-Studie erfüllt, und ihr Ergebnis war eindeutig. Von den 100000 überprüften Faktoren korrelierte keiner auf so signifikante Weise mit dem Selbstmord, daß das in allen drei Gruppen wiedergekehrt wäre.

Dieser riesigen und sehr gründlichen Studie gelang es nicht, aus sämtlichen möglichen astrologischen Einflüssen einen einzigen herauszufinden, der in signifikanter Relation zum Selbstmord gestanden hätte.

Globale Tests

Astrologen erheben oft Einwände gegen Studien der Art, wie sie bisher in diesem Kapitel zusammengefaßt wurden. Sie haben den Eindruck, die Betrachtung einzelner Merkmale oder auch deren statistische Kombination werde ihren speziellen Fähigkeiten oder den Theorien, auf die sie sich stützen, nicht gerecht. Sinngemäß lautet ihre Antwort: »Gebt uns ein vollständiges Horoskop zur Deutung und beurteilt unsere Vorhersagen im ganzen.«

Ein geeigneter Test muß daher einen geeigneten Versuchsplan und korrekte statistische Auswertungsmöglichkeiten mit der relativen Freiheit für den Astrologen verbinden, einzelne Merkmale auf subjektive Weise zusammenzusetzen und bei dem Test so zu verfahren, als habe er einen Kunden vor sich.

Einem ähnlichen Problem begegnen Psychologen, die Methoden wie die Graphologie oder Projektionstests wie den Rorschachtest untersuchen wollen. Es gibt zahlreiche graphologische Kennzeichen, etwa die Größe oder die Schrägstellung von Buchstaben, den Abstand zwischen ihnen und so fort, die man heranziehen kann, um bestimmte Merkmale des Intellekts oder der Persönlichkeit entweder einzeln oder miteinander kombiniert aufzuzeigen. Ähnlich kann man die Auswertung des Rorschachtests (er besteht im wesentlichen darin, daß die Probanden aufgefordert werden, mitzuteilen, was sie in einer Abfolge schwarz-weißer oder farbiger Tintenkleckse sehen) für einen Versuch verwenden, verschiedene psychologische Sachverhalte entweder einzeln oder miteinander kombiniert zu entdecken. Wie im Fall der Astrologie endeten solche Versuche gewöhnlich mit Fehlschlägen; doch Graphologen und Rorschachexperten beklagen sich oft darüber, daß die Methoden, die man zur Prüfung ihrer Behauptungen anwende, ihnen keine Chance ließen, zu zeigen, was sie wirklich beherrschten, nämlich das Erstellen einer Gesamtinterpretation einer Person anhand einer subjektiven Kombination sämtlicher verschiedener Aspekte der Handschrift oder des Rorschachprotokolls.

Psychologen haben daraufhin eine Methode erarbeitet, mit der man die behauptete Allgemeingültigkeit einer solchen Kombination von Test und dem erfahrenen Tester überprüfen kann. Sie ist als »Zuordnungsmethode« oder als Methode der »Blindversuche« bekannt.

Man kann sie durch zwei Experimente veranschaulichen, die Eysenck (1945) durchführte, um den wissenschaftlichen Rang von graphologischen und Rorschach-Methoden zu beurteilen: Fünfzig stark neurotische Patienten und fünfzig normale Versuchspersonen lieferten Handschriftenproben; desgleichen wurden 50 stark neurotische Patienten und 50 normale dem Rorschachtest unterzogen. Die Handschriftenproben wurden dann an geübte Graphologen weitergegeben, die Rorschachprotokolle an erfahrene Rorschachanalytiker. Beide Expertengruppen erhielten den Auftrag, das Material jeweils den schweren Neurosefällen und den Normalen zuzuordnen. Selbstverständlich hatten die Experten alle Freiheit, ihr Können nach Belieben anzuwenden, ohne daß sie durch die Aufgabe, einzelne Merkmale herauszuarbeiten oder sie statistisch zu kombinieren, beengt worden wären. Trotzdem ließen sich ihre Resultate nach den Regeln der Statistik bewerten, wenn man nämlich prüfte, ob sie eine größere Anzahl von Neurotikern und Normalen richtig identifiziert hatten, als das nach Wahrscheinlichkeitsregeln zu erwarten war. Im Falle der Graphologie waren die Ergebnisse besser als die Wahrscheinlichkeitswerte, im Fall des Rorschachtests waren sie nicht signifikant.

Diese Methode läßt sich eindeutig auch in der Astrologie anwenden, und man hat mehrere entsprechende Studien durchgeführt, in denen dies auf die eine oder andere Weise geschah. Vernon Clark (1961 und 1970) veranstaltete als einer der ersten einen Blindversuch nach diesen Prinzipien. Er führte drei Studien durch, die sämtlich positive Resultate erbrachten.

In der ersten Studie wählte Clark zehn Personen aus, deren genaue Geburtsangaben zur Verfügung standen und von denen jeder einen anderen, aber eindeutig definierten Beruf ausübte – darunter ein Musiker, ein Tierarzt, eine Prostituierte und ein Bibliothekar. Ihre Geburtshoroskope wurden erstellt und zwanzig erfahrenen Astrologen vorgelegt, zusammen mit einem Verzeichnis der Berufe und einer kurzen Geschichte der Person, die den jeweiligen Beruf ausübte. Die Astrologen sollten die zehn Horoskope den zehn Berufen zuordnen. Zur Kontrolle stellte Clark dieselbe Aufgabe zwanzig Psychologen und Sozialarbeitern. Während die Nicht-Astrologen nach der Wahrscheinlichkeit abschnitten, erzielten die Astrologen weit bessere Ergebnisse.

Eine mögliche Kritik an dieser Studie könnte vorbringen, die Astrologen hätten die Aufgabe weit ernster genommen als die Kontrollpersonen und deswegen auch nicht-astrologische Hinweise berücksichtigt. Das Altersspektrum der Personen reichte beispielsweise von 45 bis 65 Jahren, und man konnte davon ausgehen, daß die Prostituierte zu den jüngeren Personen gehörte. Doch Clark war sich dessen bewußt und versuchte, solche Hinweise unter Kontrolle zu behalten.

Ermutigt durch den ersten Erfolg, entwarf Clark eine ähnliche Studie. Dieses Mal wurden den Astrologen zehn Fallgeschichten vorgelegt, und sie hatten die Aufgabe, jeder das passende Horoskop aus je zwei verschiedenen Horoskopen zuzuordnen. Nur jeweils das eine Horoskop eines Paars war echt, das andere stützte sich auf das richtige Geburtsdatum plus oder minus ein Jahr. Obwohl in jedem Fall das Sternzeichen das gleiche war, konnten die Astrologen meist zwischen den richtigen und den falschen Horoskopen unterscheiden. Die Ergebnisse waren sogar noch auffälliger als zuvor: Es gab drei Astrologen, die alle zehn Horoskope richtig zuordneten. Gegen die Ergebnisse dieser Arbeit läßt sich kaum ein Einwand ausdenken, es sei denn, unter den Personen der Fallgeschichten befanden sich solche, die ihr Leben nach den Anweisungen der Astrologie eingerichtet hatten.

Clarks dritte Studie scheint sogar diese Möglichkeit zu berücksichtigen. Dreißig Astrologen wurden aufgefordert, zwischen zwei Horoskopen zu unterscheiden, deren eines das eines Menschen mit einem Gehirnschaden (Paralyse) war, während das andere zu einem Gesunden mit einem hohen Intelligenzquotienten gehörte. Diesmal wurden keine Einzelheiten der Lebensläufe angegeben, und Clark selber wußte nicht, zu welcher Gruppe welches Horoskop gehörte. Dies war ein »Doppelblindversuch«, bei dem weder die Astrologen noch der Experimentator die Antwort kannten. Obwohl sie bei dieser Studie nicht so gut abschnitten, lagen die Resultate der Astrologen noch immer über den Wahrscheinlichkeitswerten.

Die durchschnittliche Trefferquote der Astrologen bei diesen drei Studien betrug 6,4; 7,2 und 5,9, bei jeweils zehn möglichen. Die Kontrollpersonen kamen im Durchschnitt genau auf den Wahrscheinlichkeitswert 5,0. Zusammengenommen sind diese

Ergebnisse zwar äußerst signifikant, für die Beratung des einzelnen Kunden dürften sie aber kaum von Nutzen sein, da nur etwa 65 Prozent korrekte Urteile abgegeben wurden, das heißt nur 15 Prozent mehr als nach der Wahrscheinlichkeit zu erwarten waren. Niemand hat die Verfahrensweisen Clarks genau wiederholt, und die Ergebnisse verschiedener anderer Untersuchungen waren nicht so eindeutig wie die seinigen. Einige waren signifikant, einige nicht. Wir werden drei dieser Replikationen beschreiben und uns auch mit Gauquelins Arbeiten auf diesem Gebiet befassen.

Mit Hilfe der US-Zeitschrift ›Astrology Now‹ versuchte Dobyns (1975 und 1976), Clarks zweite Studie zu wiederholen. In der Zeitschrift wurden zehn Horoskoppaare veröffentlicht, verbunden mit einem Aufruf an die Leser, sich an einem Versuch zu beteiligen. Nur 49 Astrologen, die meisten von ihnen noch Studenten, nahmen die Herausforderung an. (Da die Zeitschrift eine Auflage von 5000 Exemplaren und eine etwa viermal so große Leserschaft hatte, veranschaulicht eine Resonanz bei nur 49 Lesern, wie wenig Interesse die Astrologen daran haben, ihr Können prüfen zu lassen.)

Aufgabe der Astrologen war es, zwischen einem richtigen und einem falschen Geburtsdatum für die zehn Fallgeschichten zu entscheiden, die ihnen zugesandt wurden. Diese Fallgeschichten enthielten jeweils eine Zusammenstellung von bis zu einem Dutzend bedeutsamer Ereignisse und den dazugehörigen Daten im Leben der zehn Personen.

Es stellte sich heraus, daß die Beurteilungen der 49 Astrologen besser waren als Wahrscheinlichkeitsergebnisse, wobei die Genauigkeit ihres Urteils in keinem Zusammenhang mit ihrer Erfahrung stand. Von 490 Entscheidungen waren 277 richtig, also 56 Prozent. Das liegt um 6 Prozent über dem Durchschnitt: ein Unterschied, der zwar statistisch signifikant ist, in der Praxis aber belanglos bleibt.

Joseph (1975) versuchte, Clarks dritte Studie (Begabte im Gegensatz zu Paralytikern) mit neuem Material zu wiederholen. 23 nach ihrer Befähigung ausgewählte Astrologen hatten zwischen zehn Horoskoppaaren zu unterscheiden: jedes Paar bestand aus dem Horoskop eines hochbegabten Kindes (mit einem Intelligenzquotienten von über 150) und demjenigen eines zurückgebliebenen Kindes (keines konnte sprechen, und alle bedurften besonderer Betreuung). Sämtliche Fälle waren von einem Kinderarzt ausgesucht worden, dem sie persönlich bekannt waren. Auch hier handelte es sich um einen Doppelblindversuch, bei dem weder die Astrologen noch der Experimentator die Antworten kannten. Die Durchschnittstrefferzahl der Astrologen erreichte 5,3 Prozent, was leicht, aber nicht signifikant über dem Wahrscheinlichkeitswert lag.

Vidmar (1979) führte eine weitere Replikation der Studien Clarks und Dobyns' durch. Fünf Psychologiestudenten in höheren Semestern erklärten sich freiwillig bereit, anekdotisches Material über sich selber zu liefern, autobiographische Aufsätze zu verfassen und sich an einem psychologischen Test zu beteiligen. Für jeden Studenten und jede Studentin wurden zwei Geburtshoroskope errechnet, das eine anhand des richtigen und das andere aufgrund eines falschen Geburtsdatums, das festgestellt wurde, indem man nach Belieben zu dem richtigen drei Monate hinzuzählte oder davon abzog. Die Sternzeichen in jedem Paar waren also verschieden. 28 Astrologen erklärten sich auf einer Tagung bereit, die richtigen Geburtsdaten anhand der Fallgeschichten herauszusuchen. Bei fünf Entscheidungen, die jeder Astrologe traf, ergab sich eine Gesamtzahl von 140, so daß die Zufallstrefferzahl wahrscheinlich bei 70 gelegen hätte. Tatsächlich aber gab es 95 richtige Entscheidungen – ein höchst signifikantes Ergebnis. Die Trefferquote von 68 Prozent lag zwischen den Ergebnissen, die Clark bei seiner zweiten Studie erzielte, und denjenigen von Dobyns, jedoch näher bei ersteren.

Zur Kontrolle wurde achtzehn psychiatrisch geschulten Fachkräften die gleiche Aufgabe gestellt, allerdings ohne die Horoskope – was, wie wir später sehen werden, eine unglückliche Unterlassung war. Die Zahl der zutreffenden Entscheidungen lag bei 52 Prozent und entsprach somit dem, was man als wahrscheinlich erwarten durfte. Vidmar zog daraus den Schluß, daß die Leistung der Astrologen »nahelegt, daß irgendein Zusammenhang zwischen der Planetenkonstellation und der Geburt und dem späteren Verhalten eines Menschen besteht«. Darüber hinaus stellte er fest, daß »nach heutigem Verständnis wissenschaftlicher Gesetzmäßigkeit die Ergebnisse dieser Studie oder einer früheren nicht hätten zustandekommen dürfen«. Darüber läßt sich streiten.

Ein schwerer Mangel der Vidmar-Studie besteht darin, daß keine Probe gemacht wurde, die geklärt hätte, ob einer der Studenten, von denen die Fallgeschichten stammten, etwas über Astrologie wußte. Wäre dies der Fall gewesen, hätte er leicht versteckte Fingerzeige anbringen können. Beispielsweise hätte ein Skorpion, der wußte, daß Skorpione als leidenschaftlich gelten, sich veranlaßt fühlen können, das als eine seiner Eigenschaften anzuführen. Im vorigen Kapitel haben wir Beispiele dafür angeführt, das dies eine ernstzunehmende Möglichkeit ist.

Eine weitere Schwäche ist dadurch gegeben, daß der Experimentator seine fünf Versuchspersonen aus einer Gruppe von zehn nach dem Kriterium der »am besten geschriebenen« Fallgeschichten ausgewählt hatte. Dabei ist es möglich, daß er unbewußt diejenigen ausgesucht hat, welche die besten »astrologischen« Hinweise gegeben hatten, oder auch diejenigen, deren Geburtshoroskope am besten mit ihren tatsächlichen Persönlichkeiten übereinstimmten. Bei solchen Experimenten sollte man Versuchspersonen auswählen, die nichts von Astrologie wissen, und wenn man eine kleinere Auswahl treffen muß, sollte die Wahl durch den Zufall entschieden werden, durch Münzenwerfen oder ähnliches.

Einen Hinweis darauf, daß versteckte Fingerzeige für den Erfolg der Astrologen verantwortlich gewesen sein könnten, liefert einer der Kontrollgruppenbefunde. Einer der Mitarbeiter aus der Psychiatrie entschied sich in allen fünf Fällen richtig. Er erklärte, er habe sich an die Tierkreiszeichentheorie gehalten, als er seine Wahl traf. Dies kann ein Beweis für die Brauchbarkeit der Tierkreiszeichen sein. Es könnte allerdings genausogut bedeuten, daß die Versuchspersonen versteckte Fingerzeige angebracht hatten. Dann war es ein Fehler, die Geburtshoroskope nicht auch den Teilnehmern der Kontrollgruppe vorzulegen (von denen die meisten vermutlich durch Zeitschriften oder Zeitungen Bekanntschaft mit der Tierkreiszeichenastrologie gemacht hatten). Es ist durchaus denkbar, daß die Astrologen weniger erfolgreich gewesen wären als die Mitarbeiter aus der Psychiatrie, da sie sich auf andere astrologische Faktoren als nur die Tierkreiszeichen stützten; wir sahen im letzten Kapitel, daß zu viel Wissen bestimmte Ergebnisse genauso negativ beeinflussen kann wie zu wenig.

Das Problem der richtigen Anzahl

Es gibt einen kritischen Einwand, der gegen all diese Studien erhoben werden kann, und da er mit einem einigermaßen komplizierten statistischen Sachverhalt zusammenhängt, fällt er dem nicht über Statistik informierten Leser vielleicht nicht auf den ersten Blick auf. Das Folgende ist geschehen: Man hat eine verhältnismäßig kleine Anzahl von Versuchspersonen ausgewählt, deren Geburtsdaten oder Horoskope von einer großen Anzahl von Astrologen ihren Berufen oder ihren Lebensgeschichten zugeordnet wurden. Die Signifikanz der Ergebnisse wird nun dadurch ermittelt, daß man den durchschnittlichen Prozentsatz richtiger Antworten mit dem Wahrscheinlichkeitsniveau vergleicht und dabei die Anzahl der Astrologen in Rechnung stellt, die zusammen diesen Durchschnitt erzielten. Mit anderen Worten: Wenn das Wahrscheinlichkeitsniveau 50 Prozent beträgt und die Erfolgsquote der Astrologen bei 55 Prozent liegt, gilt dies als signifikant, wenn vierzig Astrologen beteiligt sind, aber nicht, wenn nur vier teilgenommen haben.

Dies ist allerdings wohl nicht die entscheidende Prüfung, die vorzunehmen ist. Über den Erfolg oder das Scheitern des Experiments kann fahrlässig schon an einem viel früheren Punkt entschieden worden sein, nämlich bei der Auswahl der Versuchspersonen selber. Bei den gegenwärtig in der Astrologie verwendeten Beschreibungsweisen werden selbstverständlich die Lebensläufe einiger Versuchspersonen der astrologischen Vorhersage entsprechen, während diejenigen anderer nicht damit übereinstimmen. Greifen wir nun fünf oder zehn Menschen heraus, von denen wir die Geburtsangaben oder Einzelheiten über ihren Beruf oder ihre Persönlichkeit erfahren wollen, werden wir einige wählen, deren Viten astrologiekonform sind, und einige, deren Lebensläufe nicht-astrologiekonform sind. Wir werden feststellen, wie sehr das Ergebnis des Experiments durch die in dieser Phase getroffene Auswahl vorherbestimmt ist: wählen wir zufällig mehr astrologiekonforme Viten aus als solche, die nicht konform sind, wird das Ergebnis positiv sein (vorausgesetzt, die Astrologen verstehen ihr Geschäft); wählen wir dagegen eine größere Zahl nicht konformer Lebensläufe aus, wird das Ergebnis negativ ausfallen. Bei kleineren Zahlen spielt der Zufall bei dieser Auswahl eine große Rolle, und er kann vollständig über den Ausgang entscheiden.

Angenommen, es sind fünf Versuchspersonen wie im Experiment Vidmars, und angenommen, es gibt in der gesamten Bevölkerung ebensoviele astrologiekonforme wie nicht-konforme Menschen: dann ist es ebenso wahrscheinlich, daß wir zwei konforme und drei nicht-konforme wie drei konforme und zwei nicht-konforme auswählen. Im ersten Fall kämen wir auf eine Erfolgsrate von 40 Prozent, im zweiten Fall auf eine von 60 Prozent. Die letztere Quote ist zwar die im Durchschnitt der drei hier behandelten Studien tatsächlich erzielte Erfolgsrate, doch könnte ein solches Ergebnis durchaus von der Auswahl einer einzigen Versuchsperson abhängen. Eben diese Möglichkeit ist statistisch zu berücksichtigen, unabhängig von der Anzahl der eingesetzten Astrologen. Es wäre viel besser gewesen, wenn Vidmar mit 28 Versuchspersonen und nur fünf Astrologen gearbeitet hätte, und nicht mit fünf Versuchspersonen und 28 Astrologen. Ganz allgemein darf man wohl sagen, daß die Anzahl der herangezogenen Versuchspersonen die ausschlaggebende Variable und die Anzahl der Astrologen verhältnismäßig unwichtig ist; dies widerspricht genau der Auffassung, nach der die Forscher bei all diesen Studien vorgegangen sind. Der Leser wird sich an die oben erwähnten psychologischen Zuordnungsexperimente erinnern, bei denen die Fähigkeit von Graphologen und Rorschachexperten getestet wurde, auf der Grundlage ihrer speziellen »Kunst« eine Persönlichkeit zu bestimmen. Bei diesen Experimenten war die Anzahl der Versuchspersonen hoch und die Zahl der Experten gering, um zu vermeiden, daß sich ein unverhältnismäßig hoher Anteil an »guten« Versuchspersonen, d. h. Personen, deren Verhalten den Anforderungen der Theorie entspricht, ergab. Insgesamt sind die Methoden des Experiments vom Zuordnungstypus komplexer als man glaubt. Daher kann man die von Astrologieforschern mitgeteilten Zahlen nicht immer sehr ernst nehmen.

Wenn es richtig ist, daß die Auswahl der Versuchspersonen einen Einfluß auf das Zustandekommen der anscheinend signifikanten Ergebnisse der bisher erwähnten drei Forschungsunternehmen hatte, dann dürfen wir auch damit rechnen, daß man bei ähnlichen Studien ebenso auch negative Ergebnisse erhalten kann. Gauquelin (1973) hat Einzelheiten einer solchen Studie veröffentlicht. Er führte mit vierzehn Astrologen einen Test über »entgegengesetzte Schicksale« durch. Die Astrologen erhielten die Geburtshoroskope von drei bekannten Persönlichkeiten – einem Fernsehansager, einem Radrennchampion und einem Vortragskünstler – und wurden aufgefordert, sie zu identifizieren. Das Ergebnis war sehr negativ; der reine Zufall hätte eine bessere Zuordnung von Geburtshoroskopen und Berufen erbracht.

In einem weiteren Versuch wurden Astrologen aufgefordert, die Geburtshoroskope von zwanzig notorischen Verbrechern, die wegen Mordes hingerichtet worden waren, von denjenigen zwanzig normaler Menschen zu trennen, die ein langes und friedliches Leben geführt hatten. Die Leistung der Astrologen lag auf dem Wahrscheinlichkeitsniveau.

Als Ergebnis seiner eigenen Arbeit und anderer Studien mit negativem Ausgang folgerte Gauquelin, daß die wenigen für das Können der Astrologie positiven Ergebnisse auf Zufall oder Irrtum zurückzuführen seien. Festzuhalten ist aber, daß die Experimente Gauquelins an den gleichen Schwächen der statistischen Analyse litten wie die besprochenen positiven Studien: Die Stichproben waren zu klein. Deshalb kann man sie ebensowenig dafür heranziehen, die Behauptungen der Astrologen zu widerlegen, wie man die positiven Studien für eine Bestätigung heranziehen kann. Der Vergleich zwischen zwanzig Kriminellen und zwanzig gewöhnlichen Menschen hat zwar annähernd eine ausreichende große Anzahl von Versuchspersonen, doch selbst in diesem Fall ist es zweifelhaft, ob wirklich schon bewiesen ist, daß sich unter den ausgewählten Personen gleich viele astrologiekonforme wie nicht-astrologiekonforme befanden. Darüber hinaus erfahren wir nichts darüber, wie hoch der Anteil der konformen und der nicht-konformen an der Gesamtbevölkerung sein mag, und das ist natürlich die entscheidende Frage.

Zum Abschluß dieses Abschnitts, der sich mit einigen der Versuchsergebnisse befaßte, die häufig als positive Aussagen über die Astrologen gewertet werden, müssen wir zu dem Urteil »nicht bewiesen« kommen. Auch die erfolgreichen Arbeiten haben Ergebnisse, die kaum über dem Niveau der Wahrscheinlichkeit liegen, sicherlich jedenfalls nicht weit genug, um von großem praktischen Wert zu sein. Immer gibt es Gründe für die Annahme, daß die erzielten Erfolge auf statistische oder experimentelle Fehler zurückzuführen seien, da die zu treffenden Beurteilungen meist höhere Anforderungen stellten als die gewöhnliche Horoskopdeutung und im allgemeinen recht schwierig waren. Dennoch ist die Zuordnungsmethode an sich von Nutzen, vorausgesetzt, ihre statistischen und sonstigen Grenzen werden richtig eingeschätzt. Wir dürfen hoffen, daß uns künftige Arbeiten ein besseres Verständnis der Erfolgsraten verschaffen werden, die sich mit der Astrologie erzielen lassen.

Die Beurteilung der Erscheinung

Es herrscht wenig Einigkeit darüber, wie die Erscheinung eines Menschen mit Tierkreiszeichen und anderen astrologischen Faktoren zusammenhängt; trotzdem wird oft behauptet, einige Astrologen besäßen die Fähigkeit, bei einem zufälligen Zusammentreffen das Sternzeichen oder den Aszendenten eines Menschen anzugeben.

Kontrollierte Studien zu diesem Thema sind selten, was überraschend ist, da sich die Sache so leicht objektiv überprüfen ließe. Können Astrologen tatsächlich das Sternzeichen eines Menschen nach seiner Erscheinung bestimmen? Die News of the World veranstalteten einen Versuch, bei dem eine Gruppe von vier führenden Astrologen die Sternzeichen von zwölf Personen nach jeweils einem Fünf-Minuten-Gespräch und einer anschließenden Gruppendiskussion angeben sollte. Sie erzielten bei acht der zwölf Personen Treffer, und da der Wahrscheinlichkeitswert 1 ist, erscheint dieses Ergebnis als hoch signifikant.

Wie kamen die Astrologen dazu? Vielleicht gehörten die Versuchspersonen einfach zufällig dem richtigen Typus an: dem astrologiekonformen Menschen? Doch wenn dem so war: Was machte diesen Typus aus? Da die Urteile sich ebenso auf Gespräche wie auf die Erscheinung stützen, können wir nicht ausmachen, ob die Erscheinung oder der Charakter den Hinweis lieferte. Durch psychologische Experimente (von Smith, 1966, mitgeteilt) ist bekannt, daß manche Menschen sehr genau das Auftreten und den Eindruck anderer Menschen beobachten und über ihren Charakter sehr viel aussagen können, nachdem sie sie nur gesehen und ihnen bei Bewegungen und ganz gewöhnlichen Handlungen wie dem Anzünden einer Zigarette zugeschaut haben. Vielleicht gehören einige Astrologen zu diesem einfühlsamen Typus. Selbst dann kommt es aber immer noch auf die Versuchsperson an. Sie muß ein bestimmtes Bild ihrer selbst bei dem Astrologen erzeugen können. Wenn wir eine Replikation durchführen, bei der die Versuchspersonen nach dem Grad ihrer Vertrautheit mit Astrologie eingeteilt werden, müßten wir wichtige Erkenntnisse gewinnen. Man muß noch nicht so weit gehen wie einige Beobachter, die die Ansicht vertreten, Telepathie oder außersinnliche Wahrnehmung könnte für die Trefferquote bei dieser Zuordnung verantwortlich sein.

Eine Möglichkeit, den Eindruck der Persönlichkeit auszu-

Tierkreiszeichen	*Anzahl von Personen*
Widder	27
Stier	22
Zwillinge	25
Krebs	28
Löwe	30
Jungfrau	31
Waage	34
Skorpion	23
Schütze	21
Steinbock	31
Wassermann	20
Fische	18

Die Tierkreiszeichen von 300 Rothaarigen. (Nach Culver und Ianna, 1979)

schließen, besteht in der Verwendung von Photographien. Harvey (1965) veranstaltete ein Experiment dieser Art, bei dem in einer Sammlung von fünfhundert Photographien, die von der britischen Astrological Association zur Verfügung gestellt waren, keine klare Beziehung zwischen Erscheinung und Geburtsdaten erkennbar war. In einer anderen Studie wollte Addey (1968) ermitteln, ob Rothaarigkeit mit Tierkreiszeichen, besonders mit dem Widder, zusammenhänge, entdeckte aber keinen solchen Zusammenhang. Die Tabelle zeigt, daß Culver und Ianna zu ähnlichen Schlüssen kamen.

Eine offensichtliche Ausnahme von dieser Abfolge negativer Ergebnisse brachte Metzner (1979) bei, der 156 Versuchspersonen studierte und behauptete, eine auffällige Beziehung zwischen Augenfarbe (blau, grün, nußbraun, dunkelbraun) und Tierkreiszeichen entsprechend den vier Elementen gefunden zu haben; blaue Augen schienen zu Feuerzeichen zu gehören und braune Augen zu Luftzeichen. Eine Fehlerquelle liegt darin, daß Metzner keine objektiven Farbnormen verwendete, sondern sich an die eigenen Aussagen der Versuchspersonen hielt. Das bringt offensichtlich eine Menge Unsicherheiten bei der Klassifizierung von Grenzfällen (beispielsweise grauen Augen) mit sich und dürfte genügen, um Metzners Behauptungen wertlos zu machen. Überdies fand man keine bedeutsame Beziehung zwischen der Haarfarbe und den vier Elementen. Eine spätere

Studie von Metzner, Holcomb und Holcomb und anderen (1980) fragte anhand derselben 156 Versuchspersonen nach Beziehungen zwischen dem Körperbau und anderen Gruppen von Tierkreiszeichen (hauptsächlichen, feststehenden und veränderlichen); durchgehend lagen die Ergebnisse auf Wahrscheinlichkeitsniveau. So können wir wiederum nur schließen, daß man ohne eine erfolgreiche Replikationsstudie »unerwartete« Ergebnisse nicht allzu ernst nehmen darf.

Zwillinge und kosmische Zwillinge

Wenn zwei Menschen zur selben Zeit und am selben Ort geboren wurden: Sollten sie dann nicht dank astrologischer Einflüsse gleiche Charaktere und Schicksale haben? Astrologen verweisen zu Recht darauf, daß nicht einmal Zwillinge genau im selben Augenblick geboren werden, und daß ein paar Minuten einen wesentlichen Unterschied ausmachen können. Deswegen sei bei der Berechnung eines Geburtshoroskops eine so große Genauigkeit vonnöten. Gleichzeitig führen sie aber oft Beispiele von Zwillingen an, die sehr ähnliche Lebensläufe gehabt hätten und auf ähnliche Weise gestorben seien.

Die Zwillingsforschung ist ein Feld, auf dem wir nützliches Material für eine Überprüfung astrologischer Aussagen finden können, und es ist schade, daß auf diesem Gebiet noch so wenig gearbeitet worden ist. Ein gewichtiges Problem liegt darin, die exakte Geburtszeit jedes einzelnen Zwillings festzustellen, denn obwohl in vielen Ländern heute diese Zeiten protokolliert werden, erscheinen sie nicht immer auf den Geburtsurkunden. Und selbst wo dies der Fall ist, gibt das Standesamt die Daten vielleicht nicht für die Forschung frei.

Eine interessante Vorfrage ist, ob Zwillinge besonders häufig unter dem Sternzeichen der Zwillinge geboren werden. Tobey (1936) berichtet von einer Studie, in der das Vorkommen von Zwillingsgeburten mit der Jahreszeit in Zusammenhang gebracht wurde und bei der man feststellte, daß im Juni (dem Monat, der etwa dem Tierkreiszeichen der Zwillinge entspricht) doppelt so viele Zwillinge geboren wurden wie im Januar. Bevor wir jedoch nach einer Erklärung für dieses Resultat suchen, müssen wir zunächst fragen, ob es wiederholbar ist. Zum Unglück für die Astrologie scheint die Antwort ein Nein zu sein.

Monat	Jan.	Feb.	März	Apr.	Mai	Juni	Juli	Aug.	Sept.	Okt.	Nov.	Dez.
Anzahl	53	78	83	95	85	106	89	83	85	65	75	85

Tobeys Studie über 982 Zwillingspaare, geboren in South Carolina von 1856 bis 1859. Der Monat mit den meisten Zwillingsgeburten fällt ungefähr mit dem Tierkreiszeichen der Zwillinge zusammen.

Selvin und Janerich (1972) prüften die Geburtsregister des Staates New York für einen Zeitraum von acht Jahren und stellten fest, daß Zwillingsgeburten generell genauso über die Jahreszeiten verteilt auftraten wie Einzelgeburten. Anzeichen für einen Überschuß an Zwillingsgeburten unter den »Zwillingen« fanden sich nicht. In Japan fand Kamimura (1976), daß Zwillinge nicht im Juni, sondern häufiger im Frühjahr und im Herbst geboren werden. Eine Verallgemeinerung ist eindeutig nicht möglich.

Um abschätzen zu können, ob astrologische Einflüsse Ähnlichkeiten im Leben und in der Persönlichkeit von Zwillingen bewirken, müssen wir eineiige mit zweieiigen Zwillingen vergleichen. Der Abstand zwischen den Geburtszeiten eineiiger Zwillinge unterscheidet sich kaum von demjenigen zwischen zweieiigen Zwillingen. Daher sind, astrologisch gesehen, die Zwillinge beider Typen so gut wie gleich. In der Realität aber sind zweieiige Zwillinge gewöhnlich so voneinander verschieden wie Geschwister, die in Abständen von mehreren Jahren geboren wurden, während sich eineiige Zwillinge in Persönlichkeit, Intelligenz und Erscheinung üblicherweise sehr ähneln. Genetisch ist das leicht verständlich, doch die Astrologie hat keine überzeugende Erklärung dafür.

Weit verbreitet ist der Glaube, daß häufig Eheschließungen, Unfälle, Krankheiten, selbst Todesfälle von eineiigen Zwillingen zur selben Zeit stattfinden, auch wenn sie voneinander getrennt sind und der eine von der Existenz des anderen nichts weiß. Die zahlreichen Untersuchungen jedoch, die es über Zwillinge gibt, zeigen, daß es abgesehen von Eheschließungen (die sich völlig aus gesellschaftlichen Faktoren erklären lassen) wenig Beweise dafür gibt, daß irgendeine Ähnlichkeit nicht einfach auf eine Ähnlichkeit von Alter und Erziehung zurückgeht. Tatsächlich nimmt das Leben eineiiger Zwillinge fast niemals genau denselben Verlauf. Es ist sehr selten, daß beide eineiige

Zwillinge zur selben Zeit dieselbe Krankheit bekommen, und noch seltener ist es, daß sie am selben Tag eines natürlichen Todes sterben oder Selbstmord begehen. Auch der außersinnliche Rapport, der bei eineiigen Zwillingen vermeintlich sehr ausgeprägt ist, hat sich als durchweg nicht größer erwiesen als der zwischen Familienmitgliedern im allgemeinen (falls sich überhaupt einer nachweisen ließ).

Ein noch besserer Prüfstein für die Astrologie sind »kosmische Zwillinge« (auch unter der Bezeichnung Stern- oder Zeitzwillinge bekannt). Dies sind Menschen, die zur selben Zeit und am selben Ort geboren, aber nicht miteinander verwandt sind. Überraschenderweise wurde diese Testmöglichkeit vernachlässigt, obgleich es etliche Anekdoten zu dem Thema gibt. Eine der bekanntesten und immer wieder erzählten Geschichten über kosmische Zwillinge handelt von König George III. und einem seiner Untertanen, einem Eisenhändler. Ihre Lebensläufe hatten viele interessante Parallelen: Sie heirateten am selben Tag, der Kaufmann übernahm das Geschäft seines Vaters an eben dem Tag, an dem George III. den Thron bestieg, und beide starben am selben Tag im Alter von achtzig Jahren. Wir waren leider nicht imstande, die geschichtlichen Quellen dieser historischen Anekdote aufzuspüren, und auch Gauquelin (1979) ist es nicht gelungen, weshalb ihre Authentizität als zweifelhaft gelten muß. Die Tatsache, daß eine Geschichte oft wiedererzählt wird, bedeutet nicht gleich, daß sie auch wahr ist. Beispielsweise liest man häufig, der Astronom Halley (nach dem der berühmte Komet benannt ist) habe einmal Newton wegen dessen Glaubens an die Astrologie getadelt, worauf Newton spitz geantwortet habe: »Mein Herr, *ich* habe diese Dinge studiert, *Sie* nicht.« Doch nach Cowling (1977) ist dieses Zitat nicht richtig: es gebe keinen Beweis dafür, daß Newton an die Astrologie geglaubt habe, und auch keinen Hinweis auf die Astrologie in einer seiner unveröffentlichten Schriften. Doch sowohl diese Geschichte wie diejenige über George III. werden gern zugunsten der Astrologie zitiert.

Es gibt zahlreiche anekdotische Berichte darüber, wie »Doppelgänger« entdeckt wurden, von denen sich zeigte, daß sie zur selben Zeit geboren worden seien. Diese Beispiele wurden jedoch nicht systematisch untersucht, und es handelt sich wahrscheinlich einfach um zufällige Übereinstimmungen. Das gleiche gilt von einer Studie über kosmische Zwillinge, durchgeführt von Krafft. Er erstellte eine Liste kosmischer Zwillinge, einschließlich seines eigenen, der zufällig auch Astrologe war. Natürlich benötigt man eine statistische Analyse, aber Krafft bot nichts anderes als interessante Beispiele für Ähnlichkeiten. Es gab keine Kontrollpersonen (nicht verwandte Personen, die nicht zur selben Zeit geboren waren), obwohl sich vielleicht auch bei ihnen viele überraschende Übereinstimmungen gefunden hätten.

Eine statistische Studie nahm allerdings Goodavage (1976) in Angriff, der vielleicht führende Kopf auf diesem Gebiet. Er erhielt Kenntnis von zahlreichen Zwillingsfällen aus Krankenhausaufzeichnungen, konnte aber nur von achtzehn Paaren auswertbare Fragebogen bekommen. Diese wenigen deuteten aber, wie er behauptete, darauf hin, daß »irgendein Parallelismus tatsächlich am Werk war«. Goodavage hatte schon früher (1966) eine Studie über kosmische Zwillinge durchgeführt, und viele seiner Beispiele lassen eine auffallende Ähnlichkeit des Charakters und der Lebensumstände erkennen.

Eriksen (1976) machte sich daran, die Arbeit Goodavages zu überprüfen. Als er die Lebensgeschichten von kosmischen Zwillingen untersuchte, die zunächst zugunsten der Astrologie sprachen, fand er Fehler in jeder der von ihm geprüften Fallstudien. In einem Fall, in dem zwei Jungen zur selben Zeit abgestürzt und gestorben waren, stellte sich heraus, daß sie nicht genau zur selben Zeit geboren waren. In einem anderen Fall, in dem zwei Frauen denselben Namen hatten und dann dieselben Namen für ihre Kinder wählten und Ehemänner mit demselben Namen heirateten, zeigte sich, daß die Fakten dem nicht entsprachen, was Goodavage berichtet hatte.

Goodavage (1979) gab danach diese Fehler zu und führte sie auf Ungenauigkeiten in Zeitungs- und Zeitschriftenartikeln zurück, denen er seine Informationen entnommen hatte. Er behauptete weiterhin von den vielen Dutzenden von Fällen, die er gesammelt hatte, daß trotz aller Fehler »ein schwach ausgeprägtes, aber wahrnehmbares Muster aus Geburtszeit und Hauptereignissen (einschließlich Tod) im Leben von Menschen besteht, die zur selben Zeit und am selben Ort geboren sind.« Dennoch muß er, obwohl er länger als fünfzehn Jahre auf diesem Gebiet gearbeitet hat, noch immer eines tun, das allen Zweifel beseitigen könnte: nämlich einen vollständigen und vollständig dokumentierten Bericht über seine Funde veröffentlichen. Solange dies nicht geschehen ist, sind wir berechtigt, seine Behauptungen mit Argwohn zu betrachten. Gauquelin (1973) sah sich gleichfalls in seiner Sammlung von über 50000 Horoskopen nach Beispielen kosmischer Zwillinge um. Aufgrund seiner eigenen Arbeit (von der er erst einen Ausschnitt veröffentlicht hat) und der Arbeit anderer Forscher zog er den Schluß, daß niemand eine Ähnlichkeit im Leben von Menschen nachgewiesen hat, die am selben Tag verschiedenen Eltern geboren wurden. Leider sind die von Gauquelin mitgeteilten negativen Ergebnisse ebenso wie die positiven Resultate anderer insofern fehlerhaft, als sie nicht genügend Einzelheiten aufführen, um auf angemessener wissenschaftlicher Grundlage beurteilt werden zu können. Negative Ergebnisse auf diesem Gebiet werden von Wissenschaftlern bereitwilliger akzeptiert als positive, aber es erscheint ungerecht, daß die Schalen auf diese Weise gewogen werden. Falls eine Untersuchung einen Bericht lohnt, lohnt es sich auch, ausreichend detailliert über sie zu berichten, so daß eine wissenschaftliche Bewertung möglich wird.

Schlußfolgerung

In den beiden vorangegangenen Kapiteln haben wir uns mit dem hauptsächlichen Anspruch der Astrologie befaßt, der besagt, sie könne Persönlichkeit und Schicksal vorhersagen. Wir sind zu der Schlußfolgerung genötigt, daß diese Behauptung bestenfalls unbewiesen ist. Wo immer eine angemessene wissenschaftliche Prüfung mit einer ausreichend großen Stichprobe durchgeführt und anschließend so exakt dargelegt wurde, daß sich ihre Stichhaltigkeit beurteilen ließ, und wo sie anschließend repliziert wurde, ist es nicht gelungen, die Behauptungen der traditionellen Astrologie zu erhärten.

Ist die Sache damit erledigt? Bevor wir entscheiden, daß dies der Fall ist, müssen wir einige ferner liegende Möglichkeiten prüfen. Kann es sein, daß die Jahreszeiten oder gewisse andere Rhythmen des Sonnensystems unser Leben in der Tat auf eine Weise beeinflussen, wie das die Astrologen nicht vorhergesehen haben? Eben dieser faszinierenden Möglichkeit wenden wir uns jetzt zu.

6. Geburtsjahreszeiten

> Wissenschaft ist ein Gebäude aus Fakten,
> wie ein Haus ein Gebäude aus Ziegeln ist;
> doch eine Anhäufung von Fakten ist genau so
> wenig Wissenschaft wie ein Ziegelhaufen ein Haus
> ist.
>
> Henri Poincaré

Astrologische oder jahreszeitliche Ursachen

Angenommen, wir könnten eine Verbindung zwischen der Geburtsjahreszeit eines Menschen und beispielsweise seiner Chance entdecken, ein Genie, ein Wahnsinniger oder ein Krebspatient zu werden. Welche ungeheueren Vorteile für das Menschengeschlecht ergäben sich daraus! Einfach dadurch, daß man für den Zeitpunkt der Empfängnis eine bestimmte Jahreszeit statt einer anderen wählt, könnten wir die Chancen unserer Kinder, glückliche und erfolgreiche Menschen zu werden, positiv beeinflussen.

Der Gedanke ist so reizvoll, daß schon etliche Wissenschaftler ihm nachgegangen sind: Wir werden in diesem Kapitel einige ihrer Ergebnisse behandeln. Genau genommen, sind die Auswirkungen der Jahreszeiten nicht astrologischer Natur. In jeder Jahreszeit kommen mehrere Tierkreiszeichen mit unterschiedlichen Merkmalen vor; die Bewegungen der Planeten folgen ihren eigenen Rhythmen, die ganz unabhängig vom Eintritt von Frühjahr, Sommer, Herbst und Winter auf der Erde sind. Trotzdem dürften auch die meisten Astrologen der Ansicht sein, daß jahreszeitliche Unterschiede der Art, die wir hier erörtern, ihre Lehre in gewissem Maß stützen; in der Praxis haben sie häufig behauptet, daß die deutlichen Unterschiede der Jahreszeiten auf astrologische Ursachen zurückgehen.

Ein interessantes Beispiel, das zeigt, wie man zwischen astrologischen und jahreszeitlichen Wirkungen unterscheiden kann, ist das bemerkenswerte Resultat, zu dem Pellegrini (1973) in einer Studie gelangte, bei der er einen an 288 Studenten ausgegebenen Persönlichkeitsfragebogen verwendete. Er entdeckte, daß Studenten, die während der sechs Monate des Jahres geboren waren, die unter die Tierkreiszeichen vom Löwen bis zum Steinbock fallen, hohe Werte für den Faktor »Weiblichkeit«

erzielten, ob es sich nun um Männer oder um Frauen handelte. Ihre Werte auf dieser Skala lagen im Mittel bei 23 Punkten, während der Durchschnitt bei den unter den sechs anderen Zeichen Geborenen nur 17 betrug. Dieses eindeutige Resultat wurde häufig als Beweis für einen astrologischen Effekt zitiert, obwohl es nach der Tradition die geradzahligen Zeichen sind, die über das ganze Jahr hinweg als »weiblich« klassifiziert sind. Man hat verschiedene astrologische Theorien herangezogen, um dies zu erklären, doch ist eine Erklärung in dem Sinn, daß die Geburtsjahreszeit eine dauerhafte Wirkung ausübe, natürlich gleicherweise haltbar.

Illingworth und Syme (1977) entschieden sich dafür, zunächst von der Richtigkeit des Resultats auszugehen und in einem Test jahreszeitliche und astrologische Erklärungen einander gegenüberzustellen. Sie wandten eine eindeutige und einfache Methode an. Falls das Resultat eine Folge der Jahreszeiten war, dann mußten auf der südlichen Hemisphäre geborene Menschen das umgekehrte Muster aufweisen; ging es dagegen auf astrologische Einflüsse zurück, dürfte es zu keiner solchen Umkehrung kommen. Daher benutzten Illingworth und Syme den gleichen Fragebogen, um Studenten aus Perth in Australien zu bewerten. Die Ergebnisse, die sie erzielten, stützen keine der beiden Hypothesen: Die Werte für Weiblichkeit änderten sich wenig oder gar nicht entsprechend dem Tierkreiszeichen oder der Jahreszeit der Geburt. Bei einer ähnlichen Studie mit 616 Studenten, von Tyson (1977) in Südafrika durchgeführt, ergab sich abermals kein Anzeichen für einen höheren Weiblichkeitswert bei denjenigen, die in einer der vom Löwen bis zum Steinbock beherrschten Jahreszeiten geboren waren – ja, es fand sich kein Hinweis auf irgendeine Sternzeichenwirkung.

Die Notwendigkeit der Überprüfung, ob sich das ursprünglich erzielte Ergebnis abermals erreichen ließ, war inzwischen offenkundig geworden. Mayes und Klugh (1978) testeten 120 Studenten in Michigan und fanden keinen Hinweis darauf, daß die Tierkreiszeichen einen Zusammenhang mit Weiblichkeit hätten; was sich an schwachen Korrelationen fand, wies, im Gegensatz zur ursprünglichen Studie, in die umgekehrte Richtung.

Früher schon hatte Standen (1975) Zweifel an den Resultaten der ursprünglichen Studie vorgebracht, indem er auf eine Anomalie verwies: Die Punktwerte auf der Weiblichkeitsskala wichen für Männer und Frauen nicht bemerkenswert voneinander ab. Normalerweise kommen Frauen auf weit höhere Weiblichkeitswerte, und dafür, daß es bei kalifornischen Studenten anders sein sollte, gibt es wenig Anzeichen. In sämtlichen anderen Studien war der normale Unterschied zwischen Frauen und Männern deutlich erkennbar, und so äußerte Standen die Vermutung, daß das ursprüngliche Ergebnis auf »einen unentdeckten handfesten Fehler in den Daten« zurückzuführen sei. Will man nachsichtiger sein, kann man das Ergebnis auch als Folge des Zufalls oder als einen Scherz ansehen. Jedenfalls ist die Moral der Geschichte, daß es unnötig ist, unterschiedliche Erklärungen des ursprünglichen Resultats in Betracht zu ziehen, wenn sich dieses Resultat nicht zuerst einmal replizieren läßt.

Animalische Rhythmen

1938 veröffentlichte Huntington die Ergebnisse seines monumentalen Überblicks ›Season of Birth: Its Relation to Human Abilities‹. Darin legt er Kurven und Diagramme aus zahlreichen Ländern vor, woraus sich jahreszeitliche Abweichungen in den Geburtsdaten im Hinblick auf eine Anzahl von Eigenschaften, darunter Intelligenz und Geisteskrankheit, ablesen ließen.

Huntington bot Theorien zur Erklärung dieser jahreszeitlichen Trends an, aber er glaubte nicht an astrologische Interpretationen. Er schrieb: ». . . die alten Astrologen hatten ganz unrecht, und die modernen haben es noch viel mehr, wenn sie denken, daß ein Horoskop einen Wert hat, das sich auf die Planetenpositionen zum Geburtszeitpunkt gründet. Trotzdem lassen die schlichten Fakten, gewonnen aus Millionen von Geburten, keinen Zweifel daran, daß sich im Durchschnitt die im Februar und März geborenen Menschen von den im Juni und Juli Geborenen deutlich unterscheiden. In den mittleren Breiten der nördlichen Hemisphäre sind sie, wie wir bald sehen werden, zahlreicher, nach den Geschlechtern gleichmäßiger verteilt und langlebiger. Dank einem merkwürdigen Spiel des Schicksals findet sich unter ihnen nicht nur ein höherer Anteil an hervorragenden Personen, sondern auch an Unglücklichen, die kriminell werden oder der Geisteskrankheit verfallen oder Tuberkulose bekommen. Der Mensch gleicht den niedrigeren Lebewesen darin, daß er bei der Reproduktion einen eindeutigen Jahreszeitenrhythmus mit einem Maximum an Geburten im Spätwinter oder im Frühjahr aufweist.«

Für diese Tendenz zu mehr Geburten zu Jahresbeginn gibt es Belegmaterial aus mehreren Ländern. Auf der nördlichen Hemisphäre geht der Trend zu einer größeren Geburtenhäufigkeit in der ersten Jahreshälfte, und auf der südlichen Hemisphäre findet sich eine gegenläufige Tendenz: In der zweiten Jahreshälfte finden mehr Geburten statt.

Dies legt eine klimatische Erklärung nahe, doch es sind auch andere Faktoren zu berücksichtigen, da es Ausnahmen von der allgemeinen Regel gibt, vornehmlich in Amerika, wo das Maximum an Geburten auf den August und den September fällt.

Man kann in der Tat zwei unterschiedliche Erklärungsarten für jahreszeitliche Abweichungen in den Geburtsraten vorbringen. Die eine stützt sich auf gewöhnliche praktische oder gesellschaftliche Tatsachen: Sommerferien beispielsweise bieten mehr stimulierende Gelegenheiten zum Geschlechtsverkehr, und dies schlüge sich dann in einem Geburtenmaximum neun Monate nach der Urlaubssaison nieder. Die andere Erklärungsweise ist die von Huntington vorgebrachte, der die Ansicht vertrat, daß sich die Unterschiede auf das Vorhandensein eines »grundlegenden animalischen Rhythmus« in der menschlichen Sexualität zurückführen ließen. Andere Lebewesen weisen kräftig ausgeprägte jahreszeitliche Reproduktionsrhythmen auf. Warum sollte der Mensch nicht wenigstens den Überrest eines solchen Rhythmus besitzen, was für unsere Vorfahren sehr leicht von evolutivem Vorteil gewesen sein könnte? Eine Zeugung im Sommer bedeutet, daß der Nachwuchs zu Beginn des milderen Wetters im Frühjahr geboren wird. In dieser Jahreszeit nehmen die Vorräte an Nahrungsmitteln stetig zu, und die Kinder können zu Kräften kommen, um dem heißen Wetter des Sommers und dann der Kälte des Winters gewachsen zu sein. Dies ist eine einleuchtende Hypothese, und in prähistorischen Zeiten – vor dem Aufkommen der Kleidung, einer Nahrungsvorratshaltung über das ganze Jahr hinweg und des modernen Wohnens und Heizens – könnte ein derartiger Rhythmus so stark ausgeprägt gewesen sein, daß der Mensch ihn beobachtete und vielleicht sogar in die Anfänge der Astrologie einbezog. Leider können wir darüber nichts Genaues wissen, und in unseren Zeiten gibt es, im Gegensatz zur Theorie Huntingtons, keinen durchgängigen Beweis für eine »Brutsaison« bei Menschen, wie sie sich bei Tieren findet.

Angesichts so beträchtlicher Anomalien wie der radikal unterschiedlich verteilten Geburtenziffern in Großbritannien und den Vereinigten Staaten sind wir auf »gesellschaftliche« Erklärungen verwiesen. Das britische Geburtenmaximum im Frühjahr mag einfach eine Familienplanung aus Steuer- oder sonstigen Gründen oder auch den Umstand widerspiegeln, daß der Juni zufällig der Monat ist, in dem die meisten Heiraten und Flitterwochen stattfinden. Ähnlich kann das Geburtenmaximum der Vereinigten Staaten im September auf gesteigerte Sexualität in der Weihnachtszeit zurückzuführen sein, obwohl nicht klar ist, warum dies nur in den Vereinigten Staaten der Fall sein soll.

Die beste Zeit, um geboren zu werden?

Falls die höhere Zahl an Frühjahrsgeburten in einigen Ländern dadurch zustande kommt, daß es biologisch von Vorteil ist, zu Beginn der warmen Jahreszeit geboren zu werden, sollten wir erwarten können, daß Kinder, die zu dieser Zeit zur Welt kommen, nachweislich besser gedeihen. Nach dem einfachen Kriterium des Geburtsgewichts ist dies nicht der Fall. Auf der Grundlage von zwanzig Studien hat sich ergeben, daß das Geburtsgewicht im Spätsommer und im Herbst geringfügig höher liegt (Pinter und Forlano, 1943), doch das Material veränderte sich von Studie zu Studie, und der allgemeine Befund spiegelte wahrscheinlich eher elterliche Klassenunterschiede als eine unmittelbare Auswirkung der Jahreszeiten wider.

Andererseits hatte Huntington gedacht, er habe eine Stütze für die biologische Theorie gefunden. Es zeigte sich, daß im Osten der Vereinigten Staaten im März geborene Menschen durchschnittlich vier Jahre länger lebten als die im Juli Geborenen. In Übereinstimmung damit ergab eine andere Studie, daß im Zeichen des Stiers in Kalifornien geborene Männer durchschnittlich 81 Jahre lebten, während Schütze-Geborene beider Geschlechter mit 61 bis 62 Jahren die Kurzlebigsten waren. Dieses überraschende Resultat wurde von dem britischen Astrologen John Addey (1961) überprüft. Er analysierte 51 000 Geburtsdaten, wobei sich die Theorie nicht bestätigte, nach der Menschen mit Frühjahrs- und Sommertierkreiszeichen langlebiger und solche mit Winterzeichen kurzlebiger seien. Addey beschäftigte sich auch mit den Horoskopen von 977 Neunzigjährigen aus dem ›Who's Who‹. Steinböcke sollen angeblich langlebig sein und Fische kurzlebig, was sich als unrichtig erwies. Auch konnte Addey keinen Beweis für die übrigen traditionellen astrologischen Voraussetzungen für ein langes Leben finden. Um West und Toonder (1970) zu zitieren: »Der Gegner der Astrologie, der sie zu widerlegen sucht, hätte sein Unterfangen aufgegeben, nachdem die offenkundigeren statistischen Wege abgeschritten waren, während der Astrologe mit seinem aus der Erfahrung stammenden Gefühl, daß ein Zusammenhang bestehen *müsse*, weiterhin Ausschau hält. Und zuletzt fand Addey wenigstens einen signifikanten Faktor.« Dieser Faktor war ein Aspekt eines Vielfachen von 3½ Grad (die 108. Harmonie) zwischen Sonne und Mars, Saturn oder Uranus. Doch dies harrt noch der Replikation. Überdies kann es sich einfach um ein Beispiel »signifikanter« Befunde aufgrund von Zufall handeln, die dann zustande kommen können, wenn sich genügend Gelegenheiten dazu bieten.

Huntington gab an, daß mehrere Forscher gefunden hätten, daß das Jahreszeitenmuster der Geburten im Fall außerehelicher Geburten besonders ausgeprägt sei. Danach scheint denkbar, daß außereheliche Geburten weniger häufig geplant werden als eheliche, und daher eher biologische als gesellschaftliche Ursachen widerspiegeln. Vielleicht regen »Frühlingsgefühle« tatsächlich die Sexualität unter den impulsiveren Menschen an, oder es könnte auch sein, daß eine Veränderung im Hormonhaushalt in der warmen Jahreszeit die Fruchtbarkeit in diesen Monaten des Jahres erhöht. Man kann sich leicht Mechanismen vorstellen, die diesen Effekt erklären; die Schwierigkeit ist nur, daß nicht alle Länder ein übermäßig ausgeprägtes Muster für außereheliche Geburten zu bestimmten Zeiten aufweisen. Es handelt sich eindeutig um einen Fall vieler zusammenwirkender Faktoren, von denen einige in bestimmten Kulturen bedeutsamer sind als in anderen.

Verbrechen, Leistung und die Jahreszeiten

Etliche Forscher haben behauptet, Beweise dafür gefunden zu haben, daß Persönlichkeit, Intelligenz, hohe Leistungsfähigkeit und geistige wie körperliche Krankheit mit der Geburtsjahreszeit in Zusammenhang stehen. Bei der Durchsicht dieser Behauptungen werden wir gesellschaftliche von biologischen und meteorologischen – ganz abgesehen von astrologischen – Ursachen zu unterscheiden haben. Doch zunächst müssen wir eine statistische Festlegung treffen, die in diesem Buch häufig von Bedeutung ist.

Zwei holländische Forscher interessierten sich für die Frage, ob gewalttätige Verbrecher stets zu bestimmten Zeiten im Jahr geboren werden (Heuts und Kop, 1974). Sie registrierten sämtliche Verurteilungen wegen Mords, Totschlags und Mißhandlung in Amsterdam während eines Zeitraums von zwei Jahren; es handelte sich dabei um 481 Männer und 27 Frauen. Die Angaben über die Frauen können wir außer Betracht lassen, da die Anzahl zu gering ist, um von Nutzen zu sein. Die Abbildung zeigt, daß 55 Männer im Juli geboren waren und nur 24 im September. Um mit der allgemeinen Bevölkerung übereinzustimmen, hätte die Zahl für jeden dieser beiden Monate etwa 40 betragen müssen. Die Autoren weisen darauf hin, daß diese Ergebnisse statistisch signifikant seien, doch das trifft nur zu,

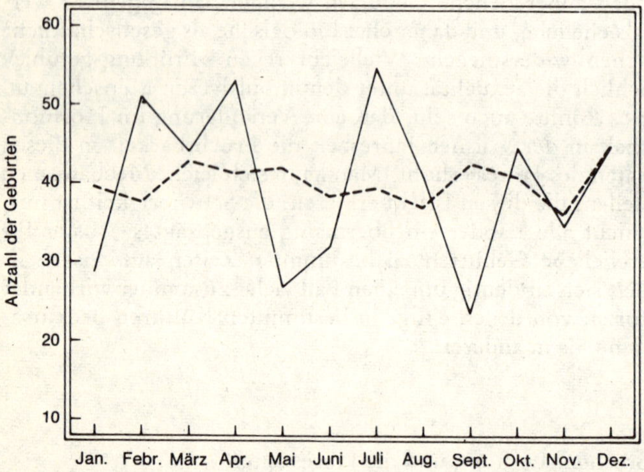

Gewaltverbrecher in Amsterdam sind häufiger im Juli als im September geboren. Die gestrichelte Linie gibt die Geburtsfrequenz für die allgemeine Bevölkerung Amsterdams an. (Nach Heuts und Kop, 1974)

wenn man die beiden Monate isoliert beurteilt. Was die Verfasser nicht beachtet haben, ist der Umstand, daß es bei zwölf Monaten im Jahr zwölf Möglichkeiten eines extremen Resultats gibt. Das korrekte Verfahren sieht so aus, daß man zunächst einmal die Gesamtverteilung statistisch überprüft; nur wenn sie auffällig von dem abweicht, was aus Gründen der Wahrscheinlichkeit eintreten könnte, ist es »gestattet«, Überprüfungen für einzelne Monate vorzunehmen. Im vorliegenden Fall könnte die Gesamtverteilung durchaus ein Produkt des Zufalls gewesen sein, so daß die Extreme im Juli und im September selber lediglich Wahrscheinlichkeitsvarianten wären. Diese Art von Fehler schleicht sich in astrologische Studien häufig ein. Eines ist vor allem zu beachten: Wäre tatsächlich ein jahreszeitlicher Einfluß am Werk, sollte man damit rechnen dürfen, daß die Anzahl vor dem Monat mit dem Höhepunkt ansteigt und danach wieder sinkt: daß sie sich, mit anderen Worten, über die benachbarten Monate hin »ausbreitet.« Bei dieser Studie geschah das nicht, wie die Abbildung deutlich macht.

Kehren wir zu Huntington zurück und werfen wir einen Blick auf einige seiner frappierendsten Resultate in bezug auf hervorragende Persönlichkeiten. Er stellte fest, daß von den ersten 31 amerikanischen Präsidenten seit 1774 insgesamt 26 in der Winterperiode von Oktober bis April geboren waren und nur 5 in der Sommerperiode von Mai bis September. (Nachher war das Zahlenverhältnis nicht mehr so auffällig: 27 gegen 12.) Washington und Lincoln waren im Februar geboren, der so aussieht, als sei er der bevorzugte Geburtsmonat für berühmte Menschen. Eine ähnliche Verteilung fand Huntington auch für bedeutende Amerikaner, die in der Ausgabe der ›Encyclopedia Britannica‹ von 1930 aufgeführt waren.

Kaulins (1979) entschloß sich, diesen Befund unter Verwendung der Angaben von 1974 zu überprüfen, und er dehnte seine Stichprobe so aus, daß jeder erfaßt wurde, dessen Geburtsdatum angegeben war. Er zeichnete die Geburtsdaten sämtlicher seit 1400 aufgenommenen Personen auf (insgesamt über 11000) und entdeckte einen frappierenden Jahreszeitentrend, wie die Abbildung auf S. 132 zeigt. Bei hervorragenden Menschen zeigt sich eine kräftige Tendenz dahin, daß sie in den Monaten zwischen der Wintersonnenwende und dem Frühjahrsäquinoktium geboren sind: Auf dem Höhepunkt werden täglich 36 hervorragende Personen geboren, in der Talsohle hingegen nur 27. Dies ist eine gute Bestätigung des Ergebnisses von Huntington, wie-

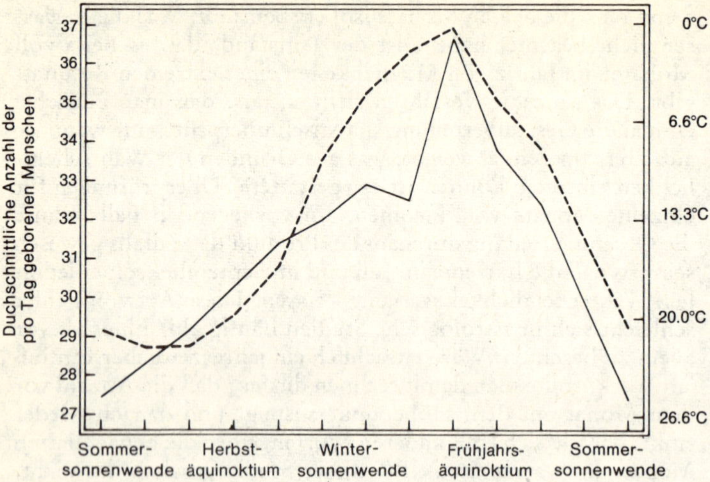

In der ›Encyclopedia Britannica‹ aufgeführte Personen sind häufig im Umkreis des Monats Februar geboren. Die gestrichelte Linie gibt das jahreszeitliche Temperaturmuster für New York City an. (Nach Kaulins, 1979)

wohl sie auch wieder nicht ganz befriedigt, da die beiden Stichproben nicht völlig unabhängig voneinander waren (die Amerikaner in Huntingtons Liste waren größtenteils auch in der von Kaulins enthalten). Die Abbildung zeigt auch die monatlichen Durchschnittstemperaturen in New York City über 107 Jahre. Darin kann man eine allgemeine Widerspiegelung der Temperaturmuster auf der nördlichen Hemisphäre in einer geographischen Breite sehen, aus der ein großer Anteil der hervorragenden Personen stammte. Der jährliche Temperaturwechsel ähnelt auf bemerkenswerte Weise der jährlichen Verteilung der Geburten von hervorragenden Personen, die zum großen Teil in der kältesten Zeit des Jahres mit Temperaturen um 0 Grad geboren sind.

Huntington zieht eine Parallele zu animalischen Rhythmen und bemerkt, das eindeutige Muster für hervorragende Personen verweise darauf, daß »die Geburten von Menschen mit außergewöhnlichen Fähigkeiten mit dem fundamentalen animalischen Rhythmus genauer übereinstimmen als diejenigen der Menschen im allgemeinen«. (Dies veranlaßte ihn zu der Bemerkung, sein Buch »wäre vielleicht besser, wenn der Verfasser im Februar statt im September geboren worden wäre«.) Hier stoßen wir auf ein Problem. Falls der »fundamentale animalische Rhythmus« für einen Höhepunkt der Geburtenzahlen im Februar sorgt, weil dies die vorteilhafteste Zeit ist, um Kinder zur Welt zu bringen, warum liegt dann der Höhepunkt der Geburtenziffer von hervorragenden Personen ein paar Monate früher als der Durchschnitt? Man kann nicht einen speziellen Evolutionsvorteil sowohl für »hervorragende« Geburten im Winter als auch gleichzeitig für »normale« Geburten im Frühjahr annehmen.

Es hat auch den Anschein, als träfe für die Intelligenz im allgemeinen der entgegengesetzte Trend zu. Pinter und Forlano (1943) analysierten die Intelligenztestergebnisse von 17502 New Yorker Kindern und fanden heraus, daß die im Winter geborenen weniger intelligent waren als die im Sommer geborenen, wobei Januar und Februar tatsächlich die niedrigsten Werte aufwiesen. Eine andere Studie über 7897 College-Studenten in New York erbrachte ein ähnliches Resultat. Die Intelligenzquoten lagen am höchsten bei den im Frühjahr und im Sommer Geborenen und am niedrigsten bei den im Winter zur Welt Gekommenen (Forlano und Ehrlich, 1941). Bei der Besprechung dieser und anderer Studien zog Dalén (1975) den Schluß, daß der Intelligenzquotient bei den im Sommer geborenen Menschen um eine Kleinigkeit höher zu liegen scheint.

Wie läßt sich der Befund über die im Winter geborenen hervorragenden Personen mit dem Ergebnis versöhnen, daß die Intelligenz bei den im Sommer Geborenen eher geringfügig größer ist? Der Unterschied im Intelligenzquotienten wirkte sich in einer Größenordnung von nur ein oder zwei Punkten aus, und eine so geringe Differenz konnte leicht von anderen Faktoren überschattet gewesen sein. Um eine hervorragende Person zu sein, benötigt man mehr als nur eben Intelligenz; Persönlichkeitsfaktoren spielen gleichfalls eine Rolle. Ein hohes Energieniveau, weitgespannte Interessen und Hartnäckigkeit scheinen wichtige Faktoren zu sein, auch ein Hang zur Exzentrizität wird oft angeführt. Dies trifft besonders für Genies zu, und Huntington führt Beweise dafür an, daß sich der winterliche Gipfelpunkt nur bei den sehr Berühmten findet. Die Abbildung zeigt, wie der Höhepunkt sich auf einen späteren Zeitpunkt verlagert, wenn die Daten weniger hervorragender Personen ausgewertet werden. Der winterliche Höhepunkt ist bei

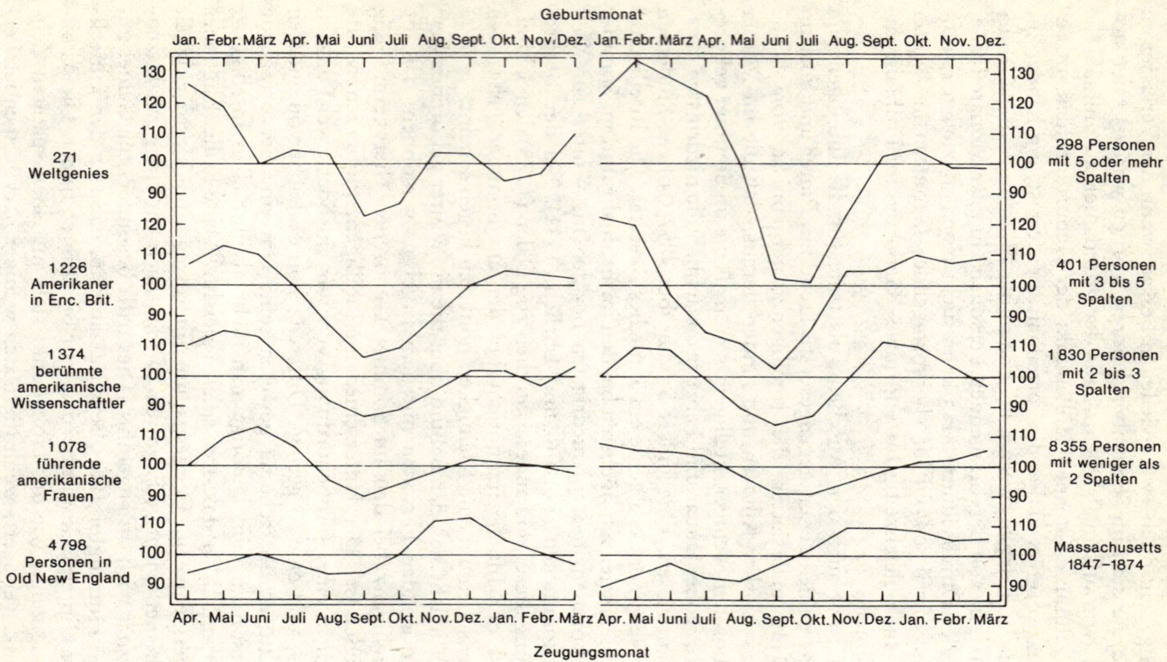
Geburtsmonat
Jan. Febr. März Apr. Mai Juni Juli Aug. Sept. Okt. Nov. Dez. Jan. Febr. März Apr. Mai Juni Juli Aug. Sept. Okt. Nov. Dez.
271 Weltgenies
1 226 Amerikaner in Enc. Brit.
1 374 berühmte amerikanische Wissenschaftler
1 078 führende amerikanische Frauen
4 798 Personen in Old New England
298 Personen mit 5 oder mehr Spalten
401 Personen mit 3 bis 5 Spalten
1 830 Personen mit 2 bis 3 Spalten
8 355 Personen mit weniger als 2 Spalten
Massachusetts 1847–1874
130
120
110
100
90
Apr. Mai Juni Juli Aug. Sept. Okt. Nov. Dez. Jan. Febr. März Apr. Mai Juni Juli Aug. Sept. Okt. Nov. Dez. Jan. Febr. März
Zeugungsmonat

denjenigen auffälliger, denen im ›Dictionary of American Biography‹ mehr Platz eingeräumt ist.

Aus diesen Ergebnissen erhellt, warum andere Forscher, so etwa Pinter und Forlano (1934), welche die Geburtsdaten erfolgreicher Männer untersuchten, nicht immer auf Huntingtons Befund eines Höhepunktes im Winter gekommen sind; sie haben nicht wirklich herausragende Persönlichkeiten herangezogen.

Da der hervorragende Rang ebensosehr das Ergebnis der Persönlichkeit wie der Intelligenz sein kann, unterzogen Forlano und Ehrlich bei ihrer Studie die Studenten auch Persönlichkeitstests. Es zeigte sich unter den im Winter Geborenen eine sehr geringfügige Tendenz zur Extraversion und bei den im Sommer Geborenen eine zu Minderwertigkeitsgefühlen, doch spätere Studien (die zugegebenermaßen mit ziemlich kleinen Stichproben arbeiteten) haben diese Trends nicht wieder aufgezeigt (Farley, 1968; Kanekar und Mukerjee, 1972). Ein besserer Test wäre es jedenfalls, die hervorragenden Personen in der ›Encyclopedia Britannica‹ nach ihrer Persönlichkeit zu klassifizieren und dann zu fragen, ob ein Zusammenhang mit der Geburtsjahreszeit besteht; Gauquelin hat in der Tat Forschungen in diesem Sinn im Hinblick auf Planetenpositionen durchgeführt, und die Bedeutung des hervorragenden Ranges wurde, wie wir in einem späteren Kapitel sehen werden, frappierend bestätigt.

Subnormalität und Geisteskrankheit

Vom entgegengesetzten Ende der Skala wurde behauptet, daß die Geburtstage geistig Subnormaler auch etwas häufiger in die Wintermonate als in die Sommermonate fallen. Knobloch und Pasamanick (1958) werteten die Geburtsdaten von 5855 geistig behinderten Kindern aus, die von 1913 bis 1948 die Columbus State School besuchten. Gemessen an der Anzahl von Geburten

Huntingtons Ergebnisse: links »die Geburtsjahreszeit« hervorragender Personen von unterschiedlichem Rang; rechts »die jahreszeitliche Verteilung der Geburten berühmter Amerikaner im ›Dictionary of American Biography‹«. In beiden Fällen ist die untere Kurve diejenige einer Kontrollgruppe. (Nach Huntington, 1938) pro Monat im Staat Ohio insgesamt, waren etwas mehr geistig Unterdurchschnittliche im Winter geboren: 1507 Kinder im Februar und nur 1297 im August. Als mögliche Erklärung für dieses Ergebnis wurde eine kritische Phase der Fötusentwicklung während der heißesten Zeit des Jahres angeführt. Von heißem Wetter ist bekannt, daß es den Appetit von Frauen in den Frühmonaten der Schwangerschaft verringert, so daß es in der Ernährung einer werdenden Mutter durchaus zu einem Vitamin- oder Proteinmangel kommen kann. Überdies beginnt mit etwa drei Monaten die Großhirnrinde sich herauszubilden, und heißes Wetter kann, abgesehen von seinem Einfluß auf den Appetit, den Stoffwechsel der Mutter verändern, was sich wieder schädlich auf den Fötus auswirken mag.

Bei einem Versuch, das zu überprüfen, beschäftigten sich Knobloch und Pasamanick mit der Verteilung der Geburtsraten ihrer Versuchspersonen nach heißen und nach kalten Sommern. Es gab tatsächlich ein höheres Vorkommen geistig Zurückgebliebener, wenn die Geburten nach einem heißen Sommer stattfanden.

Zum Pech für diese sorgfältige und anscheinend überzeugende Studie haben andere Arbeiten kein ähnliches Bild ergeben. Wie Dalén (1975) darlegt, zeigte sich in der Mehrzahl neuerer Studien, wenn überhaupt etwas, dann ein Höhepunkt der Geburtenzahl von geistig Subnormalen im Sommer, nicht im Winter, doch die Tendenz ist in Wirklichkeit so geringfügig, daß es schwerfällt, sie als bindend anzusehen. Sie ist sicherlich nirgendwo auch nur annähernd so ausgeprägt wie die Tendenz zur späteren Berühmtheit bei in den Winter fallenden Geburtsdaten.

Das deutlichste Beispiel eines jahreszeitlichen Trends bietet die Schizophrenie. Die Geschichte beginnt in einer schweizerischen Klinik mit einer Untersuchung von 3100 psychologischen Patienten. Tramer (1929) verglich ihre Geburtsdaten mit der allgemeinen Bevölkerungsstatistik und entdeckte einen fünfzehnprozentigen Überschuß von Patienten, die in der Zeit von Dezember bis März geboren waren. Zahlreiche spätere Studien haben diese Befunde bestätigt, so daß keinerlei vernünftiger Zweifel mehr daran erlaubt ist. Hare (1975) hat die Bedeutung dieses Ergebnisses unterstrichen: Es zeige »die erste eindeutige Beziehung zwischen dem Vorkommen der Schizophrenie und einem einfachen, objektiv definierbaren Umweltfaktor« auf. (Zum Unglück für die Astrologie scheint es keinerlei astrologische Tradition zu geben, wonach Schizophrene unter den Tierkreiszeichen Steinbock, Wassermann oder Fische geboren werden sollten.)

Barry und Barry (1961) stellten die Arbeiten von sieben voneinander unabhängigen Forschungsteams vor, die sich mit insgesamt 30 000 psychotischen Patienten beschäftigt hatten. Sämtliche Forschungsteams fanden bei den Geburtstagen von Schizophrenen der nördlichen Hemisphäre eine ansteigende Tendenz, in die ersten drei oder vier Monate des Jahres zu fallen. Im Durchschnitt liegt der Überschuß bei 10 Prozent, und es gibt Beweise dafür, daß er zunimmt, wenigstens in Großbritannien (Hare, 1978). Seit der Zusammenfassung durch die Barrys hat man einen ähnlichen Trend für 16 238 Schizophrene in Schweden entdeckt, wobei die Schizophrenie die einzige Geisteskrankheit war, die ein eindeutig signifikantes Jahreszeitenmuster zu erkennen gab (Dalén, 1968). Die Abbildung stellt dieses Ergebnis dar.

In England und Wales ließ ein Überblick über 46 000 Psychiatriepatienten das gleiche Muster für Schizophrene, Manische und Manisch-Depressive sichtbar werden, aber nicht für andere Gruppen wie etwa Neurotiker (Hare, Price und Slater, 1974).

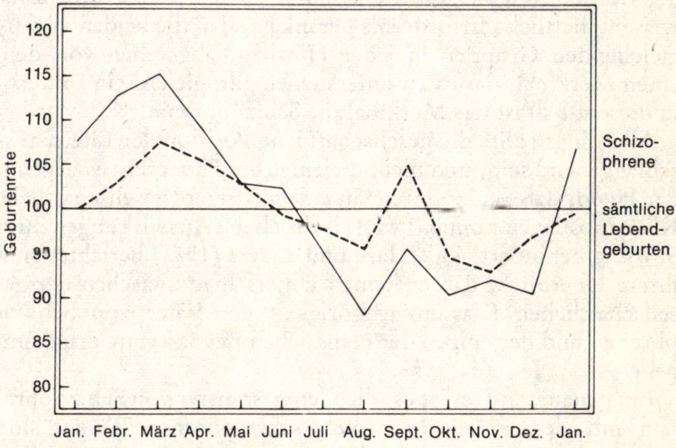

Die Geburten von Schizophrenen in Schweden zeigen einen klaren Trend hin zu den ersten Monaten des Jahres. (Nach Dalén, 1968)

Replikationen auf der südlichen Hemisphäre haben eine teilweise Bestätigung dieses Jahreszeitenmusters erbracht. Parker und Neilson (1976) beispielsweise untersuchten die Geburtsdaten von 20356 Psychiatriepatienten in New South Wales und fanden einen Überhang an Wintergeburten bei Schizophrenen.

Eine von mehreren Erklärungen, die man für diese Erscheinung angegeben hat, besagt, daß die Schizophrenie besonders häufig im Zusammenhang mit einem niedrigen sozioökonomischen Status auftritt; in einer solchen sozialen Schicht könnte es in einer kritischen Phase der Fötusbildung während des Sommers vor der Geburt zu Ernährungsmängeln kommen. Eine höhere gesellschaftliche Klasse schütze, so wird behauptet, den sich entwickelnden Fötus vor dieser Auswirkung. (Dies ähnelt natürlich der von Knobloch und Pasamanick vorgetragenen Theorie zur Erklärung ihres Befundes, daß eine Vielzahl von geistig unterdurchschnittlichen Kindern im Winter geboren wird.)

Eine Bekräftigung der Hypothese lieferten Barry und Barry (1961). Sie fanden, daß die zeitliche Streuung der Geburtsdaten von 5677 Schizophrenen in zwei privaten psychiatrischen Krankenhäusern in Connecticut sich nicht von der Verteilung der Geburtsdaten der übrigen Bevölkerung unterschied. Die Patientengruppe der Barrys ähnelte in ihrer sozialen Struktur der der Bevölkerung insgesamt, wodurch sie näher an das »ideale« wissenschaftliche Erfordernis herankam, daß die beiden zu vergleichenden Gruppen in jeder Hinsicht, abgesehen von dem einen Merkmal, das es zu untersuchen gilt, gleich sein sollten – in diesem Fall ist das Merkmal die Schizophrenie.

Allerdings sollte die gesellschaftliche Position der Eltern ausschlaggebend sein, und nicht diejenige der Patienten; es liegt auf der Hand, daß Schizophrene in eine niedrigere gesellschaftliche Klasse absteigen können, weil sie durch die Auswirkungen ihrer Störung behindert sind. Hare und andere (1974) berichteten in ihrem Überblick, daß es keinen Unterschied zwischen der gesellschaftlichen Klassenzugehörigkeit der Väter von Schizophrenen und derjenigen der männlichen Bevölkerung insgesamt gebe.

Ein genauerer Test ist es, die Geburtsmuster von Schizophrenen mit denjenigen ihrer nicht-schizophrenen Brüder und Schwestern zu vergleichen. Hängt die Schizophrenie mit einer Schädigung in einer kritischen Entwicklungsphase zusammen, dann sollten die gesunden Geschwister nicht die gleichen Geburtsmuster aufweisen. Kommt andererseits der winterliche Geburtenüberhang dadurch zustande, daß die späteren Eltern von Schizophrenen besonders häufig im Sommer heiraten und Kinder zeugen, dann sollte sich dieser zeitliche Überhang bei allen ihrer Kinder zeigen, bei den normalen ebenso wie bei den Schizophrenen.

Mehrere Forscher haben versucht, diese Frage zu beantworten. Eine Studie von Buck und Simpson (1978) scheint die Hypothese zu bekräftigen, wonach im Winter geborene Schizophrene in einem kritischen Entwicklungsstadium geschädigt wurden. Buck und Simpson sammelten Geburtsdaten von 1039 Geschwistern von 545 schizophrenen Patienten in Kanada und fanden, daß auffallend viele Schizophrene in der Tat in den ersten Monaten des Jahres geboren waren, daß hingegen die Verteilung der Geburtsdaten ihrer normalen Geschwister der der Bevölkerung insgesamt glich.

Leider stehen diesem Ergebnis zwei andere Studien von Hare (1976) und von McNeil, Kaij und Dzierzykray-Rogalska (1976) entgegen. In ihren Stichproben wiesen die normalen Kinder das gleiche Geburtsmuster auf wie ihre schizophrenen Geschwister. Gerechterweise muß man hinzufügen, daß sich diese Resultate auf verhältnismäßig kleine Stichproben stützten (670 beziehungsweise 280 normale Geschwister) und nicht ganz eindeutig waren. Wir dürfen ihnen also nicht allzu viel Vertrauen schenken, aber sie scheinen doch die Ergebnisse von Buck und Simpson umzustoßen.

Aufmerksame Leser werden bemerkt haben, daß sowohl besonders viele hervorragende Personen als auch viele Psychotiker (Schizophrene und Manisch-Depressive) im Umkreis des Februar geboren sind. Es kann sein, daß diese beiden Befunde nicht unzusammenhängend sind. Seit den Zeiten der alten Griechen hat man oft Genie und Wahnsinn miteinander verknüpft, und wir erwähnten schon früher in diesem Kapitel, daß Genialität und Exzentrizität zusammenzugehen scheinen. Es gibt Beweise aus empirischen Studien, daß Originalität und Kreativität mit denjenigen Persönlichkeitszügen in Verbindung stehen, die auch bei Psychosen eine Rolle spielen. In Arbeiten von Eysenck und Eysenck (1976) und von Woody und Claridge (1977) wurde nachgewiesen, daß diese Beziehung recht eng ist und unabhängig von der Intelligenz sein kann. Dieser Befund könnte nicht nur die Ähnlichkeit zwischen den Geburtsdaten hervorragender Personen und Schizophrener erklären, sondern auch, warum sich für Intelligenz keine solchen Datenhäufungen nachweisen lassen. Weniger seine Intelligenz, sondern vielmehr seine Kreativität und Originalität sind wohl die entscheidenden Wesenszüge eines herausragenden Menschen. Man sollte diese Hypothese tatsächlich einmal genauer betrachten; man müßte die hervorragenden Personen in zwei Gruppen unterteilen: in diejenigen, die irgendeine mentale Abnormität aufweisen, und diejenigen, die keine haben. Nach dieser Hypothese sollte man erwarten, daß die anormalen Genies häufiger in der Wintermitte geboren sind als die »normalen« Genies.

Leider hat diese fesselnde Geschichte ein enttäuschendes Ende, was die Schizophrenie betrifft. Die Behauptung, daß Schizophrene meist während der ersten Monate des Jahres geboren werden, könnte einfach auf einem methodologischen Artefakt beruhen. Zwei Psychologen von der University of Texas, Lewis und Griffin (1981), verwiesen darauf, daß Menschen bezeichnenderweise erst etwa nach dem dreizehnten Lebensjahr von Schizophrenie befallen werden, die man üblicherweise erst im frühen Erwachsenenalter klar diagnostiziert. Es sei daher unerläßlich, bei jedem Überblick über die Geburtsjahreszeiten von verhältnismäßig jungen Patienten deren Alter in Rechnung zu stellen. Ein Beispiel, welches das hier versteckte Problem veranschaulichen könnte, wäre eine Störung, die man bei Säuglingen im ersten Lebensjahr entdeckt. Eine Datenauswertung zu einem beliebigen Zeitpunkt in diesem Jahr müßte ergeben, daß zu Jahresbeginn geborene Kinder einfach deshalb stärker vertreten sind, weil sie schon länger leben und somit länger »gefährdet« sind. Analog dazu kann man anführen, daß das Risiko, als Schizophrener diagnostiziert zu werden, sich für jemanden erhöht, der zu Jahresbeginn geboren ist. In sämtlichen bisherigen Arbeiten wurden von den Geburtstagen der Schizophrenen Mittelwerte aus mehreren Jahren zugrundegelegt, so daß schon dieser eine Fehler ausreichen könnte, um den ganzen Effekt hervorzurufen.

Um zu zeigen, wie wahrscheinlich diese Erklärung ist, analysierten Lewis und Griffin einen Materialkomplex mit einer entsprechenden Alterskorrektur nochmals. Nun zeigte sich, daß die Geburtstage von Schizophrenen einigermaßen gleichmäßig übers ganze Jahr verteilt waren. Zum Zweck einer zweiten Probe analysierten sie dasselbe Material erneut, doch ohne die Alterskorrektur, dafür aber so, daß sie statt des Januars den Juli als ersten Monat des Jahres annahmen. Nun tauchte der Effekt der Geburtsjahreszeit wieder auf, doch mit dem Maximum an Geburten im Juni und Juli. Bei dieser Beweislage hat es den Anschein, als sei die Behauptung, wonach Geburtsjahreszeit und Schizophrenie zusammenhängen, unbegründet.

Körperliche Krankheiten

Hängt die Geburtszeit mit einer Anfälligkeit für physische Erkrankungen zusammen? In zumindest einem Fall ist es sicherlich so: Mütter, die sich während der Schwangerschaft mit Röteln anstecken, sind einem bedeutend höheren Risiko ausgesetzt, ein Kind mit Geburtsfehlern auf die Welt zu bringen. Da die Röteln am häufigsten im Spätwinter und zu Beginn des Frühjahrs auftreten und da sie sich ungefähr im dritten Schwangerschaftsmonat am stärksten auf das Ungeborene auswirken, kommt es zu einer Zunahme an Mißbildungen bei Kindern, die im Herbst geboren werden.

Der Mechanismus ist hier offenkundig, und er hat nichts mit Astrologie zu tun (könnte aber mit ihr in Zusammenhang gebracht werden, wenn wir es nicht besser wüßten). Es gibt aber Behauptungen darüber, daß bestimmte andere Krankheiten besonders häufig bei den im Winter Geborenen auftreten. Ein Gebiet, über das besonders viel geforscht wurde, ist der Krebs.

Eine sehr interessante Erörterung darüber legte John Addey vor, der zu den wissenschaftlichsten und angesehensten britischen Astrologen gehört. Sein Buch ›The Discrimination of Birthtypes‹ erschien 1974, und unsere Zusammenfassung der Publikation sei hier aufgenommen, da sie zeigt, wie überzeugend und eindrucksvoll astrologische Argumente sein können, selbst wenn sie sich, wie wir sehen werden, letzten Endes nicht aufrechterhalten lassen. Es mag ungerecht erscheinen, wenn ein einzelnes astrologisches Werk so herausgegriffen wird, aber andererseits ist es wichtig, wenigstens eine detaillierte Studie dieser Art vorzustellen. Wissenschaftlicher Tradition folgend, haben wir uns für eine besonders hervorragende Arbeit entschieden, nicht für die Art von Unsinn, die sich leicht in einem einzigen Absatz abtun läßt.

Addey zitiert zunächst zwei holländische Studien über die Geburtsdaten von Lungenkrebspatienten. Die eine, von B. K. S. Dijkstra, berücksichtigte 480 Fälle, und die andere, die

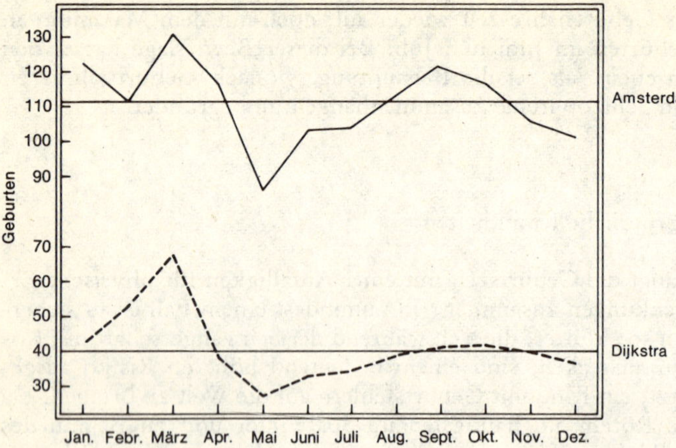

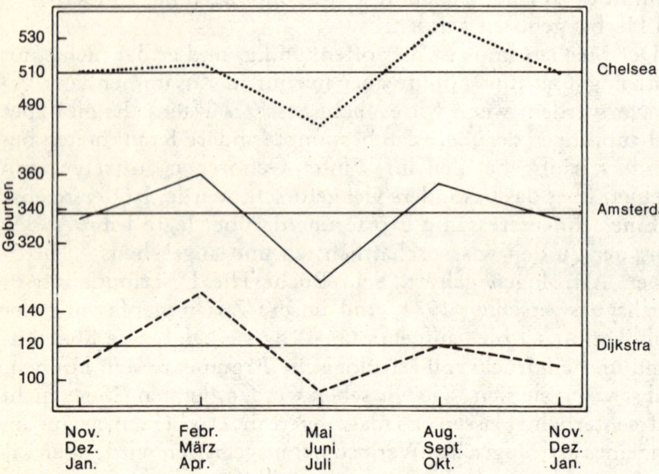

Nach der oberen Abbildung, die sich an zwei Studienkomplexe aus Holland hält, sind Krebspatienten häufiger im März geboren. Die untere Abbildung, in der die Resultate nach Jahreszeiten statt nach Einzelmonaten gruppiert sind, zeigt eine Tendenz dahin, daß in England Krebspatienten eher im Herbst als im Winter geboren sind. Doch das Gesamtmuster kommt dem in Holland gefundenen gleich. (Nach Addey, 1974)

mit einem in Amsterdam gesammelten Material arbeitete, behandelte die weit höhere Anzahl von 1320 Fällen. In der oberen Abbildung sind die Daten nach dem Geburtsmonat gruppiert, während die untere Abbildung dieselben Daten in der Aufteilung nach Jahreszeiten zeigt und darüber hinaus eine weitere Gruppe von 2042 Lungenkrebsfällen, die Davies (1963) in Chelsea, England, beobachtete. Addey zieht die Schlußfolgerung, daß »alles in allem viel für einen jahreszeitlichen Rhythmus der Krebsgeburten zu sprechen scheint.«

Er fährt fort, diese und andere Krankheiten im Sinn einer astrologischen Theorie zu erörtern, weil sich, wie er sagt, »all diese Fluktuationen auf die Harmonien kosmischer Perioden stützen«. Doch die Frage, die er nicht beantwortet, ist eben diejenige, mit der die Leser dieses Buchs inzwischen nur allzu vertraut sind: Halten die Ergebnisse einer Replikation mit weit größeren Stichproben stand? Das ganze Material wurde von Dalén (1975) neu gesichtet; werfen wir also einen Blick darauf, und arbeiten wir uns von älteren zu neueren Studien vor, ohne die von Addey erwähnten auszulassen.

In einem Überblick über 2829 Krebsfälle in Deutschland fand Stur (1953), daß eine kleinere Zahl der Patienten im Sommer geboren war – verglichen mit Menschen, die an anderen Krankheiten litten. In Holland zeigten die bereits besprochenen Studien, daß mehr Krebspatienten im Winter geboren waren; und andere Arbeiten über Lungenkrebs in Holland erbrachten nach einem Überblick von Allan (1964) ähnliche Resultate. Sogar eine Umkehrung des holländischen Trends findet sich, nämlich bei einer Stichprobe von 1242 Fällen in Australien (Nolting 1968), und das ist genau das, was man bei einem jahreszeitlichen Effekt erwarten dürfte.

So weit ist alles in sich stimmig und scheint der Hoffnung Nahrung zu geben, daß die Anzahl der Krebskranken sich senken ließe, wenn man Geburten mehr für den Sommer statt für den Winter einplanen könnte. Doch an eben diesem Punkt wird es schwierig.

Bailar und Gurian (1964) machten sich daran, die Hypothese zu überprüfen, nach der Krebs sehr früh im Leben durch einen Reizstoff verursacht wird, der mit den Jahreszeiten wechselt, wodurch ein Geburtsjahreszeiteneffekt erklärbar sein könnte. Werden beispielsweise neugeborene Kinder einer starken Sonnenbestrahlung ausgesetzt, könnte dies einen Krebsprozeß veranlassen, der erst viel später im Leben manifest wird. Anhand von Labortieren wurde nachgewiesen, daß bestimmte Viren oder Strahlenformen, die sehr früh im Leben wirken, später Krebs hervorrufen können. Bei einem Versuch, für diese Hypothese beim Menschen eine Bestätigung zu finden, überprüften Bailar und Gurian nahezu 20000 Krebstodesfälle in Connecticut während einer Zeitspanne von fünf Jahren. Es fand sich kein Geburtsjahreszeiteneffekt. Auch ergab sich kein solcher Effekt bei 2278 Fällen von Leukämie bei Kindern, vielleicht abgesehen von einem geringen, aber nicht signifikanten Überhang an Kindern, die im Spätsommer geboren wurden. Die bei dieser Studie ausgewertete Anzahl der Fälle ist mehr als zehnmal so hoch wie die der beiden holländischen Studien zusammen.

In englischen Arbeiten über den Lungenkrebs, die von Allan (1964) vorgestellt wurden, zeigten sich weitere negative Ergebnisse. Die Gefahr, die darin liegt, wenn man sich nur auf die Ergebnisse von gerade ein oder zwei Übersichten verläßt, verdeutlichen sehr gut Dean und andere (1977). Sie verglichen die monatlichen Geburtsraten zweier Krebspatientengruppen nach zwei voneinander unabhängigen Studien aus Frankreich bzw. Amerika, deren jede deutliche Unterschiede zwischen den verschiedenen Tierkreiszeichen aufzeigte. Das Problem war, daß die beiden Stichproben nicht miteinander übereinstimmten: in der ersten waren die meisten Fälle im Zeichen der Fische geboren, in der zweiten jedoch fielen die wenigsten Fälle in dieses Zeichen. Insgesamt war die Korrelation zwischen den beiden Datenkomplexen nur 0,1.

Nach alledem müssen wir den Schluß ziehen, daß das Beweismaterial dafür, daß sich Krebsfälle bei im Winter geborenen Menschen häufen, nicht in sich stimmig ist und, wenn überhaupt, nur für Holland zutrifft. Obwohl sicher einiges dafür spricht, daß die Geburtsjahreszeit gewisse wahrnehmbare Auswirkungen auf das spätere Leben hat, ist das Phänomen doch so gelagert, daß man es einmal wahrnimmt und einmal nicht. Zwei offensichtliche Ausnahmen bilden allerdings die hervorragenden Persönlichkeiten und die Schizophrenen, die beide eine Tendenz aufweisen, in der kältesten Zeit des Jahres geboren zu sein.

Diese beiden Verallgemeinerungen wurden als Bestätigung für die Jahreszeitenwirkungen angesehen, vor allem weil der Zusammenhang zwischen Ruhm und Schizophrenie mit einigermaßen gut untermauerten Theorien über die Beziehung von Genie und Wahnsinn übereinstimmt, zwischen denen die Begriffe für Originalität, der Kreativität und des unorthodoxen Verhaltens vermitteln. Leider bedeutet diese Verbindung, daß Eltern nicht einen hervorragenden Nachwuchs planen können, ohne zugleich Gefahr zu laufen, daß sie einen Schizophrenen zeugen – obwohl die Chance für beides natürlich nur gering ist. Allerdings hat sich, wie bei so vielen anderen Behauptungen in astrologischen Zusammenhängen, gezeigt, daß der Effekt der Geburtsjahreszeiten bei Schizophrenie (wiewohl nicht bei hoher Begabung) wahrscheinlich nichts als ein Artefakt ist, das sich aus Unzulänglichkeiten bei der Analyse des Materials ergab.

7. Zyklen und Sonnenflecken

> Wissenschaft ist das großartige Gegenmittel gegen das Gift der Begeisterung und des Aberglaubens.
>
> Adam Smith

Das Verdauungssystem des Einhorns

Eine Geschichte zur Warnung; sie heißt: »Wie entdeckt man die geheimen Rhythmen im Verdauungssystem des Einhorns?« Das Kunststück vollbrachte ein Zoologe an der Cornell University namens Lamont C. Cole (1957). Da er nicht in der Lage war, wirkliche Einhörner für sein Experiment zu bekommen, entschied er sich ersatzweise dafür, eine Reihe von Zufallszahlen zu benutzen, um damit die Stoffwechselveränderungen in dem fehlenden Tier darzustellen. Die Absicht der Studie war festzustellen, ob diese Zahlen dazu gebracht werden könnten, irgendein erkennbares Muster zu ergeben.

Zunächst einmal konstruierte Cole ein Diagramm, das fünf Tage im Leben des Einhorns abdeckte. Darin trug er seine Folge von Zahlen ein, die für die Stoffwechselraten während dieses Zeitraums einstanden. Es gab natürlich kein offenkundiges Muster, da die Zahlen wahrhaft zufällig waren. Um das Diagramm zu vereinfachen, errechnete Cole anschließend den Durchschnittswert von Zahlengruppen, doch noch immer trat kein Muster zutage. Es ist nicht vorstellbar, daß das Einhorn in der Tat ein derart zufallsbestimmtes Tier sein sollte, also setzte Cole seine Forschungen fort. Davon ausgehend, daß der Zyklus des Einhorns durchaus vom Mond bestimmt sein könnte, stimmte er seine Skala auf die Stunde des Mondaufgangs ab, und, siehe da!, ein unverkennbarer täglicher Rhythmus kam zum Vorschein. Als die Kurve »geglättet« wurde (eine gebräuchliche und zulässige statistische Maßnahme), wurde das Muster noch klarer und zeigte einen Höhepunkt der Stoffwechseltätigkeit in den frühen Morgenstunden und eine Talsohle zwölf Stunden später. Der Rhythmus im Tag eines Einhorns war endlich klar.

Cole gelang es natürlich zu zeigen, was er zeigen wollte: daß man nämlich, wenn man nur lange genug mit einer Zahlenfolge spielt, irgendwann einmal ein Muster aus ihr herausholen kann. Wie man so sagt: »Wer suchet, der findet.« Um sich gegen diesen Effekt abzusichern, sollte man vorab entscheiden, welche mathematische Behandlung des Materials zulässig sein soll, und nicht so lange unterschiedliche Verfahren ausprobieren, bis ein Muster erkennbar wird. Entdeckt man so eines, dann muß man die Studie mit einem neuen Materialsatz wiederholen und dabei genau dieselben Verfahren anwenden. Hätte Cole die gleichen Manipulationen mit einer neuen Folge von Zufallszahlen vorgenommen, wäre es höchst unwahrscheinlich gewesen, daß derselbe Rhythmus abermals zutage getreten wäre.

Es ist also recht leicht, in die Falle zu tappen und statistische Artefakte zu produzieren, die man dann fälschlich für die Rhythmen des Kosmos hält. Doch dies ist keineswegs der Beweis dafür, daß es keine echten Zyklen gibt, die sich auf menschliche Angelegenheiten auswirken können. Mark Twain formulierte das, was man die astrologische Hypothese nennen könnte, in unzweideutiger Weise: »Nach dem Gesetz der periodischen Wiederkehr muß etwas, das geschehen ist, wieder und wieder und wieder geschehen – und zwar nicht willkürlich, sondern in regelmäßigen Perioden ... dieselbe Natur, die durch periodische Wiederkehr am Himmel entzückt, ist auch die Natur, welche die Angelegenheiten auf Erden ordnet.«

Wir brauchen nicht einmal an die traditionelle Astrologie zu glauben, um anzuerkennen, daß es bestimmte Zyklen gibt, mit denen unser Leben eng verknüpft ist. Schlafen und Wachen, Aussaatzeit und Ernte hängen von den Bewegungen eines bestimmten Planeten um einen Fixstern ab. Könnte es andere Zyklen geben, deren Ursachen weniger offenkundig sind, deren Existenz sich jedoch mit dem Handwerkszeug der Naturwissenschaft nachweisen läßt und die sich vielleicht sogar in wissenschaftlichen Begriffen erklären lassen? Man hat schon viele derartige Zyklen genannt: Sie reichen von den Abläufen in einzelnen Körpern bis zu den umfassendsten Mustern der Geschichte. Werfen wir einen Blick auf die wahrscheinlichsten, und beginnen wir mit unserem eigenen Körper.

Biologische Rhythmen

Gay Gaer Luce (1971) hat das Belegmaterial über biologische Rhythmen zusammengefaßt. Tägliche Rhythmen wie Temperaturschwankungen, Veränderungen im Blutdruck und im Blutzuckerspiegel sind leicht zu beobachten. Die Körpertemperatur beispielsweise folgt einem Rhythmus, der für die meisten Menschen einen höchsten Wert während des Tages bringt und einen tiefsten Punkt mitten in der Nacht. Bei jedem einzelnen Menschen treten diese Höchst- und Tiefstwerte Tag für Tag etwa zu derselben Zeit auf, doch bei »Morgenmenschen« (gewöhnlich Introvertierte) tritt der Höchstwert eher am Vormittag auf, während er bei »Nachteulen« (gewöhnlich Extravertierte) in den Nachmittag oder den Abend fällt. Sportler können zu ihrem Vorteil ihre Schlaf- und Wachzeiten so einrichten, daß sie immer dann zum Wettkampf antreten, wenn sie ihre Tageshochform erreicht haben.

Die Beständigkeit derartiger Zyklen und ihr Widerstand gegen Veränderungen bereiten dem Fernreisenden Probleme. Die »Jet-Verzögerung« ist das Verharren des Körpers in seinen vorhandenen Rhythmen, obwohl sich unsere Schlafenszeit ändert, wenn wir in andere Zeitzonen kommen. Reisen Menschen auf die andere Seite der Erde, braucht ihr Temperaturzyklus ungefähr eine Woche, um sich umzukehren, und eine Zeitlang können die verschiedenen Körperzyklen aus dem Gleichgewicht kommen. Schlechte Schläfer scheinen übrigens ständig aus dem Gleichschritt mit ihrem eigenen Schlafzyklus gekommen zu sein, während ihr Temperaturzyklus zur falschen Zeit auf den Höhepunkt kommt.

Interessanterweise scheinen Menschen nicht von Natur aus in einem Vierundzwanzig-Stunden-Rhythmus zu leben, wenn sie allein der Führung ihrer eigenen »inneren Uhr« überlassen werden. Versuchspersonen, die über lange Zeiträume hinweg beobachtet wurden, während sie unter besonderen Umweltbedingungen, etwa in tiefen Höhlen, lebten, wo es keine Hinweise auf die Tageszeit gibt, verhielten sich individuell ganz verschieden, wobei der durchschnittliche »Tag« nahezu 25 Stunden dauerte. (Man hat mehrfach festgestellt, daß dies dem Mondzyklus nahekommt, ob es nun eine kausale Verknüpfung damit gibt oder nicht.)

Im Tagesverlauf scheinen diese Zyklen neben anderen Effekten verschiedene Grade der Ansprechbarkeit auf Drogen und andere Streßquellen zu unterschiedlichen Zeiten zu bewirken. In einer Versuchsreihe mit Ratten, die hohen Dosen von Röntgenstrahlen ausgesetzt wurden, starben diejenigen, die in der Nacht bestrahlt wurden, während diejenigen, die eine gleich hohe Dosis untertags erhielten, sämtlich überlebten. Ein anderes Experiment mit einer Überdosis von Benzedrin erbrachte ein ähnliches Ergebnis. Auch beim Menschen, so nimmt man an, hängt die Aufnahme schnell wirkender Medikamente von der Tageszeit ab, zu der sie verabreicht werden. Es ist ebenfalls denkbar, daß ein komplizierter chirurgischer Eingriff für den Patienten zu einem bestimmten Zeitpunkt in seinem Tageszyklus weniger risikoreich ist.

Es gibt auch längere Zyklen, die Wochen, Monate oder sogar Jahre umspannen, doch ist es natürlich schwieriger, sie zu beobachten. Viele Menschen haben einen Stimmungszyklus: Sie fühlen sich an bestimmten Tagen vitaler und kraftvoller als an anderen. Die durchschnittliche Länge solcher Stimmungszyklen beträgt bei Männern wie bei Frauen ungefähr fünf Wochen. Sie sind von Mensch zu Mensch ganz verschieden, wiewohl der Zyklus jedes einzelnen gewöhnlich ziemlich konstant bleibt. Es wird sogar behauptet, daß es für Dichter und Musiker einen Kreativitätszyklus gebe, der nach einer von Dewey und Mandino (1973) erwähnten Untersuchung eine durchschnittliche Dauer von 7,6 Monaten haben soll.

Man hat vielfältige Experimente ersonnen, um den Teil des Körpers zu bestimmen, der diese Zyklen hervorbringen könnte, doch bislang blieb man ohne Erfolg. Es ist auch nicht unmöglich, daß äußere Faktoren im Spiel sind, so etwa Veränderungen der Sonne und des Monds, der Barometerstand, die Schwerkraft, der Magnetismus und so fort. Wird ein Verbindungsglied dieser Art entdeckt, befinden wir uns auf dem Gebiet der Kosmobiologie.

Übrigens muß man unterscheiden zwischen echten biologischen Rhythmen und dem, was ihre Verfechter »Biorhythmen« nennen. Nach der Theorie der Biorhythmen haben wir alle einen 23-tägigen körperlichen Rhythmus, einen 28-tägigen emotionalen und einen 33-tägigen intellektuellen Rhythmus, die jeweils mit dem Tag unserer Geburt einsetzen. Kritische Tage träten auf, wenn die Zyklen von der positiven in die negative Phase überwechselten, und zu solchen Zeiten sei der betreffende Mensch besonders anfällig für Unfälle. Man kann Taschenrechner kaufen, mit deren Hilfe man seine guten und seine schlechten Tage ausrechnen und den Tag bestimmen kann, an dem alle drei Rhythmen zusammenfallen, was im 57. Lebensjahr der Fall sein soll. Es sind die Beweise genannt worden, die diese Theorie im Hinblick auf Betriebsunfälle, Baseball- und akademische Leistungen und die Beurteilung der eigenen Stimmung stützen sollen (Buttery und White, 1978). In diesen Fällen ist aber nie geprüft worden, ob die Versuchspersonen etwas von ihren vermeintlich guten oder schlechten Tagen wußten. Wenn auch nur einige von ihnen darüber Bescheid wußten, müßte man schließen, daß man es mit sich selbst erfüllenden Prophezeiungen zu tun hätte. Nach den Ergebnissen von korrekt durchgeführten Versuchsreihen – Persinger, Cooke und Janes haben sie beschrieben (1978) – läßt sich die Theorie der Biorhythmen jedenfalls nicht halten.

Zyklen in der Geschichte

Weniger ein innerer biologischer Rhythmus als eine äußere Ursache dürfte wohl die langen – sich über Jahre oder sogar Jahrzehnte erstreckenden – Zyklen auslösen, die einige Leute entdeckt haben wollen. Viele derartige Zyklen wurden beschrieben: 1940 gründete man in den Vereinigten Staaten die Foundation for the Study of Cycles mit dem Ziel, Zyklen zu erkennen, nach denen zukünftige Entwicklungen vorhersagbar würden. Der amerikanische Aktienmarkt war ein naheliegendes erstes Zielgebiet: Nichts konnte rascheren Gewinn einbringen als ein System, welches das Auf und Ab dieses Markts vorhersagen konnte. Die Foundation gab an, ein solches System entdeckt zu haben (Dewey und Mandino, 1973), doch unglücklicherweise mußte man so viele Zyklen von unterschiedlicher Länge übereinanderlegen, um zum Endergebnis zu kommen, daß die ganze Angelegenheit zu komplex und unhandlich wurde, als daß sie einen brauchbaren Anlageberater abgegeben hätte. Tatsächlich entdeckten die Forscher eine regelmäßige Entwicklung der Aktienpreise seit der Zeit des amerikanischen Bürgerkrieges, und sie behaupteten, man hätte, wenn man nur diesem Zyklus gefolgt wäre, sieben- von zehnmal mit Erfolg investieren können – bis zur Zeit des Zweiten Weltkriegs: Von dort an zeigte sich die Regelmäßigkeit nicht mehr.

Die Foundation for the Study of Cycles gab an, Tausende von Zyklen bestimmt zu haben, viele weitere wurden anderweitig beschrieben. Die meisten davon braucht man nicht ernst zu nehmen. Um ein Beispiel anzuführen: R. Collin stellte fest, daß die Kleidungsmoden regelmäßig in einem Rhythmus von 84 Jahren zwischen einem männlichen und einem weiblichen Erscheinungsbild wechseln (Dewey und Mandino 1973). Zum einen erfolgt eine solche Materialsammlung sicher unter sehr subjektiven Gesichtspunkten, zum anderen ist der historische Zeitraum, aus dem wir einigermaßen genaue Berichte über Moden haben, noch so kurz, daß die Anzahl der 84-Jahre-Perioden nicht sehr groß sein kann. Dies ist ein wichtiger Punkt. Die Überzeugungskraft einer jeden Zyklentheorie ist proportional zu der Anzahl von Zyklen, auf die sie sich berufen kann. Tritt ein Ergebnis drei- oder viermal in regelmäßigen Abständen ein, so läßt es sich leicht einem Zufall zuschreiben; eines, das mit gleicher Regelmäßigkeit hundertmal eintritt, kann man nicht so einfach ignorieren.

Ein merkwürdiger und interessanter Zyklus ist seit dem frühen achtzehnten Jahrhundert zu beobachten; er weist für die 25 Höhepunkte seither eine frappierende Regelmäßigkeit auf. Seit 1735 macht die Hudson Bay Company Aufzeichnungen über die Anzahl der von Trappern abgelieferten Luchsfelle.

Es gab riesige Unterschiede: Von weniger als 2000 Pelzen im Jahr bis zu mehr als 70000 und nahezu zweieinhalb Jahrhunderte lang hielt sich der Zyklus mit einer außergewöhnlichen Genauigkeit an eine Durchschnittslänge von 9,6 Jahren, wie die Abbildung erkennen läßt. Es erscheint sehr unwahrscheinlich,

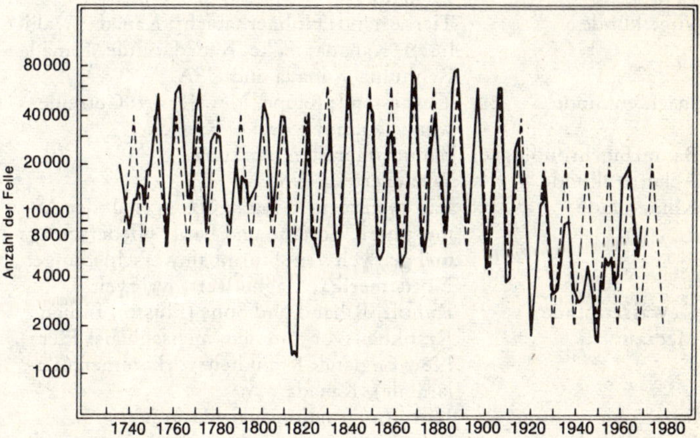

Der Zyklus im Vorkommen kanadischer Luchse von 1735–1969. Die gestrichelte Linie zeigt einen völlig regelmäßigen Zyklus von 9,6 Jahren an. (Der Maßstab auf der senkrechten Achse ist logarithmisch.) (Nach Dewey und Mandino, 1973)

daß sich ein derart regelmäßiger Rhythmus so lange aus reinem Zufall hält, aber man ist sich über seine Ursache nicht allgemein einig. Wahrscheinlich spiegelt die Spannweite eine periodische Zunahme und Abnahme der gesamten kanadischen Luchspopulation wider, nicht hingegen einen Zyklus in den Bemühungen der Trapper, und es ist interessant – wiewohl unerklärt –, daß ein ähnlicher Zyklus für viele Arten wildlebender Tiere und auch für eine Anzahl anderer Phänomene wie das Auftreten von Herzkrankheiten bestimmend zu sein scheint. Die Tabelle zeigt einige Beispiele.

Fachbereich	*Phänomen*
Säugetierkunde	Tierbestand: Buntfuchs, Kanada; Präriewolf, Kanada; Kreuzfuchs, Kanada; Fischmarder, Kanada; Luchs, Kanada; Marder, Kanada; Nerz, Kanada; Bisamratte, Kanada; Kaninchen, Nordamerika; Rotfuchs, Kanada; Silberfuchs, Kanada; Skunk, Kanada; Timberwolf, Kanada
Fischkunde	Lachsfang, Kanada; Tierbestand: Lachse, England
Vogelkunde	Tierbestand: Hühnerhabicht, Kanada; Waldhuhn, Kanada; Falke, Kanada; Eule, Kanada; Rebhuhn, Kanada und USA
Insektenkunde	Tierbestand: Raupe, New Jersey; Getreidewanze, Illinois; Zecke, Kanada
Baumringchronologie	Baumringbreiten, Arizona
Ackerbaukunde	Weizenertrag, USA
Klimakunde	Barometerdruck, Paris; Ozongehalt der Atmosphäre, London und Paris; Niederschlagsmenge, weltweit; Sturmbahnverschiebungen, Nordamerika; Magnetwert, weltweit
Gewässerkunde	Runoff, Rihand und Sone (Flüsse), Indien
Medizin	Krankheitsvorkommen (menschliches Herz), New England; Krankheitsvorkommen (Tularämie), Kanada
Soziologie	Krieg (internationale Schlachten)
Wirtschaftskunde	Baumwollpreise, USA; Finanzkrisen, Großbritannien.

Zyklen mit einer angeblichen Länge von 9,6 oder 9,7 Jahren. (Nach Dewey und Mandino, 1973)

Eine sehr auffällige Eigenschaft dieser Zyklen ist der Umstand, daß in derselben geographischen Breite sämtliche Zyklen derselben Länge zum gleichen Zeitpunkt umschlagen. Ferner verlagert sich der Höhepunkt des jeweiligen Zyklus auf einen immer späteren Zeitpunkt, je mehr man sich dem Äquator nähert: ein als »Breitendurchgang« bekannter Effekt. Der zeitliche Unterschied zwischen dem Pol und dem Äquator ist proportional zur Länge des betreffenden Zyklus und beträgt im Durchschnitt 0,7 Zyklen. Wie die Zyklen selber harrt dieses Phänomen noch der Erklärung – und es wird wie diese von modernen Forschern vernachlässigt. Wenn diese Phänomene einen realen Hintergrund haben, haben wir etwas vor uns, das nach weiterer Erforschung geradezu schreit. Eine Folge von Zyklen, die von großer Bedeutung für die Menschheit sein könnte, hängt mit dem Krieg zusammen. Wenn wir akzeptieren, daß er in mehr als dem bloßen Zufall seine Ursache hat, sollten wir versuchen, ihn zu verstehen, und uns auf den nächsten Höhepunkt vorbereiten, der diesmal ins Zeitalter der Kernwaffen fallen wird. Der einfachste dieser Kriegszyklen zeigt alle 142 Jahre einen besonderen Höhepunkt internationaler Schlachten, aber man hat auch drei kürzere Zyklen erkannt. Wenn man alle vier miteinander kombiniert und sie auf einen allgemeinen Auf- und Abwärts-Trend abstimmt, kann man zu einer mathematisch definierten Kurve gelangen, die dem tatsächlichen Muster der Schlachten mit recht hoher Genauigkeit folgt. (Die Abbildung auf S. 154 zeigt die beiden Zyklendarstellungen.)

Einer der drei kürzeren Zyklen hat dieselbe Länge wie der kanadische Luchszyklus, dem wir soeben begegnet sind. Ist dies von Bedeutung? Im Augenblick wissen wir es einfach nicht. Man hat auch behauptet, es gebe einen Kriegszyklus von 11,1 Jahren, und das entspricht der Durchschnittslänge des Zyklus der Sonnenflecken, also einem Phänomen von anerkannter Bedeutung.

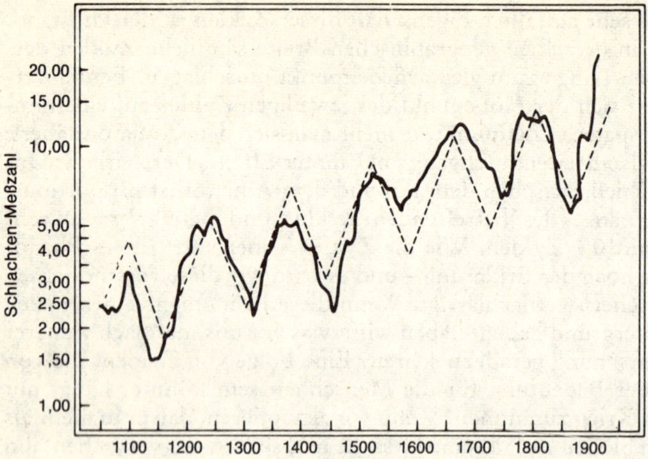

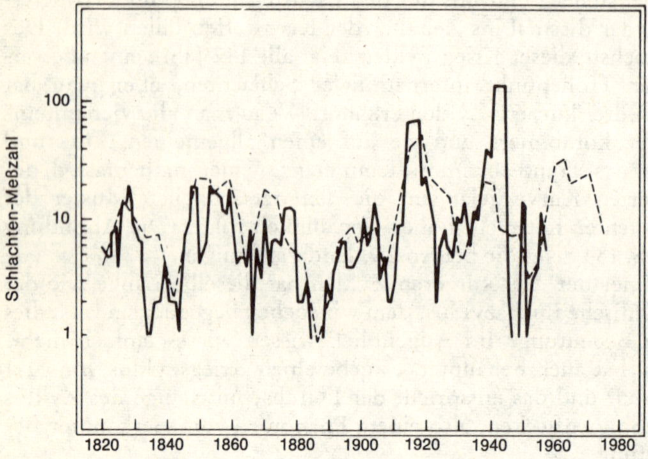

Die obere Zeichnung zeigt einen einfachen 142-Jahre-Zyklus (gestrichelte Linie), und es ist zu erkennen, daß die Anzahl internationaler Schlachten (durchgehende Linie) sich ganz eng daran hält. In der unteren Zeichnung zeigt die durchgehende Linie ebenfalls die Zahl internationaler Schlachten, diesmal für die näher zurückliegende Zeit seit 1820. Die gestrichelte Linie ist das Resultat einer Kombination des 142-Jahre-Zyklus mit drei verschiedenen kürzeren Rhythmen. Abermals ist die Übereinstimmung recht gut. (Die Skalen auf den beiden vertikalen Achsen sind logarithmisch.) (Nach Dewey und Mandino, 1973)

Es war der russische Historiker Tschijewskij – in vielen Disziplinen nahezu ein Genie –, der in der ersten Hälfte unseres Jahrhunderts anfing, zyklisches Eintreffen von Weltereignissen zu beobachten und nach Möglichkeit zum Sonnenfleckenzyklus in Beziehung zu setzen. Er sammelte Daten aus 72 Ländern, wobei er bis aufs Jahr 600 v. Chr. zurückging, und erfaßte nicht nur Kriege, sondern auch gesellschaftliche Umwälzungen wie Völkerwanderungen, Revolutionen und Epidemien. Gauquelin (1970) beschreibt diese Pionierforschungen. Sie wurden von modernen Wissenschaftlern kläglich vernachlässigt, und Tschijewskij selber wurde für seine Bemühungen schlecht belohnt. Stalin sandte ihn nach Sibirien, offensichtlich weil er behauptet hatte, daß die Sonne, nicht die Gesetze des dialektischen Materialismus, hinter den großen Umwälzungen der Geschichte stecke. Er wurde freigelassen, als Chruschtschow an die Macht kam, und starb wenig später.

Seit Tschijewskij ist vielfach und auf vielerlei Gebieten versucht worden, Sonnenflecken mit menschlichen Angelegenheiten in Beziehung zu setzen. Die Angelegenheit ist es durchaus wert, daß wir uns näher mit ihr beschäftigen. Ehe wir dies tun, wollen wir zunächst einen Blick auf das Wesen der Sonnenflekken selbst werfen.

Es ist selten, daß die Sonne einmal ohne Flecken ist, ja es können sich gleichzeitig mehrere hundert darauf befinden. Die größten dieser merkwürdigen dunklen Flecken bedecken zuweilen eine Fläche, die viele Male größer ist als die Erde, und man kann sie manchmal mit bloßem Auge sehen, wenn die Sonne dicht über dem Horizont steht und etwas durch Dunst oder Nebel verdeckt ist. Erstmals wurden diese Flecken von den Chinesen bemerkt, deren Aufzeichnungen darüber mehr als zweitausend Jahre zurückreichen; Galilei beobachtete sie 1610 durch sein Fernrohr. Da er erkannte, daß es gefährlich ist, unmittelbar in die Sonne zu blicken, zumal durch ein Fernrohr, entwickelte er eine Methode, die man heute noch anwendet: Er projizierte das Bild aus seinem Fernrohr auf einen Schirm.

Wir wissen heute, daß die Flecken ungewöhnlich kalte Gebiete auf der Sonnenoberfläche in Verbindung mit einer hohen magnetischen Intensität sind. Obgleich sie weniger sichtbares Licht ausstrahlen als ihre Umgebung auf der Sonne, senden sie große Mengen anderer Strahlen und magnetisch geladene Teilchen aus. Die Strahlung benötigt ungefähr acht Minuten, bis sie auf der Erde eintrifft, die geladenen Teilchen brauchen einen Tag oder mehr. Außerdem bewirken die Flecken eine Verstärkung des »Solarwinds«, der in einem unaufhörlichen Ausströmen ionisierten Gases von der Sonne besteht.

Wir wissen nicht, warum die Sonne Flecken hat, ja nicht einmal mit Sicherheit, was sie wirklich sind. Da die Sonne in Relation zur Erde rotiert (was sie einmal in 27 bis 28 Tagen tut), kommen die Flecken am Ostrand in Sicht, und wenn sich einer genau auf dem Rand befindet, bildet er etwas, das wie eine Vertiefung in der Oberfläche aussieht. Eine Theorie besagt, daß dies ein Strudel in der äußersten Gasschicht der Sonne sei, vergleichbar einem Tornado auf der Erde. Die meisten Astronomen sind heute davon überzeugt, daß es sich um kein wirkliches Loch handelt, sondern nur um etwas, das so aussieht wie eines und durch die Gase in der Mitte des Fleckens verursacht ist, der verhältnismäßig transparent ist. Sonnenflecken erscheinen und verschwinden ständig. Einige halten sich nur einige Tage, während andere länger als einen Monat vorhanden sein können, doch insgesamt erscheinen sie in einem zyklischen Ablauf, der im Durchschnitt alle 11,1 Jahre einen Höhepunkt erreicht. Der Zyklus ist unregelmäßig, und die Intervalle zwischen den Hö-

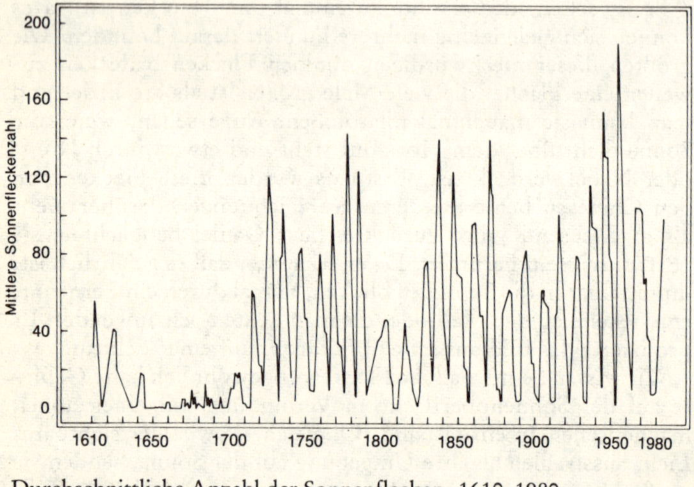

Durchschnittliche Anzahl der Sonnenflecken, 1610–1980.

hepunkten sind zwischen sieben und siebzehn Jahre lang, doch wechseln kurze und lange Intervalle sich regelmäßig ab, so daß sich die Balance wiederherstellt; über eine längere Zeitspanne hinweg ist die durchschnittliche Länge der Zyklen überraschend konstant.

Ein dänischer Astronom entdeckte als erster den Sonnenfleckenzyklus, Heinrich Schwabe dokumentierte ihn 1843. Wir können ihn nun mit recht großer Genauigkeit in die Vergangenheit zurückverfolgen, indem wir eine Kombination aus unmittelbaren Beobachtungen und der Messung des Kohlenstoffs 14 in Baumringen anwenden, durch den wir eine indirekte Maßeinheit für die Sonnenfleckenaktivität erhalten. Das Erscheinungsmuster seit 1610, als Galilei erstmals Sonnenflecken beobachtete, ist in der Abbildung dargestellt.

Zuweilen ist der Zyklus unterbrochen, und eine Zeitlang kommt es nicht zu den üblichen Höhepunkten. Dies war beispielsweise in der Zeit von 1645 bis 1715 der Fall, die unter der Bezeichnung »Maunder-Minimum« bekannt ist. (Benannt nach Walter Maunder, der als Direktor des Royal Greenwich Observatory in London in den neunziger Jahren des vorigen Jahrhunderts alte Aufzeichnungen durchging und entdeckte, daß für jene Zeitspanne keine Berichte über Sonnenflecken vorhanden waren.) Daß auch in den Jahren von 1400 bis 1510 keine Sonnenflecken zu sehen gewesen waren, hatte bereits der deutsche Astronom Gustav Spörer festgestellt. Die indirekten Methoden zum Aufspüren von Sonnenflecken, die seither entwickelt worden sind, bestätigen die Existenz der Spörer- und Maunder-Minima. Sie lassen auch erkennen, daß in den letzten 5000 Jahren ähnliche Minima ungefähr alle 500 Jahre auftraten (Eddy, 1976).

Sonnenflecken und das Wetter

Die von den Sonnenflecken ausgehenden Strahlungen und Teilchen haben ihre Auswirkungen auf der Erde. So wird das schöne und prächtige Schauspiel des Nordlichts (Aurora borealis) durch geladene Teilchen von der Sonne ausgelöst, das Gleiche gilt für Störungen im Kurzwellenfunk, auf die wir im nächsten Kapitel noch eingehen werden.

Es gibt auch Anzeichen dafür, daß das Wetter von Sonnenflecken beeinflußt sein kann, wobei Dinge wie Temperatur, Niederschlagsmenge und Luftdruck zusammen mit dem Sonnenfleckenzyklus über die Jahre hinweg wechseln. Die Übereinstimmung scheint allerdings ziemlich gering zu sein, und die Forschungsarbeiten auf diesem Gebiet sind noch lückenhaft (Pittock, 1978). Wir wollen einige Ergebnisse anführen, um zu zeigen, wie gearbeitet wurde und welche Möglichkeiten offen sind.

Schon 1801 vermutete Herschel, der Entdecker des Uranus, daß es einen Zusammenhang zwischen den Sonnenflecken und den durchschnittlichen Wetterverhältnissen in jedem Jahr geben könne. Er ging davon aus, daß sich gutes und schlechtes Wetter in niedrigen und hohen Preisen für Landwirtschaftserzeugnisse niederschlägt, und versuchte daher, eine Beziehung zwischen Weizenpreisen und Sonnenflecken herzustellen. Seine Ergebnisse waren nicht schlüssig. Das Gleiche gilt für Carrington und Jevons (ein Astronom und ein Wirtschaftswissenschaftler), die später im 19. Jahrhundert versuchten, die gleiche Beziehung zu entdecken.

Diese Studien erfaßten nur Großbritannien, einen Versuch jedoch, den gleichen Effekt für die weit größere Fläche der ganzen Vereinigten Staaten zu verfolgen, unternahmen Garcia-Mata und Shaffner (1934). Seltsamerweise korrelierte der Sonnenfleckenzyklus nicht mit landwirtschaftlichen Preisen, aber er korrelierte mit der amerikanischen Gesamtproduktion, die Ernten *ausgenommen.* Dieses merkwürdige Ergebnis harrt noch der Erklärung.

Eine ausgeklügelte Temperaturstudie wurde in neuerer Zeit in Eskaldemuir in Schottland durchgeführt, wobei man die Länge der »Vegetationszeit« als Index verwendete, nämlich die Anzahl von Tagen pro Jahr, an denen die Temperatur auf über 5,6 Grad Celsius anstieg. Die Ergebnisse sind in der Abbildung eingetragen, die in der Tat zweifellos einen Zusammenhang zwischen hohen Temperaturen und einer hohen Sonnenfleckenfrequenz erkennen läßt. Bestätigt sich dies insgesamt, dann sollte sich ergeben, daß kaltes Wetter zu Zeiten herrscht, in denen die Sonnenflecken selten sind. Anhand von Schätzungen über die durchschnittliche Jahrestemperatur in England hat Hughes (1977) nachgewiesen, daß dies zumindest für die Zeitspanne des Maunder-Minimums zutraf, das auch als »Kleine Eiszeit« bekannt ist.

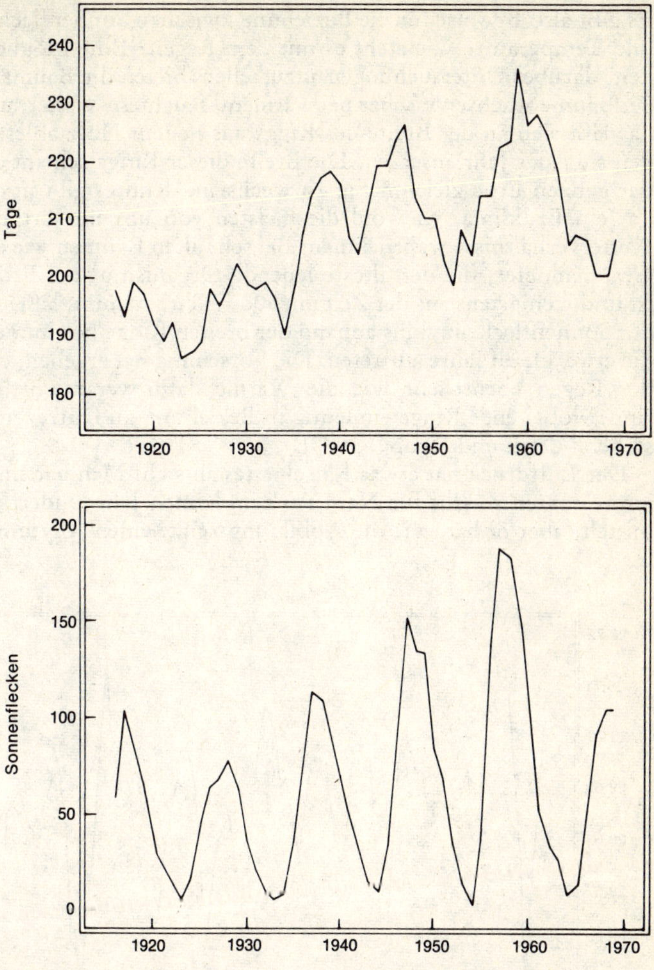

Die obere Kurve zeigt die Anzahl der Tage in der Vegetationszeit in Eskaldemuir, und die untere gibt die durchschnittliche Anzahl von Sonnenflecken pro Jahr an. (Nach King, 1973)

Es gibt also Beweise für die Beziehung zwischen Sonnenflecken und Temperatur. Wie steht es mit dem Regen? Eine Möglichkeit, darüber Untersuchungen anzustellen, bieten die Baumringe. Bäume wachsen rascher bei warmem, feuchtem Wetter, und das läßt sich an der Breite des Rings aus neuem Holz ablesen, den sie jedes Jahr ansetzen. Die Breite dieser Ringe scheint auf der ganzen Erde gleichmäßig zu wechseln, denn es gibt in der Tat ein Erdklima, wiewohl die meisten von uns nur örtliche Wetterverhältnisse wahrnehmen. Bei sehr alten Bäumen wie der Grannenkiefer, die der älteste lebende Organismus auf Erden ist und wenigstens aus der Zeit um 500 v. Chr. stammt, läßt sich der Sonnenfleckenzyklus anhand der breiten Ringe bestimmen, die etwa alle elf Jahre auftreten. Die Forschung hat ergeben, daß der Regen ebensosehr wie die Wärme dafür verantwortlich sind, wobei enge Ringe eindeutig in Beziehung zu Dürrezeiten stehen (Cook und Jacoby, 1977).

Der Luftdruck hat etwas Rätselhaftes an sich. Man hat einen interessanten Zyklus für New York im letzten Jahrhundert ermittelt, aber er hat, wie die Abbildung zeigt, einen Rhythmus

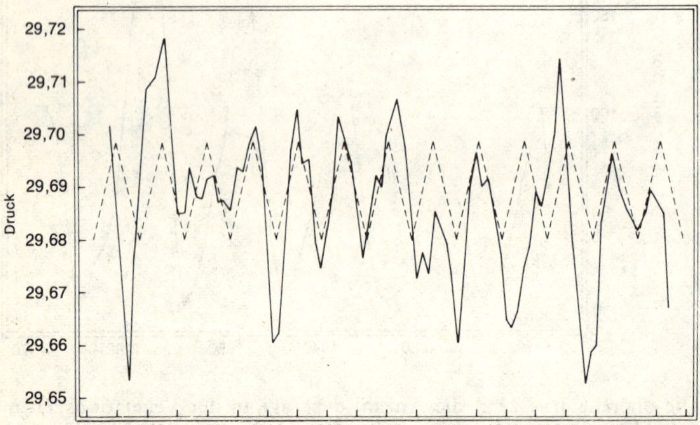

Der 7,6-Jahres-Zyklus des Luftdrucks in New York, 1874–1967. Die durchgezogene Linie zeigt den durchschnittlichen Druck in Queckinches für jedes Jahr. Die gestrichelte Linie stellt zu Vergleichszwecken einen regelmäßigen 7,6-Jahres-Zyklus dar. (Nach Dewey und Mandino, 1973)

von 7,6 Jahren, weshalb es, falls er mit dem Sonnenfleckenzyklus zusammenhängen sollte, andere verkomplizierende Einflüsse geben muß. Es gibt auch einige Ergebnisse aus Rußland und von der Halbinsel Malakka, die zeigen, daß der Luftdruck mit den Sonnenflecken wechselt: Zur Zeit der höchsten Sonnenfleckentätigkeit steigt er in Rußland, während er auf Malakka fällt.

Insgesamt müssen wir den Schluß ziehen, daß der Zusammenhang zwischen den Sonnenflecken und dem Wetter noch nicht eindeutig festgestellt ist. Angesichts sämtlicher Schwierigkeiten ist dies nicht verwunderlich. An jedem einzelnen Ort können lokale Verhältnisse jeden allgemeinen Effekt überlagern, so daß man die Erde als Ganzes zu studieren hat. Man muß auch über lange Zeitabschnitte hinweg nach Mustern Ausschau halten, so daß Wetterfluktuationen von Tag zu Tag ausgeschaltet werden; und selbst dann dürfte die Beziehung wahrscheinlich schwach sein. Darüber hinaus ist der Sonnenfleckenzyklus nicht völlig regelmäßig, sondern schwankt, wie wir gesehen haben, zwischen 7 und 17 Jahren. Man steht vor dem Problem, aus einem großen »Lärm« ein kleines »Signal« herauszuhören.

Das Wetter und wir

Es wäre interessant, mehr über die mögliche Auswirkung der Sonnenflecken auf das Wetter zu erfahren, und ganz gewiß wäre es aufschlußreich, mehr über den Einfluß zu wissen, den das Wetter auf unser Leben und unsere Emotionen ausübt. Über das Letztere wurde schon viel geschrieben, doch nur ein paar Studien haben zuverlässige Resultate erbracht. Es gibt einige Hinweise auf die jahreszeitlichen Auswirkungen. Seit dem frühen achtzehnten Jahrhundert weiß man, daß die Anzahl der in Irrenanstalten oder psychiatrischen Kliniken aufgenommenen Patienten im Sommer leicht ansteigt. Es hat den Anschein, als sei dies auf einen Höhepunkt in der Kurve der Psychosen, der Schizophrenie und der manisch-depressiven Störung zurückzuführen. (Andere mentale Störungen wechseln nicht auf diese Weise nach den Jahreszeiten.) Auch sieht es so aus, als gebe es einen Höhepunkt der Selbstmordkurve im Frühjahr neben einem etwas niedrigeren Höhepunkt im Herbst und einen herbstlichen Höhepunkt der Depression im Kindbett; es liegen aber noch nicht genügend Arbeiten vor, als daß sich Gründe für diese Erscheinungen angeben ließen. Von zwei interessanten Experimenten über die Auswirkungen des Wetters (das heißt nicht des jahreszeitlichen Klimas) berichtete Cunningham (1979). Wir alle sind an die Vorstellung gewöhnt, daß die Menschen fröhlicher sind, wenn die Sonne scheint. Cunningham entschloß sich zu fragen, ob sich das Verhalten der Menschen wirklich veränderte, wenn man es objektiv testen würde. So wurden beim ersten seiner Experimente Fußgänger auf einer Straße in Chicago angehalten und gebeten, bei der Beantwortung eines langen Fragebogens über gesellschaftliche Meinungen mitzuhelfen. Die Anzahl von Fragen, die jemand zu beantworten bereit war, wurde als Maßeinheit für seine Hilfsbereitschaft herangezogen, und dann analysierte man diese in Bezug zum Wetter. Das Experiment erfaßte Sommer- und Wintermonate, und in beiden Jahreszeiten war die signifikanteste Variable der Sonnenschein. Je mehr die Sonne schien, um so hilfsbereiter waren die Menschen. Dabei handelte es sich nicht einfach um eine Frage der Temperatur, denn die Menschen waren an kühleren Tagen im Sommer und an wärmeren Tagen im Winter hilfsbereiter.

Das zweite Experiment stellte eine Beziehung zwischen dem Wetter und der Größe der Trinkgelder her, die Kellnerinnen in einem Chicagoer Restaurant erhielten. Die Ergebnisse bestätigten die des ersten Experiments: Die Menschen gaben größere Trinkgelder, wenn die Sonne schien, wiewohl sie gegen die unmittelbaren Wirkungen des Sonnenscheins in einem voll klimatisierten Restaurant abgeschirmt waren.

Es gab auch einige interessante Studien über die Auswirkung bestimmter Winde. In verschiedenen Gegenden der Erde gibt es Tage, an denen ein heißer, trockener Wind weht, dessen Auswirkung auf die Menschen überall die gleiche sein soll: Dieser Wind kann Mattigkeit, Depressionen, Reizbarkeit, Schlaflosigkeit und sogar Übelkeit hervorrufen, er kann Migräne- und Asthmaanfälle auslösen und eine Zunahme von Selbstmorden und Verkehrsunfällen bewirken. In Italien ist dieser Wind als Scirocco bekannt, in Kanada als Chinook, in Kalifornien als Santa Ana, in Israel als Sharav, und in den europäischen Alpengebieten heißt er Föhn. Die beiden letztgenannten Phänomene bildeten den Gegenstand mehrerer Studien.

Die Behauptung über die Neigung zu Verkehrsunfällen wurde von Moos (1964) einer Prüfung unterzogen. Er befaßte sich mit den Verkehrsunfällen in Zürich in den Jahren 1958 bis 1961, gliederte sie nach Vier-Stunden-Perioden auf und stellte fest, daß die Zeiten der höchsten Raten in die Perioden während des Föhns oder davor fielen; in den Perioden nach dem Föhn und zu anderen Zeiten fanden weniger Unfälle statt. Gibt es dafür eine alternative Erklärung? Es handelte sich sicherlich nicht um eine Frage der Sichtverhältnisse, denn der Föhn bringt trockenes Wetter mit guter Sicht und klarem Himmel – nicht dagegen den Regen, den Schnee und den Nebel, die normalerweise für die Unfallhäufigkeit verantwortlich sind. Moos überprüfte sein Material, um sicherzustellen, daß das Föhnwetter nicht zufällig mit Stoßverkehrszeiten zusammenfiel, in denen die meisten Unfälle in Zürich zu geschehen pflegen, aber er fand heraus, daß die mit dem Föhn in Zusammenhang stehenden Unfälle während aller 24 Stunden des Tages vorkamen.

Man muß zugeben, daß der Effekt nur geringfügig war, doch eine andere Studie, nämlich über den Sharav in Israel, scheint ihn zu bestätigen und läßt einen möglichen Mechanismus erkennbar werden. Rim (1975, 1977) untersuchte die mit Gruppen von Stellungsbewerbern vorgenommenen psychologischen Tests und entdeckte, daß die an Sharav-Tagen getesteten Personen auf den Skalen für »Extraversion« und »Neurotizismus« merklich höhere Werte erreichten als eine Kontrollgruppe, die getestet wurde, als kein Sharav wehte. Auch nach bestimmten Intelligenzkriterien schnitten sie schlechter ab. Interessanterweise war eine Beeinträchtigung bei den Aufgaben festzustellen, bei denen es um Konzentration und Nachdenken ging; bei »eingelernten« Tätigkeiten wie arithmetischen oder Abschreibearbeiten war dies nicht der Fall.

Nun haben mehrere Studien gezeigt, daß sich Unfallneigung häufiger bei Menschen findet, die sowohl extravertiert wie emotional instabil sind (was in diesem Kontext mit dem Wort »neurotisch« gemeint ist). Es hat daher den Anschein, als habe der Sharav-Effekt die Persönlichkeiten der Versuchspersonen in Richtung auf Unfallneigung hin verschoben.

Rim versuchte, den Auswirkungen von Emotionalität und Ruhelosigkeit dadurch entgegenzuwirken, daß er an Sharav-Tagen der Atmosphäre künstlich negative Ionen zusetzte, da behauptet wird, der Sharav und der Föhn hingen mit einem Mangel an solchen Ionen zusammen (wiewohl wir keine klaren Beweise dafür gefunden haben). Die Ergebnisse bestätigten seine Theorie insofern, als die Versuchspersonen jetzt an Sharav- und gewöhnlichen Tagen gleiche Punktwerte erzielten. Doch die Sache hat einen Haken: Die Berichte machen nicht klar, ob angemessene Kontrollgruppen vorhanden waren, und falls die Versuchspersonen wußten, daß die Atmosphäre behandelt war, konnte sich das sehr wohl auf ihre Testresultate auswirken.

Eine andere Studie jedoch (Hawkins und Barker, 1978) stellte dies in Rechnung. Studenten wurden in einem Raum getestet, in dem die Luft entweder mit positiven oder mit negativen Ionen angereichert war, und man ging davon aus, daß sie nicht wußten, welcher Gruppe sie zugeteilt waren. Man stellte ihnen eine Reihe psychomotorischer Aufgaben, und es zeigte sich, daß ihre Leistung bei negativen Ionen besser ausfiel.

Wir wissen einfach noch nicht, was über die Ionenverteilung entscheidet, auch wenn wir wissen, daß die belebenden negativen Ionen in der Nähe des Meeres, von Wasserfällen und nach einem plötzlichen Regenguß gehäuft auftreten – vielleicht sagt man deshalb, der Regen »reinigt« die Luft. Die Studien, die wir angeführt haben, veranschaulichen die Möglichkeit, daß das Wetter psychologische Auswirkungen haben und daß die Ionenverteilung eines der Verbindungsglieder sein kann. Ob die Ionen ihrerseits durch kosmische Einflüsse (etwa durch Strahlungen oder durch geladene Teilchen, die auf der Erde eintreffen) in Mitleidenschaft gezogen werden, ist eine Frage, die erst in der Zukunft entschieden werden kann. Jedenfalls haben wir hier ein klares Beispiel für einen möglichen kosmobiologischen Effekt, auch wenn es sich um einen handelt, der in keinem eindeutigen Zusammenhang mit der traditionellen Astrologie steht.

Sonnenflecken und Psyche

Vor fünfzig Jahren behaupteten zwei deutsche Forscher, B. und T. Düll, Verbindungen zwischen verschiedenen Phänomenen wie Sonnenflecken, magnetischen Stürmen und Nordlichtern einerseits und menschlichen Schicksalen wie Tod infolge von Krankheit und Selbstmord andererseits nachweisen zu können. Beispielsweise berichteten sie über eine Zunahme der Selbstmorde um etwa 8 Prozent an Tagen mit ausgeprägter Sonnenfleckentätigkeit. Konnte das bedeuten, daß kosmische Ereignisse unmittelbar das menschliche Leben beeinflußten? Leider sammelten die Dülls ihr Material nicht sehr systematisch und analysierten ihre Ergebnisse auch nicht statistisch; moderne Forschungen haben überdies ihre Behauptungen nicht bestätigt.

Das gleiche gilt für die Annahme, daß Selbstmorde und Einlieferungen in psychiatrische Kliniken an Tagen mit starken magnetischen Störungen oder kosmischer Strahlenaktivität zunähmen. Pokorny und Mefferd (1966) untersuchten einige der interessanteren Arbeiten über diese Zusammenhänge und kamen zu der Schlußfolgerung, daß sich die Ergebnisse nicht wirklich halten ließen. Bei der Überprüfung einer solchen ganz plausiblen Studie verwendeten sie echte Angaben über Morde, Selbstmorde und Psychiatrieeinweisungen, ersetzten aber die Werte für magnetische Störungen durch Zufallszahlen. Dabei fanden sie heraus, daß sie mit denselben Methoden wie in der ursprünglichen Studie Ergebnisse erzielen konnten, die genauso überzeugend aussahen – wie es Cole mit seinen Einhörnern vorgeführt hatte.

Unfallneigung

Ein interessanter Forschungsbereich bringt elektromagnetische Störungen mit Unfallneigung in Zusammenhang. Tromp (1963) und Lynn (1971) beschreiben zwei in Deutschland vorgenommene Untersuchungen. Bei der einen analysierte R. Reiter 362000 Betriebsunfälle in einem Zeitraum von zwei Jahren und entdeckte eine Zunahme von 20 bis 25 Prozent an Tagen starker elektromagnetischer Störungen von der Art niederfrequenter elektrischer Wellen. Die zweite, gleichfalls von Reiter veranstaltete Studie ergab, daß Tage mit starken Störungen durch niederfrequente elektrische Wellen mit einer beträchtlichen Zunahme der Verkehrsunfälle korrelierten, von denen in einem Zeitabschnitt von einem Jahr 21000 berücksichtigt wurden. Ein ähnliches Resultat ergab sich aus den Arbeiten eines weiteren deutschen Forschers, R. Martini, über Betriebsunfälle, die sich auf Ungeschicklichkeit, Unaufmerksamkeit oder Nervosität auf seiten des Arbeiters zurückführen ließen, und nicht auf mechanische oder strukturelle Fehler. (Dies ist bei Gauquelin, 1971, beschrieben.)

Aufgrund einer eigenen Studie über den Zusammenhang zwischen Unfällen und magnetischen Störungen haben wir allen Grund, diese Behauptungen anzuzweifeln. Anhand von Unterlagen des UK Transport and Road Research Laboratory verglichen wir die Anzahl der täglichen Straßenverkehrsunfälle mit dem täglichen magnetischen Index des Institute of Geological Sciences am Hartland Magnetic Observatory in Devon. An den 365 Tagen des Jahrs 1979 korrelierten die Straßenverkehrsunfälle in Großbritannien umgekehrt (−0,19) mit dem Grad der magnetischen Störung. Mit anderen Worten: Es zeigte sich eine leichte Tendenz in der Richtung, daß magnetische Störungen mit weniger (nicht mit mehr) Unfällen einhergingen.

Falls es in der Tat eine Zunahme der Unfallneigung geben sollte, läge eine Erklärung in der Reaktionsgeschwindigkeit der Menschen. Während der Münchner Verkehrsausstellung 1953, die 71 Tage dauerte, wurden 53000 Besucher getestet, deren Reaktionsgeschwindigkeit sich an Tagen mit Störungen durch niedrigerfrequente elektrische Wellen verringerte. Dies ist ein höchst interessantes Resultat, und es ist schade, daß der Bericht uns nicht genügend Einzelheiten an die Hand gibt, die eine Auswertung ermöglichen.

Sonnenflecken und Gesundheit

Nach Tocquet (1951) stellte 1920 ein französischer Arzt namens Fauré fest, daß es zu Unterbrechungen der Telephonverbindungen zu eben der Zeit kam, da ihn seine Patienten am dringendsten benötigten: wenn sie nämlich Herzanfälle hatten. Nachdem er gelesen hatte, daß ein besonders schwerer Magnetsturm einen großen Zusammenbruch im Telephonnetz der Vereinigten Staaten bewirkt hatte, beschloß er, der Sache nachzugehen.

Zusammen mit einem anderen Arzt, Sardou, und einem Astronomen, Vallot, versuchte er, tödliche Fälle von Herzattacken mit Sonnenflecken, der vermutlichen Ursache von Magnetstürmen, in Zusammenhang zu bringen. In einer Zeitspanne von 267 Tagen stellte Vallot 25 Tage mit starker Sonnenfleckentätigkeit fest, und an diesen Tagen war die Sterblichkeitsrate unter den Patienten Faurés und Sardous doppelt so hoch wie an anderen Tagen.

Andere Forscher haben den gleichen Weg eingeschlagen, doch zumeist ist das von ihnen vorgelegte Material allzu skizzenhaft, und die betreffenden Zeitspannen sind zu kurz, als daß sich endgültige Schlüsse ziehen ließen. N. Romenskji beispielsweise stellte fest, daß Herzanfälle in Kliniken am Schwarzen Meer an einem Tag mit außergewöhnlicher Sonnenfleckentätigkeit aufs Zehnfache anstiegen; ein einzelner Tag mag zwar den Anstoß zu weiteren Forschungsarbeiten geben, aber beweisen kann man damit nichts.

Eine Studie, die einen längeren Zeitraum erfaßte, wurde von Malin und Srivastava (1979) in Indien durchgeführt. Sie beschäftigten sich mit 5000 akuten Fällen von Herzkrankheiten, die von 1967 bis 1972 in zwei Kliniken eingewiesen wurden, und setzten diese Daten mit dem täglichen Index der geomagnetischen Tätigkeit, der von der International Union of Geodesy and Geophysics veröffentlicht wurde, in Beziehung. (Wir erwähnten schon, daß die Magnettätigkeit der Erde zu Zeiten einer heftigen Sonnenfleckentätigkeit zunimmt.) Um jeden jahreszeitlichen Trend sowohl in den medizinischen wie den erd-

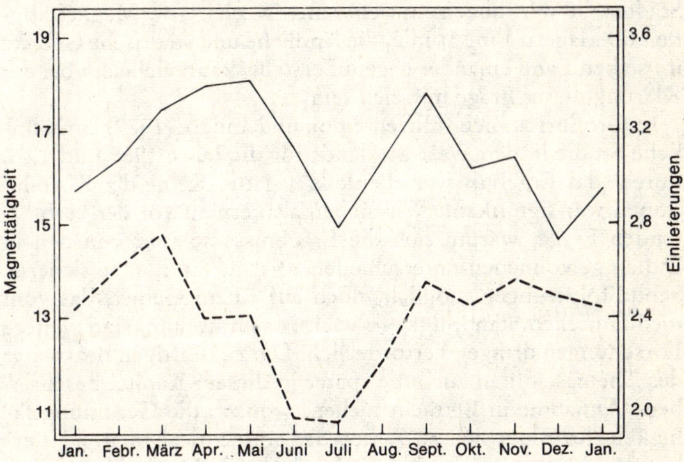

Die obere Linie zeigt die Magnettätigkeit in jedem Monat des Jahres, und zwar den Durchschnittswert für die ganze Sechs-Jahres-Periode (1967–1972). Die untere Kurve zeigt die tägliche Anzahl von Herzpatienten, die in die Notaufnahmestation gebracht wurden. Sie ist in gleicher Weise auf Durchschnittswerte gebracht. (Nach Malin und Srivastava, 1979)

magnetischen Zahlen auszuschließen, erarbeiteten die beiden Forscher die Korrelation für jeden Monat des Jahres gesondert, und dabei ergab sich ein sehr signifikantes Resultat: Die Korrelation bewegte sich zwischen 0,4 und 0,8. Die Abbildung auf S. 167 zeigt das Gesamtergebnis.

Das Ergebnis hätte noch klarer ausfallen können, wenn es möglich gewesen wäre, den jeweiligen Zeitpunkt der Herzanfälle selber auszuwerten, aber man kannte nur die Zeiten der Krankenhausaufnahmen. Immerhin scheinen die Befunde bemerkenswert eindeutig zu sein, und es ist verblüffend, daß eine ähnliche Studie in den Vereinigten Staaten keinen solchen Zusammenhang herausfand. Lipa, Sturrock und Rogot (1976) untersuchten Todesangaben des National Centre of Health und verglichen Herzattakken und Schlaganfälle aus den Jahren 1962 bis 1966 mit magnetischen Werten, fanden jedoch keine Anzeichen irgendeines Trends. Sie nahmen eine detaillierte Analyse dreier Großstadtgebiete vor, gingen aber leider nicht auf ländliche Gegenden ein; es ist leicht möglich, daß ein hohes Niveau künstlicher magnetischer Störungen durch Kraftwagen und Industrie in amerikanischen Städten die Wirkungen des weltweiten Wechsels der Magnettätigkeit überlagert. Eine Studie, die ländliche und städtische Gebiete im selben Land einander gegenüberstellt, kann vielleicht bei der Klärung dieser Frage hilfreich sein.

In Großbritannien führten Knox und andere (1979) eine ähnliche Studie in den West Midlands für die Jahre 1969 und 1970 durch; das Ergebnis war ebenfalls negativ. Keine der Korrelationen war signifikant. Wir stehen also erneut vor der verblüffenden Frage, warum sich die Ergebnisse so sehr von den in Indien gewonnenen unterschieden. Bislang sind keine sicheren Schlußfolgerungen möglich, doch auf einem Gebiet, das vom medizinischen Standpunkt so wichtig sein könnte, sind weitere Forschungen dringend erforderlich. Die zukünftigen Bearbeiter des Themas sollten auch die später in diesem Kapitel beschriebene Annahme in Betracht ziehen, wonach die Gerinnungsfähigkeit des Bluts sich zu Zeiten der Sonnenfleckentätigkeit erhöht – dadurch wäre eine Verbindung zu Herzschlägen und Herzattacken verständlich.

Man hat verschiedene andere Versuche unternommen, einen Zusammenhang zwischen Sonnenflecken und Krankheit zu finden. Die Dülls beispielsweise untersuchten die 1936 in Hamburg auftretende Tuberkulose; ihre Ergebnisse waren durchaus eindrucksvoll, durch spätere Versuche wurden sie aber weder ganz bestätigt noch widerlegt. Ein besser erklärbarer Zusammenhang zeigt sich bei Hautkrebs oder malignem Melanom. Houghton, Munster und Viola (1978) untersuchten 2983 Hautkrebsfälle von 1935 bis 1974 und stellten eine erhöhte Zahl von Fällen nach Höhepunkten in der Sonnenfleckentätigkeit fest – und zwar mit einer Verzögerung von zwei Jahren. Andere Krebsformen ließen keinen ähnlichen Zyklus erkennen. Nun gibt es Beweise dafür, daß die Wahrscheinlichkeit, an Hautkrebs zu erkranken, durch eine stärkere Bestrahlung mit ultraviolettem Sonnenlicht erhöht wird. Diese Strahlung erreicht ihre größte Intensität bei der höchsten Sonnenfleckentätigkeit. Eine mögliche Verbindung zwischen Hautkrebs und Sonnenflecken liegt also nahe, doch abermals erbringen spätere Untersuchungen jener Verbindung keine eindeutigen Ergebnisse.

Das gleiche gilt für den Anspruch Tschijewskijs (dem wir schon im Zusammenhang mit Kriegen begegnet sind), bei großen Epidemien wie Cholera, Diphterie, Typhus und Pocken einen Sonnenfleckenrhythmus aufgespürt zu haben. Er behauptete, daß Pestepidemien seit dem sechsten Jahrhundert bei Sonnenfleckenmaxima doppelt so oft auftraten wie bei Minima, was er auf eine schädliche kosmische Strahlung zurückführte. Ebenso glaubte er, daß sich, abgesehen von Kriegen, auch andere Anzeichen menschlicher Unruhe oder der »Massenerregung« wie Revolutionen und Völkerwanderungen an den Sonnenfleckenzyklus hielten. Seit dem Tod Tschijewskijs findet seine Arbeit eher bei den Sowjets Unterstützung als in der westlichen Forschung, aber es ist schwierig, sie zu beurteilen, da er seine Resultate in zusammengefaßter Form vorlegte und unentbehrliche Einzelheiten wegließ. Gerechterweise muß man auch sagen, daß es eine nahezu grenzenlose Vielfalt menschlicher Phänomene gibt, aus denen man auswählen kann, und jedermann, der ein Interesse hat, einen solaren Einfluß nachzuweisen, kann dies früher oder später einfach dadurch tun, daß er die richtigen Daten aussucht.

Chemische Reaktionen

Falls die Sonne oder ein anderer Himmelskörper einen Einfluß auf das menschliche Leben ausübt, muß es einen Mechanismus geben, durch den dies geschieht. Eine bestimmte Materie- oder

Energieübertragung muß stattfinden. Nach allem, was wir derzeit wissen, nehmen wir an, daß es sich um Energie in Form elektromagnetischer Strahlung handelt. Alle Arten der Strahlenenergie, die wir kennen – von den Radiowellen mit niedriger Frequenz über das Spektrum des sichtbaren Lichts bis zu den Röntgenstrahlen – sind Formen elektromagnetischer Strahlung. Wenn wir an eine neue Energieform glauben sollen, die der Wissenschaft oder der gewöhnlichen Beobachtung unbekannt ist und deren Wirkungen nur Astrologen und andere Fachleute für Okkultes zu erkennen vermögen, brauchen wir zunächst schlagkräftige Beweise für die Existenz einer solchen Kraft. Wir sollten niemals die Möglichkeit ausschließen, daß eine grundlegende neue Entdeckung dieser Art eines Tages gemacht werden könnte, aber die Wissenschaft entwickelt sich, indem sie versucht, neue Beobachtungen in den Rahmen des vorhandenen Wissens einzufügen. Sie ändert den Rahmen nur dann, wenn klar ist, daß es Phänomene gibt, die sich innerhalb seiner Begrenzung nicht beschreiben lassen. Wenn sich an einem windstillen Tag ein Grashalm vor unseren Augen plötzlich nach unten biegt, kann er natürlich von einer unbekannten kosmischen Kraft bewegt worden sein, aber wir sollten dies nicht annehmen, solange wir nicht sicher sind, daß nicht ein Regentropfen oder eine Ameise die Ursache war.

Es ist daher besonders interessant, auf Experimente zu stoßen, die so aussehen, als zeige sich die Auswirkung einer außerirdischen Strahlung auf chemische Prozesse der Art, wie sie sich etwa in unserem Körper abspielen. Eines der frappierendsten betrifft etwas sehr Gewöhnliches, nämlich den Gefrierpunkt des Wassers. Normalerweise gefriert Wasser bei 0 Grad Celsius, obwohl es Faktoren gibt, die sich verändernd darauf auswirken können, etwa Luftdruckschwankungen oder natürliche Bewegungen, die ein Gefrieren verhindern. Allerdings wurden auch merkwürdige Abweichungen festgestellt. Es gibt Zeiten, in denen es merklich niedrigerer Temperaturen bedarf, das Wasser gefrieren zu lassen, und wo es den Anschein hat, als sei dies nicht durch einen der bekannten Faktoren bewirkt. Zunächst wurden diese Abweichungen einfachen Fehlern zugeschrieben, doch um 1950 meinte der Berliner Bakteriologe Bortels, die Sache lohne eine Untersuchung. Er beobachtete reines Wasser in hermetisch abgeschlossenen Behältern und brachte so alle bekannten verändernden Ursachen unter Kontrolle. Es änderte sich nur die Temperatur des Wassers: Auch unter diesen Bedingungen verschob sich der Gefrierpunkt des Wassers von Tag zu Tag. Um zu prüfen, ob eine Strahlung von außen dafür verantwortlich sei, umgab Bortels die Behälter mit einem Metallschirm, der die Strahlung abhalten sollte. Die Veränderungen hörten auf.

Bortels vermutete, daß eine außerirdische Kraft am Werk sei, ein Gedanke, auf den schon ältere Experimente hingewiesen hatten. Einige befaßten sich mit Kolloiden, das sind feine, in einer Flüssigkeit schwebende Partikel. Kolloide sind interessant, weil sie einerseits besonders empfänglich für elektrische Effekte sind und weil sie andererseits an vielen Prozessen innerhalb eines Lebewesens beteiligt sind. Einen der ersten Versuche mit ihnen führte Findeisen (1943) durch, der berichtete, daß selbst dann bestimmte nicht-zufällige Schwankungen in ihrem Verhalten stattfänden, wenn sie unter gleichbleibenden Bedingungen in hermetisch-verschlossenen Gefäßen aufbewahrt würden.

Ein paar Jahre später stieß Giorgio Piccardi, ein italienischer Chemiker und Physiker an der Universität Florenz, auf eine ähnliche Erscheinung. Er untersuchte ein anorganisches Kolloid (Wismutoxychlorid) und beobachtete Veränderungen in der Geschwindigkeit, mit welcher Teilchen des Kolloids ausfällen, wenn Wismuttrioxyd in destilliertes Wasser gegossen wird. Zehn Jahre lang führte Piccardi tägliche Tests über die Reaktionsgeschwindigkeit des Wismutoxychlorids durch und verglich sie sowohl mit dem Auftreten besonderer Sonnenfleckeneruptionen wie dem elfjährigen Sonnenfleckenzyklus insgesamt. Die frappierenden Ergebnisse sind in den beiden folgenden Abbildungen dargestellt. Wenn die Lösung durch ein Kupferblech abgeschirmt war, wurde der Effekt gehemmt, wie es auch beim Experiment von Bortels der Fall war. Diese wichtigen Ergebnisse wurden von zahlreichen anderen Forschern in verschiedenen Weltgegenden repliziert.

Piccardi meinte, daß niederfrequente elektrische Wellen (denen wir im Zusammenhang mit der Unfallneigung begegnet sind) dafür verantwortlich sein könnten. Er stellte überdies fest, daß die Reaktionen, wie sie sich mit der Sonnenfleckentätigkeit veränderten, auch entsprechend der Jahreszeit wechselten; er meinte, dies sei deshalb der Fall, weil die Erde in ihrem Umlauf um die Sonne ihre Stellung zur galaktischen Strahlung und der Partikeln verändere, die ständig das Sonnensystem durchströmen.

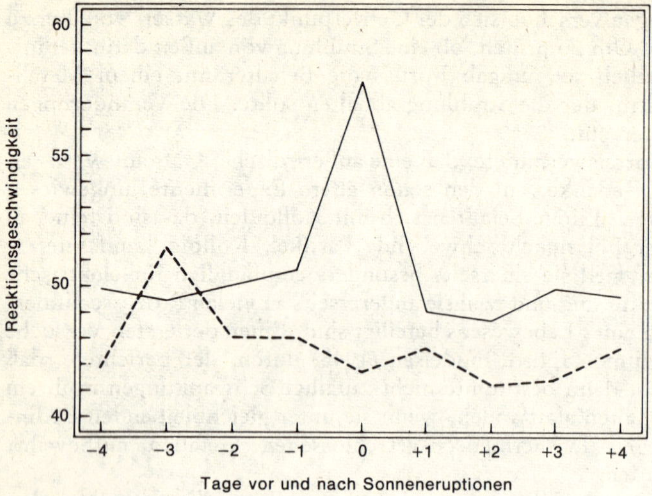

Die Auswirkungen von Sonneneruptionen auf chemische Reaktionen. Die beiden Kurven zeigen die Ausfällgeschwindigkeit von Wismutoxychlorid, wenn das Experiment ungeschützt (durchgezogene Linie) oder hinter einem Schutzschirm (gestrichelte Linie) stattfindet. Am Tag einer Sonneneruption (mit 0 bezeichnet) läßt der unabgeschirmte Test eine plötzliche Veränderung erkennen. (Nach Piccardi, 1962)

Wenn sich die Sonne so auf die chemische Interaktion zwischen Wasser und einem Kolloid auswirken kann, ist es auch möglich, daß sie eine ähnliche Wirkung auf Lebewesen, also auch auf uns selbst ausübt. Schließlich besteht der menschliche Körper zu ungefähr 65 Prozent aus Wasser, und die meisten Lebensprozesse beruhen, wie schon erwähnt, auf organischen Kolloiden. Überdies ist Wasser besonders empfänglich für Einflüsse wie Druckveränderungen bei Temperaturen zwischen 35 und 40 Grad Celsius, und in dieser Spanne bewegen sich die Körpertemperaturen der meisten Warmblüter.

Einige Forschungen legen in der Tat nahe, daß die Sonne auf diese Weise Einfluß auf Lebewesen nimmt. Gauquelin (1970) beschreibt ein Experiment, bei dem sich ergab, daß sich Mikroben bei Wetterveränderungen rascher vermehrten. Dies war keine Auswirkung der Temperaturen oder des Luftdrucks, die sorgfältig kontrolliert wurden, und die raschere Vermehrung

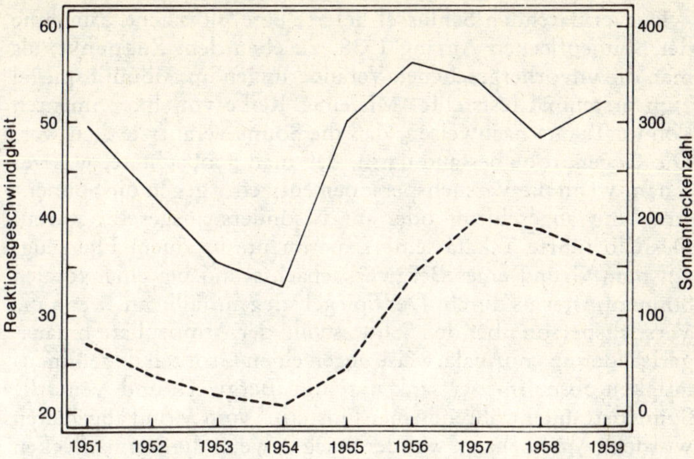

Die Geschwindigkeit chemischer Reaktionen als eine Funktion des elfjährigen Sonnenzyklus. Die durchgezogene Linie zeigt die durchschnittliche Ausfällgeschwindigkeit für jedes Jahr an, die gestrichelte hingegen die Anzahl der Sonnenflecken. (Nach Piccardi, 1962)

hörte auf, wenn man die Mikroben mit Eisen oder mit Blei abschirmte. Falls sich herausstellen sollte, daß die Aussagen Tschijewskijs und anderer zutreffen, wonach bestimmte Krankheiten bei Höhepunkten der Sonnenfleckentätigkeit häufiger auftreten, könnte sich hier ein möglicher Mechanismus abzeichnen.

Eine unmittelbare Einwirkung der Strahlung auf den menschlichen Körper bewies ein japanischer Hämatologe namens Maki Takata (1951). Die Moral seiner Untersuchungen scheint zu lauten: Wenn sich ein Bluter an einem Tag ohne Sonnenflecken in den Finger schneiden will, dann tue er es besser nicht hinter einem metallenen Schirm. Takata hatte früher schon eine Methode entwickelt, den Albuminspiegel im Blut zu messen, bekannt als »Takata-Reaktion«. Albumin ist ein organisches Kolloid, das zur Blutgerinnung notwendig ist. Man hatte stets angenommen, daß sein Spiegel bei Frauen entsprechend dem Menstruationszyklus schwanke. Takata fand heraus, daß er sich unerklärlicherweise auf andere Weise veränderte, und das selbst bei Männern, bei denen er eigentlich hätte konstant bleiben sollen.

Den erklärenden Schlüssel lieferte eine plötzliche Zunahme der Sonnenflecken Anfang 1938, zu eben dem Zeitpunkt, als man die unvorhergesehenen Veränderungen im Albuminspiegel zum erstenmal feststellte. Mit einer Reihe von Experimenten konnte Takata nachweisen, daß die Sonne verantwortlich war. Die Gegenprobe bestand darin, daß man beobachtete, was geschah, wenn die Versuchspersonen entweder gegen die Sonnenstrahlung abgeschirmt oder ihr besonders ausgesetzt waren. Deshalb führte Takata seine Experimente in einem Flugzeug, auf dem Grund eines Bergwerkschachts und bei einer totalen Sonnenfinsternis durch. Der Spiegel stieg auffällig an, wenn die Versuchsperson über den Schutzschild der Atmosphäre hinausgeriet, der uns normalerweise gegen einen Großteil der Sonnentätigkeit abschirmt; er sank unten im Bergwerk und wenn die Sonnenstrahlen während einer Finsternis vom Mond abgehalten wurden. Am höchsten war der Spiegel, wenn die Sonnenflecken genau gegenüber der Erde standen; indem er Menschen in verschiedenen Ländern gleichzeitig testete, konnte Takata auch nachweisen, daß die Veränderungen überall auf der Erde gleichzeitig stattfanden.

Röntgenstrahlen und Gammastrahlen ließen den Albuminspiegel verhältnismäßig unbeeinflußt. Nur die Sonnenstrahlung hatte eine so auffällige Wirkung. Ein möglicher Hinweis auf die Art der entscheidenden Strahlung ergab sich aus dem Umstand, daß der Spiegel auch unmittelbar vor Sonnenaufgang anstieg. Von niedriger frequenten elektrischen Wellen weiß man, daß sie um diese Zeit ebenso zunehmen wie während einer erhöhten Sonnenfleckentätigkeit.

Falls sich die Zunahme von Herzanfällen und Herzschlägen zu Sonnenfleckenzeiten schließlich bestätigen sollte, könnte die Entdeckung Takatas eine Erklärung dafür liefern. Sie wurde auch mit den unorganischen Kolloidreaktionen Piccardis in Verbindung gebracht, und zwar von Caroli und Pichotka (1954), die herausfanden, daß organische und anorganische Reaktionen sich gemeinsam veränderten. Ein weiteres Steinchen wurde von dem sowjetischen Hämatologen Schultz (1960) in das Mosaik eingefügt: Er setzte die Sonnentätigkeit in Beziehung zu bestimmten Arten weißer Blutkörperchen. Man veranstaltete Tests, bei denen 120000 Messungen an Personen in einem Kurort am Schwarzen Meer vorgenommen wurden; die Abbildung zeigt, wie sich die Zahl der Menschen mit einer besonders hohen Menge eines Typs von weißen Blutkörper-

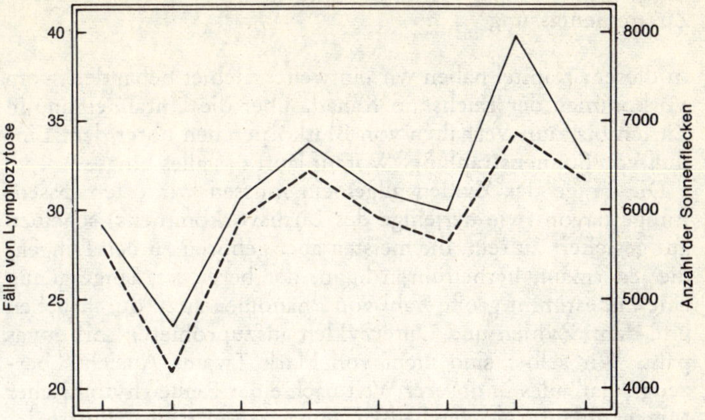

Sonnenflecken und weiße Blutkörperchen. Die durchgezogene Linie zeigt die Anzahl von Fällen an Lymphozytose, hervorgerufen durch einen Überschuß einer weißen Blutzellenart. Die gestrichelte Linie zeigt die Anzahl der Sonnenflecken von Januar bis August 1957. (Nach Schultz, 1960)

chen mit der Sonnenfleckentätigkeit veränderte. Andere Blutbestandteile nahmen ab, vor allem das Vorkommen von Leukopenie (die von einem Mangel an einem anderen Typus weißer Blutkörperchen herrührt) stieg auf mehr als das Doppelte an – nämlich von 13 auf 29 Prozent –, nachdem es eine heftige Sonneneruption gegeben hatte. Dies ereignete sich 1959, in dem Jahr, in dem das Auftreten von Sonnenflecken seinen höchsten Durchschnitt seit dem Beginn der genauen Aufzeichnungen im neunzehnten Jahrhundert erreichte.

Schließlich sollten wir eine Studie von Rothen (1976) erwähnen, der untersuchte, warum bestimmte immunologische Reaktionen auf Glasplättchen mit einer genauen 24-Stunden-Periodizität wechseln. Er stellte fest, daß ihre Aktivität während der Nacht konstant und hoch war, daß sie aber bei Sonnenaufgang ab- und bei Sonnenuntergang wieder zunahm. Abermals konnte man die Veränderung durch die Anbringung eines Metallschirms weithin ausschalten. Rothen deutete dies so, daß kosmische Strahlung aus dem Universum generell eine Beschleunigung von Reaktionen bewirkte, während die Sonnenstrahlung den gegenseitigen Effekt hatte, die Geschwindigkeit herabsetzte und tagsüber die allgemeine Strahlung überspielte.

Zusammenfassung

In diesem Kapitel haben wir ein weites Gebiet behandelt: vom Vorkommen der Luchse in Kanada über die Unfallneigung in Zürich bis zum Verhalten von Blutkörperchen unter dem Einfluß von Sonnenstrahlung. Worauf läuft das alles hinaus?

Die Frage der Zyklen allgemein müssen wir offen lassen. Einige davon (wie derjenige des Luchsvorkommens) scheinen gut gesichert zu sein, die meisten aber gehören zu den Dingen, die jedermann herbeiführen kann, der bereit ist, lange genug eine unbestimmt große Zahl von Phänomenen zu durchsuchen und dann Zyklen und Unterzyklen auszuprobieren, bis etwas paßt. Wir selber sind nicht von Mark Twains Ansicht überzeugt, daß alles in unserer Welt nach einer Reihe rhythmischer Muster abläuft, welche die Bewegungen des Kosmos widerspiegeln – wir werden den Gedanken an jene Einhörner nicht los.

Arbeiten über die Beziehung zwischen Sonnenflecken und dem Leben auf Erden scheinen plausiblere Ergebnisse zu liefern, und zumindest hier sind wir in der glücklichen Lage, daß wir einen klaren und gut bezeugten Zyklus haben, von dem wir ausgehen können. Sein Einfluß auf das Wetter ist noch nicht bekannt, und es mag sich vielleicht zeigen, daß er geringer ist, als die meisten Menschen angenommen haben, während wiederum der Einfluß des Wetters auf menschliche Emotionen der Gegenstand weniger wirklich zuverlässiger Studien war.

Das vielleicht interessanteste Gebiet ist das der unmittelbaren Einwirkungen der Sonnen- und der kosmischen Strahlung auf die Chemie des Lebens. Hier müssen wir, wie so oft in diesem Buch, bedauernd feststellen, daß interessante und gut durchgeführte Forschungsarbeiten mit wichtigen Resultaten nicht repliziert oder weiterverfolgt wurden – vielleicht, weil Wissenschaftler Angst davor haben, als Quacksalber etikettiert zu werden, wenn sie sich mit vermuteten Wirkungen beschäftigen, für die sich nicht sofort eine physikalische Erklärung findet.

Wo die Wissenschaftler sich nicht aufs Glatteis begeben wollten, sind die Astrologen losgestürmt, glauben gern an den Einfluß der Sonne und versichern daraufhin, daß die Sonnenstrahlung ihrerseits durch die Planetenbewegung beeinflußt sei. Dies ist eine verblüffende Behauptung, die aber nicht ganz der Beweise entbehrt. Dieser Frage werden wir uns als nächster zuwenden.

8. Planetenkräfte

> Vor der Zeit Keplers verkündete der Himmel die Ehre Gottes.
>
> George Santayana

Wenn Sonnenflecken uns beeinflussen und diese wiederum durch die Anziehungskraft der Planeten beeinflußt werden, dann liegt hier ein klarer und aufregender kosmobiologischer Zusammenhang vor. Wenn dann noch die Art und Weise, wie die Planeten ihren Einfluß ausüben, durch die Winkel bestimmt ist, die sie, von der Sonne oder von der Erde her gesehen, miteinander bilden – also durch ihre »Aspekte« –, dann kann die traditionelle Astrologie für sich in Anspruch nehmen, daß eine ihrer fundamentalen Konzeptionen eine erwiesene physikalische Grundlage hat.

Von Astrologen wird zu diesen Fragen häufig ein amerikanischer Rundfunkingenieur namens John Nelson zitiert. Er stützte seine Vorhersagen auf Planetenaspekte und behauptete, durch Sonnenflecken hervorgerufene Funkwellenstörungen mit einer Genauigkeit voraussagen zu können, die sich mit konventionellen Methoden nicht erzielen lasse. Diese Behauptungen waren überzeugend formuliert, und sie werden von Astrologen weithin akzeptiert. Es besteht kein Zweifel daran, daß sie Beachtung verdienen – weit mehr als ihnen Astronomen und die Rundfunkindustrie haben zuteil werden lassen. Um die Arbeit Nelsons zu verstehen, müssen wir uns zunächst das Verhalten der Sonnenflecken und die beiden Haupttheorien über ihre Enststehung näher ansehen.

Die Ursachen von Sonnenflecken

Sonnenflecken tauchen, wie wir schon gesehen haben, kontinuierlich an der Sonnenoberfläche auf und verschwinden wieder. Jeder dieser Flecken kann groß oder klein sein und sich längere oder kürzere Zeit halten: bis zu einem Monat bei Sonnenmaxima oder mehrere Monate lang bei Sonnenminima; jeder einzelne scheint sich allen Vorhersagen zu entziehen. Zusammengenommen jedoch treten sie in Mustern von einiger Regelmäßigkeit auf, und in diesen Mustern müssen wir nach Hinweisen auf ihren Ursprung suchen.

Sonnenflecken kommen paarweise oder in Gruppen von Paaren zu beiden Seiten des Sonnenäquators vor (wie die Erde dreht sich die Sonne um eine Achse, und sie hat infolgedessen Pole und einen Äquator). Zu Beginn eines der Elf-Jahres-Zyklen in der Sonnenfleckenaktivität tauchen die ersten in etwa 30 Grad nördlicher beziehungsweise südlicher Breite auf. Mit dem Fortschreiten des Zyklus erscheinen sie immer näher am Äquator, bis am Ende des einen Zyklus und zu Beginn des nächsten die neuen Flecken abermals in den 30-Grad-Breiten beobachtet werden können. Dieses Phänomen ist als »Breitendurchgang« bekannt (eine Bezeichnung, der wir im vorigen Kapitel im Zusammenhang mit Zyklen des Tierlebens auf der Erde begegneten). Die Abbildung zeigt, wie er abläuft.

Genaugenommen dauert ein vollständiger Zyklus durchschnittlich 22,2 Jahre, weil während des ganzen 11,1-Jahres-Zyklus die magnetische Polarität des Hauptflecks in jedem Paar in jeder Hemisphäre gleich und derjenigen des Hauptflecks in

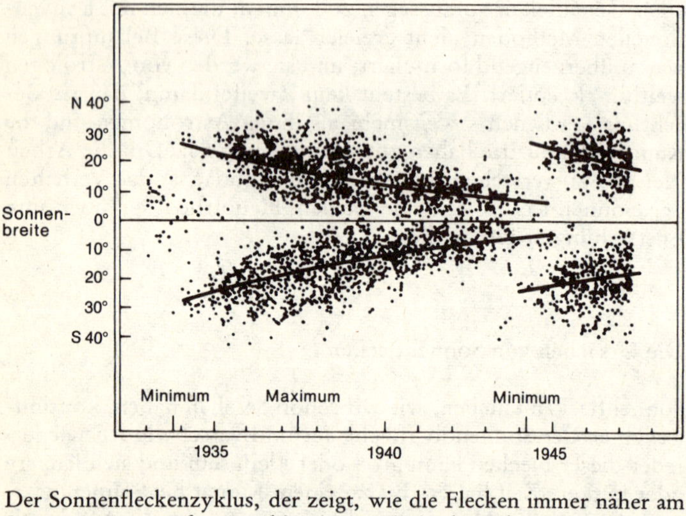

Der Sonnenfleckenzyklus, der zeigt, wie die Flecken immer näher am Sonnenäquator auftreten, bis sie zur Zeit des Aktivitätsminimums abermals in der Gegend von 30 Grad nördlich und südlich zu erscheinen beginnen. (Nach Abetti, 1963)

der anderen Hemisphäre entgegengesetzt ist. Zu Beginn eines neuen Zyklus kehren sich diese Polaritäten um.

Der Entstehungsprozeß von Sonnenflecken ist noch immer unbekannt, aber jede Theorie muß etliches, das wir kennen, berücksichtigen: den 11,1-Jahres-Zyklus, die Ruhepausen dazwischen wie das Maunder-Minimum, die Art und Weise, wie sich von Zyklus zu Zyklus die magnetische Polarität umkehrt, die Symmetrie in der Fleckenbildung zu beiden Seiten des Sonnenäquators, wie sie in der Abbildung zu erkennen ist, und schließlich das Phänomen des Breitendurchgangs.

Es gibt im Grunde zwei Haupttheorien. Die erste wird von den meisten Astronomen vertreten. Sie besagt, daß die Sonnenflecken durch einen inneren Vorgang in der Sonne verursacht werden, der wahrscheinlich etwas mit einer langsamen magnetischen Schwingung zu tun hat. Nach der zweiten Theorie werden die Sonnenflecken durch Kräfte verursacht, die von den Planeten auf die Sonne einwirken. Man sollte bedenken, daß es sich hier nicht unbedingt um eine strenge Entweder-oder-Entscheidung handeln muß. Es gibt keinen apriorischen Grund dafür, warum Sonnenflecken nicht durch einen Mechanismus innerhalb der Sonne erzeugt, aber in ihrem Rhythmus und in ihrer Bewegung von Planetenkräften beeinflußt sein sollen. Um eine Analogie anzuführen: Es wäre nicht richtig, wenn man sagte, die Art und Weise, wie sich die Erde im Raum dreht, löse die Winde in ihrer Atmosphäre aus. Die Energie, welche die Winde antreibt, stammt aus der Erwärmung der Luft am Äquator und aus ihrer Abkühlung an den Polen. Die Erddrehung beeinflußt aber die Richtung der Winde, so daß sich Zyklone auf der südlichen Hemisphäre im Uhrzeigersinn bewegen, im Norden aber entgegen dem Uhrzeigersinn. Etwas Ähnliches könnte im Prinzip auch auf die Sonnenflecken und die Planeten zutreffen. Die simpelste Erklärung zugunsten der Planetentheorie ist, daß es offenbar im weiten Umkreis keine anderen zyklischen Kräfte gibt. An die Planeten kann man zuerst denken, und in der Tat weisen bestimmte Planetenkombinationen Perioden auf, die denjenigen der Sonne sehr nahekommen. Es überrascht nicht, daß seit 1850 über hundert wissenschaftliche Arbeiten veröffentlicht wurden, die behaupten, eine entsprechende Verbindung gefunden zu haben.

Der wichtigste Einwand gegen diese Theorie ist, daß die Kräfte, die hier im Spiel sein sollen, viel zu schwach zu sein scheinen, als daß sie eine Wirkung ausüben könnten. Wahrscheinlich müßte es sich um Gravitationskräfte handeln, da sich die Planetenbewegung allein aus der Gravitation hinreichend erklären läßt. Irgendwelche elektromagnetischen oder sonstigen Kräfte dürften kaum nennenswerten Einfluß haben. Die von den Planeten ausgeübten Gravitationskräfte auf die Sonne machen nur eine Million Millionstel der Eigengravitation der Sonne aus; die Möglichkeit, daß sie einen signifikanten Einfluß ausüben könnten, ist genau so groß wie derjenige, daß ein einzelnes Sandkorn einen Jumbo-Jet aus dem Gleichgewicht bringt.

Allerdings ist es, wie Dean und andere (1977) deutlich machen, viel zu einfach, das Sonnensystem nur als eine Ansammlung kleiner träger Massen anzusehen, die eine große träge Masse umkreisen. Die Sonne ist gasförmig, rotiert am Äquator schneller als an den Polen, und ihre Rotationsebene weicht von der Ebene ab, auf der sich die anderen Massen bewegen. Bei komplexen und instabilen Verhältnissen kann eine sehr kleine Kraft ausreichen, um endgültig ein Ereignis auszulösen, das sich schon vorbereitet hat.

Auch ist die Frage des Drehmoments zu bedenken (also des Impulses, der ein Schwungrad in Bewegung hält). Wiewohl die Sonne bei weitem die größte Masse im Sonnensystem aufweist, ist sie nur zu 2 Prozent am Drehmoment des Systems beteiligt, während sich die übrigen 98 Prozent in den Planeten finden. Mörth und Schlamminger (1979) argumentieren, daß zwischen den Planeten wirksame Gravitationskräfte gegenseitig die Umlaufbahnen stören. Dies könne eine periodische Verlagerung des Drehmoments innerhalb des Sonnensystems verursachen; dadurch wiederum könne das Auftreten der Gaswirbel auf der Sonnenoberfläche beeinflußt werden, die eine verhältnismäßig geringe Trägheit aufweise und infolgedessen als erster Teil der Sonnenmaterie auf solche Kräfte reagiere.

Will man jedoch die planetarische Theorie der Sonnenflecken untermauern, muß man zunächst einen Planeten oder Planetenkombinationen aufzeigen, deren Umlaufperioden um die Sonne mit dem Rhythmus des Auftretens von Sonnenflecken, ihres Breitendurchgangs und ihrer gelegentlichen Ruhepausen wie des Maunder-Minimums übereinstimmen. Wir wollen nicht auf alle Planeten und Kombinationen eingehen, die dafür vorgeschlagen wurden (wie schon erwähnt, handelt es sich um eine große Zahl), sondern nur die Beobachtungen von Dean und anderen (1977) behandeln, weil sie zu sämtlichen hauptsächli-

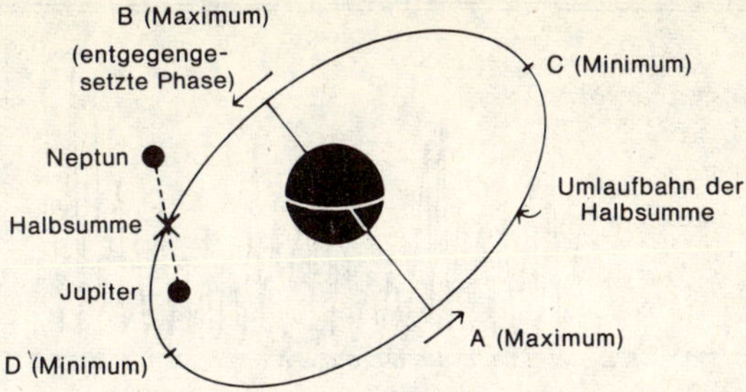

Die Halbsumme Jupiter/Neptun auf ihrer Umlaufbahn um die Sonne. Die Ebene, auf der diese Umlaufbahn liegt, ist gegen die Ebene des Sonnenäquators geneigt, so daß die Halbsumme nur an zwei Punkten, A und B, die Äquatorebene schneidet. Wenn sie diese beiden Punkte schneidet, erreicht der Sonnenfleckenzyklus sein Maximum.

chen Sonnenfleckenrhythmen zu passen scheinen und sorgfältig erarbeitet worden sind.

Dean führt aus, der Hauptfaktor sei eine starke planetarische Resonanz, deren Periodizität sich an die Bewegung der Mitte in der Verbindungslinie zwischen Jupiter und Neptun (der »Halbsumme« Jupiter/Neptun) hält: eine Bewegung, die in den ganzen 320 Jahren, aus denen Aufzeichnungen über die Sonnenflecken existieren, mit dem Sonnenfleckenzyklus übereinstimmte. Die Graphik zeigt, wie die Theorie aussieht; die Kurve gibt an, in welchem Maß sie mit dem tatsächlichen Rhythmus der Sonnenflecken übereinstimmt. Deans Vorschlag ist folgender: Die Halbsumme Jupiter/Neptun bewegt sich auf einer Umlaufbahn um die Sonne, doch die Ebene dieser Umlaufbahn ist nicht gleich der Ebene des Sonnenäquators. Also schneidet die Halbsumme die Äquatorebene nur an zwei Punkten, bezeichnet mit A und B, und das geschieht zu Zeiten der höchsten Aktivität im 11-Jahres-Sonnenfleckenzyklus. Die Zeiträume, in denen die Halbsumme am weitesten von der Ebene des Sonnenäquators entfernt ist, fallen mit den Minima der Sonnenfleckentätigkeit zusammen; dies zeigen die Dreiecke in der Abbildung auf S. 182 an.

Eine weitere Feinheit besteht darin, daß sich, wenn die Halbsumme durch Punkt A aufsteigt, der Sonnenfleckenzyklus in der einen Phase befindet (daß also beispielsweise die Hauptflekken nördlich des Sonnenäquators eine positive magnetische Po-

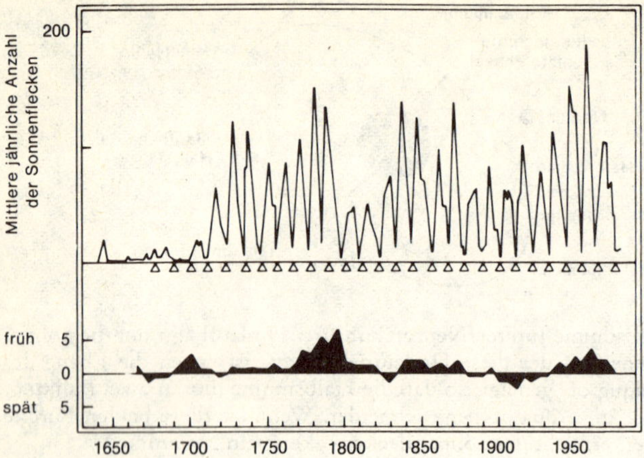

Die obere Linie des Diagramms zeigt die durchschnittliche jährliche Gesamtzahl der Sonnenflecken an, und die Dreiecke bezeichnen die Zeitpunkte, zu denen die Halbsumme Jupiter/Neptun am weitesten von der Ebene des Sonnenäquators entfernt war. Die untere (schwarz ausgefüllte) Kurve gibt an, um wieviele Jahre die Halbsumme, verglichen mit dem Sonnenfleckenzyklus, verspätet oder verfrüht war. (Nach Dean und andere, 1977)

larität aufweisen); wenn die Halbsumme hingegen durch Punkt B absteigt, befindet sich der Zyklus in seiner entgegengesetzten Phase.

Der bedeutsamste Teil von Deans Theorie besagt, daß die Umlaufperioden verschiedener Planeten oder von Halbsummen zwischen zwei oder drei Planeten »Harmonien« mit der Periode der Halbsumme Jupiter/Neptun bilden. (Darunter verstehen wir, daß die Perioden in einer einfachen arithmetischen Beziehung zueinander stehen. Beispielsweise können zwei vollständige Umläufe eines Planeten oder einer Halbsumme genauso lange dauern wie ein einziger anderer Umlauf; oder drei Umläufe können mit zwei anderen korrespondieren, und so fort.) Auf diese Weise »resonieren« die Auswirkungen verschiedener Planetenkombinationen, wobei es regelmäßig zu periodischen Höhepunkten kommt, wenn der kritische Punkt eines Umlaufs mit dem eines anderen zusammenfällt, und zu Tiefpunkten, wenn sie weit voneinander abweichen.

Die hauptsächliche »resonierende Frequenz« des Sonnensystems fällt mit der Umlaufperiode der Halbsumme Jupiter/Neptun zusammen, wodurch sich erklärt, warum der Sonnenfleckenzyklus 22 Jahre beträgt und keine andere Periodizität aufweist. Darüber hinaus zeigen die Phasen der einzelnen Planetenzyklen eine bemerkenswerte Tendenz, auf der Ebene des Sonnenäquators zeitlich zusammenzufallen; wenn sich beispielsweise Saturn auf dieser Ebene befindet, liegt jedesmal auch die Halbsumme Jupiter/Neptun darauf. Beobachtungen wie diese machen es einleuchtender, daß die Planeten Störungen auf der Sonnenoberfläche verursachen. Allerdings sind die Koinzidenzen nicht perfekt, und von Zeit zu Zeit fallen die verschiedenen Planetenkombinationen aus dem gemeinsamen Takt. Wenn dies geschieht, geraten auch der Rhythmus der Halbsummen Jupiter/Neptun und der Sonnenfleckenzyklus aus dem gemeinsamen Takt, wie das Diagramm zeigt. Die schlimmste »Entgleisung«, zwischen 1770 und 1800, fiel mit einer ungewöhnlichen Anzahl von konkurrierenden Planetenkombinationen zusammen.

Eine merkwürdige Kombination, die offenbar die Bedeutung des Sonnenäquators bestätigt, ist diejenige von Neptun und Pluto. Merkwürdig ist sie deshalb, weil Pluto sowohl klein wie weit entfernt von der Sonne ist; doch Dean erklärt, daß es wenigstens seit 2000 v. Chr. jedesmal, wenn Neptun und Pluto in Opposition zueinander standen und sie sich zugleich auf der Ebene des Sonnenäquators befanden, zu einer verlängerten Periode der Sonnenfleckentätigkeit kam.

Dean erwähnt auch andere Planetenkombinationen, deren Rhythmen offenbar in Beziehung zum Sonnenfleckenzyklus stehen; seine ganze Theorie scheint uns eine sehr ernsthafte Herausforderung an die moderne Astronomie zu sein. Dennoch wissen wir von keinem Versuch, seine Berechnungen zu replizieren, und auch von keiner Reaktion der Astronomen. Weil jedoch diese Frage von fundamentaler Bedeutung für die Astronomie ist, wird man sich ihr früher oder später stellen müssen.

Auf ähnliche Gleichgültigkeit stießen die Arbeiten John Nelsons über Planetenaspekte, Sonnenflecken und Radiowelleninterferenz, die wir zu Beginn dieses Kapitels erwähnten. Wenn sich Nelsons Angaben als begründet erweisen, verdienen seine Arbeiten fraglos eine sorgfältige Überprüfung, da sie die Überzeugung stützen könnten, daß es einen Zusammenhang zwischen Planetenrhythmen und dem Sonnenfleckenzyklus geben kann. Wir werden erst seine Methoden und Ergebnisse beschreiben, die wir anschließend bewerten wollen.

Der Kurzwellenfunk überbrückt allein deshalb große Entfernungen, weil die Wellen durch eine ionisierte Schicht in der Erdatmosphäre zurückgeworfen werden. Geschähe das nicht, würden sich diese Wellen weitgehend so wie Lichtwellen verhalten, die sich in gerader Richtung fortpflanzen und daher hinter dem Horizont nicht sichtbar sind. Man hat schon frühzeitig erkannt, daß sich der Zustand der Ionosphäre merklich auf die Qualität des Kurzwellenempfangs auswirkt und daß dieser Zustand sehr instabil ist. Er wechselt zwischen Tag und Nacht und verändert sich auch von Tag zu Tag, manchmal auf sehr ausgeprägte Weise. Bei ungünstigen Verhältnissen in der Ionosphäre ist der Kurzwellenempfang über weite Entfernungen manchmal so sehr gestört, daß es zu einem völligen Ausfall kommt.

In den Anfangszeiten des Rundfunks war bereits bekannt, daß die von Sonnenflecken ausgehenden Strahlen und geladenen Teilchen eine Wirkung auf diese ionisierte Schicht und daher auch auf den Kurzwellenfunk ausüben; 1946 unternahm es eine der größten Rundfunkanstalten der Welt, die Radio Corporation of America (RCA), dieser Sache weiter nachzugehen. Mit ihren rund hundert Kurzwellenstationen rings um die Erde konnte sie sich einen gewaltigen Gewinn von einer Lösung des Problems der Funkinterferenz versprechen, die sie manchmal tagelang hintereinander funktionsunfähig machte. Nachdem man nach einem Astronomen mit Funkerfahrung gesucht hatte, entschied man sich, die Aufgabe einem dem Betrieb angehörenden Rundfunkingenieur zu übertragen, der sich in seiner Freizeit mit Astronomie beschäftigte und sich sogar ein eigenes Fünfzehn-Zentimeter-Spiegelteleskop zur Beobachtung der Sterne zu Hause gebaut hatte. Dieser Mann war John Nelson. Nelson, der seiner Firma seit 1923 angehörte, wurde in die neue

Abteilung für Sonnen- und Ionosphärenerforschung versetzt und dort als »Kurzwellenausbreitungsanalytiker« geführt. Er nahm seine Forschungen 1946 auf und führte sie bis zu seiner Pensionierung 1968 fort; seither fungiert er als Berater der RCA. Seine Arbeit hat er in mehreren Aufsätzen und zwei Büchern beschrieben (Nelson, 1974 und 1978).

In den beiden ersten Jahren seiner neuen Tätigkeit beobachtete Nelson die Sonne und ihre Beziehung zu Funkstörungen. Indem er die Qualität des Funkempfangs mit der Anzahl der Flecken auf der Sonne Tag für Tag in Relation setzte, fand er die Bestätigung dafür, daß es einen Zusammenhang gab, obwohl er sich keineswegs gleichmäßig zeigte. Manchmal kam es zu einer Funkstörung, wenn keine Sonnenflecken zu erkennen waren, wobei es allerdings möglich war, daß »unentdeckbare« Sonnenflecken auf der hinteren Sonnenseite verantwortlich gewesen sein konnten. Merkwürdigerweise schienen manche Sonnenflecken sogar die Funkübertragung zu verbessern; dabei handelte es sich meist um große und stabile Flecken, die diese Wirkung wahrscheinlich wegen des gleichbleibenden Niveaus der entstehenden ultravioletten Strahlung erzielten.

Nelsons Interesse galt zunächst den Sonnenflecken, die die meisten Schwierigkeiten bereiteten und welche er »Einzelgängerflecken« nannte. Diese waren hauptsächlich neue und aktive Flecken, bei denen die Penumbra (der helle äußere Bereich) im Vergleich zur dunkleren Umbra in der Mitte klein war.

Es schien, als sammelten sich diese Einzelgängerflecken besonders an einer kritischen Stelle der Sonnenscheibe: von der Erde aus gesehen unmittelbar östlich von der Mitte. Während 405 verlorener Radiostunden in einer sechsmonatigen Periode im Jahr 1947 beobachtete man nicht weniger als 89 Prozent Einzelgängerflecken in diesem kritischen Gebiet oder in seinem Umkreis. Mit Hilfe dieser Information konnte Nelson vorhersagen, welche Sonnenflecken am wahrscheinlichsten eine Funkstörung verursachen mußten; und da die Geschwindigkeit der Erdbewegung um die Sonne und die Rotationsgeschwindigkeit der Sonne selber bekannt waren, konnte er auch vorhersagen, ob und wann ein Sonnenfleck im Begriff war, die »kritische Zone« zu erreichen.

Eine Komplikation bestand darin, daß ein Sonnenfleck zwei Wirkungen ausüben konnte; die eine, wenn er erstmals auftrat, was auch auf der hinteren Sonnenseite geschehen konnte, und dann wieder, wenn er der Erde in der »kritischen Zone« gegenüberstand. Die Vorhersage war eine komplexe Angelegenheit, doch wenn er alle seine Indikatoren zusammenfaßte, konnte Nelson mit einer Genauigkeit von 65 bis 70 Prozent die Funkbedingungen für die folgenden vierundzwanzig Stunden vorhersagen. Dies hielt man nicht für ausreichend, und nach zweijährigem Forschen begann Nelson nach einer anderen Lösung für das Problem Ausschau zu halten.

Er entschloß sich, der Theorie nachzugehen, daß Sonnenflekken über gezeitenweise auftretende (Gravitations-) Kräfte mit Planetenbewegungen zusammenhängen. Als Entgegnung auf den üblichen Einwand, daß diese Kräfte viel zu gering seien, brachte er vor, sie könnten immerhin groß genug sein, um sich zwar nicht auf die Sonne selber auszuwirken, aber auf die höchst instabile elektrisch geladene Atmosphäre, die sie umgibt. Falls die Planeten auch nur zum Teil für die Herausbildung des elfjährigen Sonnenfleckenzyklus verantwortlich waren, schien es nicht unvernünftig, wenn man fragte, ob sie auch einen Einfluß auf das Auftreten eines einzelnen Flecks hatten. Jedenfalls hielt Nelson die Theorie für erforschenswert, und er erhielt von der RCA die Genehmigung, seine Untersuchungen auf das Gebiet der planetarischen Einflüsse auszudehnen. Ohne es zu wissen, war er damit zu einem wissenschaftlichen Astrologen geworden.

Nelson begann diese neue Phase seiner Forschungen im Jahr 1949 damit, daß er mittels einer Ephemeride die Planetenpositionen für die damals und bis heute schlimmste Periode in der Geschichte der Funkwelleninterferenz feststellte. Sie begann in den späten Stunden des 23. März 1940 und wütete einen ganzen Monat lang, ehe sie genauso plötzlich, wie sie begonnen hatte, wieder aufhörte. In dieser Zeit herrschte fast ununterbrochen überall auf der Erde eine völlige Kurzwellenfunkstille. Die Abbildung zeigt die Planetenpositionen im Hinblick auf die Sonne für den Ostersonntag, den 24. März 1940, den ersten ganzen Tag dieses gewaltigen Magnetsturms. Nelson nannte dieses Diagramm den »Rosetta-Stein der Planetenpositionen«.

Betrachtet man dieses Diagramm im Licht von Nelsons späteren Forschungen, so weist es eine Anzahl kritischer Aspekte zwischen Planeten auf. Beispielsweise finden sich die folgenden »harten« Aspekte: Merkur in Opposition zu Jupiter und in Opposition zu Saturn übergehend; Venus in Konjunktion mit Pluto und in Quadrat mit Saturn; Mars in Quadrat mit Neptun. Es gab auch einen »weichen« Sextil- (60-Grad-) Win-

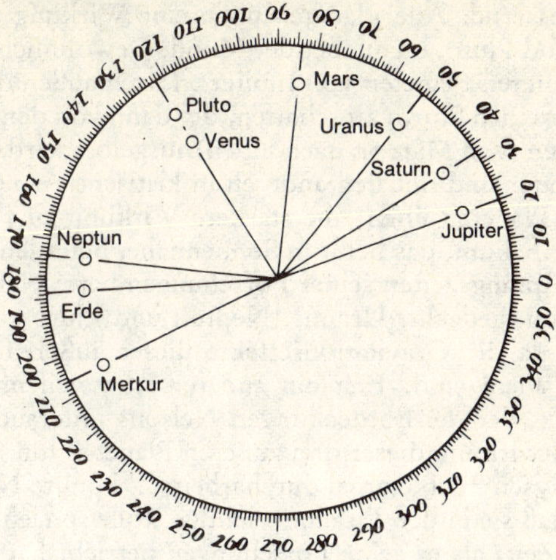

Die Planeten am 24. März 1940. Die Grade sind entgegen dem Uhrzeigersinn eingetragen und halten sich damit an die Richtung, in der sich die Planeten um die Sonne bewegen. (Nach Nelson, 1978)

kel zwischen Erde und Venus, von dem Nelson meinte, er hänge nur dann mit Funkstörungen zusammen, wenn er zusammen mit harten Aspekten auftrete.

Die Anzahl der genauen Winkel in diesem Diagramm überzeugte Nelson davon, daß er sich auf der richtigen Spur befand. Sofort untersuchte er die Aspekte für weitere Tage mit merklichen Störungen. Es zeigte sich das Auftreten immer wieder derselben Winkel. Dann wandte sich Nelson dem Zusammenhang zwischen Planetenpositionen und früheren Funkstörungen während einer Fünf-Jahres-Periode zu; beides bestätigte seine Analyse und lieferte ihm eine Anzahl von zusätzlichen Indikatoren für Funkstörungen. Diejenigen, die er zuletzt gelten ließ, wurden von Dean und anderen (1977) zusammengefaßt, und sie lassen sich kurz folgendermaßen skizzieren. Nahezu alle Funkstörungen sind mit harten Aspekten verknüpft, und das Ausmaß einer Störung ist ungefähr proportional der Anzahl der gleichzeitig vorhandenen Aspekte. Ein Trigon (120 Grad) oder ein Sextil wirkt verstärkend auf die Störung, wenn es zusammen mit einem harten Aspekt auftritt, andernfalls wirkt es eher verbessernd. Alle Planeten üben eine Wirkung aus, auch die Erde und Pluto, nicht aber der Mond. Gewöhnlich scheinen die langsameren Planeten von Jupiter an nach außen die Bedingungen für einen Sturm zu schaffen, der dann von den schnelleren Planeten (von Mars an nach innen) ausgelöst wird, wenn sie untereinander und mit den anderen in kritische Aspekte kommen. Die Planeten üben eine stärkere Wirkung aus, wenn sie sich in Perihelium, das heißt in Sonnennähe, befinden.

In den Anfangszeiten seiner Forschungen hatte Nelson nicht einmal daran gedacht, Uranus, Neptun und Pluto zu berücksichtigen, da die Gravitationseffekte dieser äußeren Planeten unendlich klein sind. Erst ein anderer Kurzwelleningenieur, John Clark, der die Entdeckungen Nelsons untersuchte, wies auf die Mitwirkung dieser drei äußeren Planeten hin. Indem er seine Analysen noch einmal durcharbeitete, konnte Nelson bestätigen, daß sie in der Tat eine wichtige Rolle spielen.

Zu der Zeit, als er seine Forschungen betrieb, hatte Nelson tägliche Vorhersagen für RCA gemacht. Er war schließlich Angestellter eines kommerziellen Unternehmens und verpflichtet, ihm jede praktische Unterstützung zukommen zu lassen, die aus seiner Forschung hervorging. Er hatte zweierlei Arten von Vorhersagen gemacht. Die erste Art machte er täglich für die folgenden vierundzwanzig Stunden. Dabei konnte er sich auf unmittelbare Sonnenfleckenbeobachtungen und sämtliche erreichbaren Ergebnisse der Ionosphärenanalyse wie auch auf seine Planetenaspekte stützen. Die zweite Art von Vorhersagen machte er gleichfalls täglich, doch für einen Monat später. Diese langfristige Vorhersage gründete sich hauptsächlich auf Planetenpositionen. (Wir wissen nichts über den genauen Anteil dessen, was in den Vorhersagen auf die Planeten zurückzuführen ist.)

Nelson behauptet, daß die Genauigkeit seiner kurzfristigen Vorhersagen von weniger als 70 Prozent auf etwa 80 Prozent anstieg, wenn er die inneren Planeten mit in Betracht zog, und auf mehr als 90 Prozent, wenn er auch noch die äußeren Planeten heranzog. Bis 1967 vermeldete er eine Genauigkeit von 90 Prozent für insgesamt 1460 Vorhersagen, und zwar bis auf einen Punkt genau innerhalb einer Sechs-Punkte-Skala für eine Funkqualität zwischen sehr schlecht und gut. Die Genauigkeit soll seither immer auf diesem Niveau geblieben sein. Darüber hinaus wurde die langfristige Vorhersage so genau – sie erreichte ein Niveau von nahezu 90 Prozent während einer mehr als zwölfjährigen Periode –, daß die kurzfristigen Vorhersagen nicht mehr fortgeführt wurden. Die Prognosen stützten sich jetzt beinahe vollständig auf die Planetenpositionen.

Nelson wußte, daß er in seinen Vorhersagen Fehler machte; er achtete bei einem Versuch, seine Methoden zu verbessern, sehr darauf, Prognosen, die sich nicht erfüllten, nachträglich nochmals zu analysieren. Zuweilen trat eine vorausgesagte Störung einen Tag früher oder später ein, und manchmal trat sie überhaupt nicht auf. Gelegentlich versäumte es Nelson auch vollständig, eine Störung zu prognostizieren. Nachträglich konnte er zuweilen erkennen, warum ein Fehler vorgekommen war. Die Vorhersage war komplizierter, als unsere verkürzte Darstellung erkennen läßt, und es war leicht, Variable zu übersehen. Doch oftmals gab es keinen ersichtlichen Grund für das Auftreten oder das Ausbleiben eines Magnetsturms. (Dies ist teilweise für die fehlenden 10 Prozent bei der 90-Prozent-Genauigkeit verantwortlich.) Für unsere Zwecke benötigen wir keinen Beweis für eine hundertprozentige Genauigkeit. Wenn die Astronomen recht haben und die Planeten wirklich keinen Einfluß auf die Sonnenflecken ausüben, dann dürften sich nach Nelsons Methoden keinerlei Aussagen machen lassen. Schon eine Genauigkeit von noch weit weniger als 90 Prozent spräche hinreichend für ihn – vorausgesetzt, sie läßt sich zumindest teilweise erhärten.

Die Beurteilung von Nelsons Arbeiten

Die Astrologen haben, was nur zu verständlich ist, Nelsons Arbeit als Beweis für die Wirklichkeit der Planetenaspekte willkommen geheißen, die einen so bedeutsamen Teil ihrer Methoden ausmachen. Wie sehen dies die Astronomen? Wir konnten keine eingehende Beurteilung finden. Ein führender Astronom freilich, der sich wenigstens mit den Schriften Nelsons vertraut gemacht hat, ist Abell (1979). Er verweist darauf, daß es schwierig sei, diese Arbeiten zu beurteilen, da die Vorhersagen, über die Planetenkonstellationen hinaus, weitere und konventionellere Kriterien anlegen; beispielsweise stellte Nelson Aufwärts- und Abwärtsbewegungen des Sonnenfleckenzyklus in Rechnung. Daher fand Abell »seine statistischen Analysen nicht überzeugend«. Leider unternahm er nicht den anschließenden

Schritt, seine eigenen Analysen anzustellen. Statt dessen berichtet er, daß das Vorhersagezentrum am Space Environmental Services Center in Boulder, Colorado, »seine (Nelsons) Methoden nicht brauchbar gefunden« habe. Offenbar hatte man die Ergebnisse Nelsons »informell« beurteilt und dabei festgestellt, seine »Treffer«-Kategorien seien zu großzügig, als daß sich die Genauigkeit seiner Techniken verifizieren lasse. Ähnlich schreiben Playfair und Hill (1978): »Wir müssen auch berichten, daß zwei uns bekannte Forscher ohne Erfolg versucht haben, seine Hauptergebnisse zu replizieren.« Allerdings sind in diesen Kritiken der Nelsonschen Arbeiten keine Details angeführt, wieso sie nicht überzeugend, nicht brauchbar oder nicht replizierbar sein sollen. Dies aber läßt die Kritiken ihrerseits nicht überzeugend aussehen.

Wie steht es mit Nelsons eigener Rechtfertigung seiner Methoden? Auch hier fehlen etliche wesentliche Angaben: Er führt verschiedene Beispiele besonders schlechter Tage an, an denen seine Aspekte eindeutig zutrafen. Obwohl dies ausreicht, um seine Theorie überprüfenswert zu machen, erweist es sie noch nicht als richtig. Es könnte sich auch um ein weiteres Beispiel dafür handeln, daß sich gewöhnlich dem Ansehen nach überzeugende Koinzidenzen finden lassen, wenn man nur lange genug nach ihnen sucht.

Statt Beispiele anzuführen, hätte Nelson etwas anderes tun sollen: Er hätte eine Tabelle vorlegen müssen, in der die Planetenwinkel an den, sagen wir, zwanzig gestörtesten Tagen in der Rundfunkgeschichte zusammengefaßt sind. Neben einer solchen Tabelle sollte eine weitere vorliegen, in der die gleichen Informationen enthalten sind, aber für zwanzig der am wenigsten gestörten Tage in der Rundfunkgeschichte; als Alternative könnte man zwanzig störungsfreie Tage anführen, die auf Zufallsbasis ausgewählt und nach Möglichkeit den gestörten Tagen im Hinblick auf Jahreszeit und Position im Sonnenfleckenzyklus »zugeordnet« sind. Bei einer solchen Kontrollinformation könnte man einen Wahrscheinlichkeitstest durchführen, um festzustellen, ob die Planetenwinkel an den gestörten Tagen signifikant von den Winkeln an den nicht-gestörten Tagen abwichen. Nur durch eine solche Analyse läßt sich auch der Skeptiker überzeugen.

Abgesehen von der Überprüfung der Planetenkonstellation für die gestörten Tage in der Rundfunkgeschichte sollte man auch Nelsons Vorhersagen in Augenschein nehmen. Es kann beispielsweise sein, daß Nelson imstande ist, etwas zu prognostizieren, ohne selbst genau zu wissen, wie er es anstellte. Eine unabhängige Verifikation der Genauigkeit seiner Voraussagen wäre ein wissenschaftlich akzeptabler Beweis. Obwohl sie vornehmlich für die RCA gemacht wurden und also vielleicht nicht so einfach für eine Überprüfung zur Verfügung stehen, wurden doch einige davon veröffentlicht; sie waren gewöhnlich Monate im voraus vorbereitet worden, damit der jeweilige Redaktionsschluß eingehalten werden konnte. So prognostizierte Nelson etwa drei Monate im voraus einen schweren Magnetsturm für die Zeit vom 19. bis zum 24. September 1977. Dies war eine seiner genau zutreffenden Vorhersagen, aber es handelt sich abermals nur um ein Beispiel, das, isoliert betrachtet, noch wenig Gewicht hat. Eine systematische Analyse sämtlicher veröffentlichter Prognosen Nelsons oder eine Zufallsauswahl aus ihnen käme einer Bestätigung oder Nicht-Bestätigung seiner Behauptung, eine Genauigkeit von 90 Prozent zu erreichen, sehr viel näher.

Da wir eine solche Überprüfung nirgendwo in der Literatur gefunden haben, haben wir selber eine vorgenommen. Einzelheiten über Nelsons Vorhersagen erhielten wir vom ›73 Magazine‹ für den Zeitraum vom 1. Januar 1979 bis zum 30. April 1980. Für jeden Tag dieser Periode (mit Ausnahme des Februar 1980) hatte Nelson ungefähr drei Monate im voraus prognostiziert, ob er ein guter, mittelmäßiger oder schlechter Tag für Rundfunkempfang sein werde. Wir erhielten außerdem (vom Institute of Geological Sciences Magnetic Observatory in Hartland, Devon) Auskünfte über den tatsächlichen Grad der magnetischen Störungen an jedem dieser Tage.

Für die untersuchten 457 Tage lag die Korrelation, die wir fanden, nahe bei Null (0,04). Dieses Resultat widerspricht vollkommen der Behauptung Nelsons, er sage mit einer Genauigkeit von 90 Prozent voraus – vorausgesetzt die Funk- und die magnetischen Störungen hängen miteinander zusammen. Wie kommt es zu diesem Widerspruch? In einem ersten Schritt überprüften wir wenige der Kritiken, die sich gegen unsere Analyse richten konnten.

Da Sonnenflecken bis zu einem Tag vor der durch sie bewirkten magnetischen Störung auf der Erde auftreten können, ist es möglich, daß bei den Prognosen Nelsons eine Verzögerung im Spiel ist: was für die Verhältnisse auf der Sonne an dem einen Tag zutrifft, mag am folgenden für die Funkbedingungen auf der Erde gelten. Um diese Möglichkeit zu prüfen, wiederholten wir die Analyse und verwendeten dabei Nelsons Vorhersage für den jeweils vorhergehenden Tag. Die Korrelation, die wir dabei erhielten, war etwas höher, doch noch nicht signifikant (0,07).

Eine andere Möglichkeit wäre, daß Nelson nur für schwere magnetische Störungen Prognosen machen konnte – in der Zeitspanne, die wir analysierten, kam es nur zu wenigen schweren Magnetstürmen. Für diese Vermutung schien einiges zu sprechen, da ein Vergleich von Nelsons Vorhersagen für Tage, an denen die magnetische Störung verhältnismäßig stark war, mit derjenigen für sehr ruhige Tage eine Differenz erkennen ließen, die statistisch knapp signifikant war. Die Ergebnisse waren allerdings noch immer nur geringfügig besser als die Zufallswahrscheinlichkeit und rückten Nelsons Behauptung, er erreiche einen hohen Grad von Genauigkeit, in ein zweifelhaftes Licht.

Wir schrieben an John Nelson und baten um seine Stellungnahme zu unserer Analyse. Er wies in seiner Antwort darauf hin, daß magnetische Störungen nicht so eng mit der Kurzwellenempfangsqualität zusammenhingen, wie gewöhnlich angenommen werde, und er schlug vor, wir sollten die Analyse wiederholen und dabei Angaben über die tatsächliche Funkqualität statt der Werte für magnetische Störungen verwenden. Er stellte uns Abschriften seiner für die RCA gemachten Vorhersagen zusammen mit Funkqualitätszahlen für den Nordatlantik zur Verfügung, die vom Central Radio Propagation Laboratory für die Zeit vom Februar 1964 bis zum Dezember 1965 veröffentlich worden waren.

Eine Analyse dieses Materials für die ersten 516 Tage des Zeitabschnitts (wir hatten keine Zeit, den ganzen Komplex des Materials zu analysieren) erbrachte Korrelationskoeffizienten, die geringfügig höher lagen als diejenigen, die sich bei der Benutzung der Magnetwerte ergeben hatten. Für seine RCA-Vorhersagen hatte Nelson getrennte Prognosen für die jeweils zwölf Stunden der Tag- und Nachtperioden erstellt, und wenn man diese Vorhersagen mit den tatsächlichen Zahlen für die Funkqualität verglich, kam man auf Koeffizienten, die leicht über dem Zufallsniveau lagen (0,23 beziehungsweise 0,11).

Dean (1981) hat ähnliche Analysen der Nelsonschen RCA-Prognosen für eine Periode von zwei Jahren und seiner Funkzeitschriftenvorhersagen für einen Zeitraum von elf Jahren, das heißt von insgesamt 4656 Vorhersagen, vorgenommen. Die bei dieser erschöpfenden Überprüfung gewonnenen Korrelationen erbrachten nicht die geringste Bestätigung für die Behauptungen Nelsons: Sie lagen zwischen -0,05 und 0,07. Der Durchschnitt lag beinahe genau beim Wahrscheinlichkeitswert (0,01).

Wie sollen wir diese Kluft zwischen den Behauptungen Nelsons und dem vernachlässigenswerten Erfolg seiner wirklichen Ergebnisse erklären? Er selber hat freundlicherweise Einzelheiten über die von RCA durchgeführten Rechnungen zur Verfügung gestellt, die die Ursache der Diskrepanz erklären.

Um die Genauigkeit von Nelsons Vorhersagen zu prüfen, wandte RCA eine Methode an, die das US Bureau of Standards entwickelt hatte. Diese Methode ist in einem von der International Union of Radio Science veröffentlichten Handbuch folgendermaßen beschrieben: »Eine Vorhersage gilt als erfolgreich, wenn sie von dem beobachteten Zahlenwert um nicht mehr als eine Einheit abweicht. Das Verhältnis von Erfolgen zur Gesamtzahl wird in Prozenten errechnet.«

Auch wenn diese Methode vom US Bureau of Standards gebilligt ist, ist sie in Wirklichkeit völlig unbrauchbar. Sie kann sehr leicht sehr irreführende Ergebnisse bewirken, weil sie keine Ausgangsbasis zur Verfügung stellt, anhand derer sich die Vorhersagen beurteilen lassen. Um ein extremes Beispiel anzuführen: Angenommen, ein Prognostiker sagt vorher, jeder Tag werde »gut« für den Funkempfang sein, dann wird sich bei der Anwendung jener Methode eine Genauigkeitsrate in der Nähe von 90 Prozent ergeben, da nahezu 90 Prozent aller Tage in der Tat »gut« sind. Wendet man eine herkömmliche Korrelationsanalyse auf dasselbe Material an, käme man auf einen Koeffizienten von Null, was eine bessere Einschätzung der wirklichen Genauigkeit gestattet.

Warum Institutionen wie das US Bureau of Standards eine untaugliche statistische Methode entwickeln, wenn zufriedenstellende Methoden bereits vorhanden sind, ist unerklärlich. Jedenfalls liefert die Anwendung dieser Methode die Erklärung dafür, wieso Nelson für seine Vorhersagen eine ungefähr neunzigprozentige Genauigkeit in Anspruch nehmen konnte.

Will man zu einem abschließenden Urteil über die Arbeit Nelsons kommen, ist ein weiterer Faktor in Betracht zu ziehen. Obgleich er behauptet, sich sehr weitgehend an die Planetenstellungen zu halten, wendet er auch konventionelle Vorhersagemethoden an. Beispielsweise gibt es einen 27-Tage-Zyklus wiederkehrender Magnetstürme in den Jahren vor Sonnenflekkenminima, an den man sich halten kann. Um Nelsons Arbeit zu verizifieren, müßte man zeigen können, daß sie zu besseren Ergebnissen führt als Vorhersagen, die sich nur auf diese konventionellen Methoden stützen. Die einzige Prüfung, die wir kennen, tut eben dies nicht. Dean (1981) hat die Genauigkeit der täglichen Vorhersagen des Central Radio Propagation Laboratory untersucht. In den Jahren von 1964 bis 1969 lag sie gleichbleibend bei 97 oder 98 Prozent, und das ist noch mehr als das, was Nelson für sich in Anspruch nahm. (Ähnlich betrug für 334 Tage im Jahr 1965 die Korrelation zwischen tatsächlichen und vorhergesagten Funkbedingungen 0,25, und für 335 Tage im Jahr 1964 betrug sie 0,55, und das ist auch mehr als das von Nelson Erreichte.) Allerdings arbeitete das Laboratory nur zwischen einem Tag und sieben Tagen im voraus, während Nelsons RCA-Prognosen zwischen zehn und vierzig Tagen vorher erstellt wurden; die Genauigkeit solcher Vorhersagen hängt vermutlich stark davon ab, wie lange im voraus sie gemacht werden. Immerhin kann man wenigstens dies sagen: Wenn Nelson auch nur von einigen konventionellen Methoden Gebrauch machte, könnten sie zur Genauigkeit seiner Ergebnisse beigetragen haben, die auf alle Fälle längst nicht so eindrucksvoll sind, wie sie zuerst ausgesehen haben.

Die letzte Hoffnung auf ein Wiederaufleben von Nelsons Theorie könnte in einer unmittelbaren Studie über den Zusammenhang zwischen Planetenstellungen und Funkbedingungen liegen, doch nach unseren Analysen der Nelsonschen Vorhersagen erscheint ein positives Ergebnis sehr unwahrscheinlich. Aus diesen traurigen Erkenntnissen ergibt sich zumindest eine klare Moral: Der ganze Wert einer Arbeit auf dem Gebiet der Astrologie und der Kosmobiologie kann von etwas abhängen, das dem Laien obskur und als rein technische Frage erscheint. Nelson mag durchaus zu Recht eine Genauigkeit von 90 Prozent für sich in Anspruch genommen haben (was sicherlich durchaus eindrucksvoll klingt), wenn man eine Beurteilungsmethode zugrundelegt, die (nicht weniger eindrucksvoll) vom US Bureau of Standard gebilligt ist. Aber wenn die Beurteilungsmethode in sich nicht stimmt, wird nur eine angemessene statistische Überprüfung die wahre Lage der Dinge enthüllen.

Schon aus diesem Grund lohnt es sich, die Arbeit Nelsons zu beschreiben. Sie ist aber auch von Bedeutung für die ganze Frage der Planeteneinflüsse, und das letzte Urteil über die allgemeinere Problemstellung ist, wie wir schon festgestellt haben, noch nicht gesprochen. Jedenfalls verdient es eine Arbeit, die unter den Anhängern der Astrologie auf so viel Interesse gestoßen ist, ausführlich beschrieben zu werden, und wir hoffen, daß das Ganze zumindest eine interessante Geschichte ergeben hat.

Eines muß noch hinzugefügt werden. Bei unserer Untersuchung der Arbeit Nelsons stießen wir auf eine merkwürdige Sache. Man hat offenbar immer angenommen, daß Magnetstörungen und Kurzwellenempfang miteinander zusammenhängen, und das ist eindeutig ein sehr wichtiger Umstand für jemanden, der auf dem betreffenden Gebiet arbeitet. Doch wurde der Sachverhalt überprüft? Und wie steht es um die Korrelation? Es überraschte uns, als wir feststellen mußten, daß offenbar keine entsprechenden Forschungen angestellt wurden – zumindest konnten wir keine entdecken. Einrichtungen wie der Ionospheric Prediction Service (in Slough, England) und die British Broadcasting Corporation konnten uns nur subjektive Meinungen anbieten, und diese schwankten zwischen der Behauptung, daß nahezu eine Eins-zu-eins-Korrespondenz bestehe, bis zur Abwertung der Beziehung als sehr gering. Da wir unsere erste Bewertung anhand des Materials vornehmen mußten, das Nelson geliefert hatte, kamen wir auf Korrelationen von 0,36 für Wellen in den Nachtstunden und 0,39 für solche am Tag. Wir legen diese wenigstens als einen Anfang vor – mit dem Hinweis, daß offensichtlich Wissenschaftler und Techniker nicht immer sorgfältig darauf achten, ihre eigenen Urteile auf Fakten und Zahlen zu stützen, auch wenn sie eifrig darauf bedacht sind, Astrologen eben diesen Fehler vorzuhalten.

Erdbeben

Die Vorhersage von katastrophalen Ereignissen war bei den Astrologen allezeit beliebt (beispielsweise ist das Wort »Disaster« von der griechischen Bezeichnung für einen Stern abgeleitet); eine Form der Katastrophe, die sie mit Planetenkräften in Zusammenhang bringen, sind Erdbeben.

Es gibt zahlreiche astrologische Studien über Erdbeben, doch die meisten davon sind nicht überzeugend. Der deutsche Physiker Rudolph Tomaschek beispielsweise verzeichnete die Planetenpositionen zum Zeitpunkt von 134 größeren Erdbeben und behauptete, eine Beziehung entdeckt zu haben (Tomaschek,

1959). Bestimmte Planeten, vornehmlich Uranus, Pluto und Jupiter hatten in auffälligem Maß harte Aspekte zur Zeit von Erdbeben: Man darf jedoch annehmen, daß von sämtlichen denkbaren Koinzidenzen einige einfach dank der Wahrscheinlichkeit als signifikant erscheinen. Tomaschek legte Berechnungen vor, wonach Uranus bei 15 von 23 Erdbeben in einer Zeitspanne von drei Jahren am Himmel stand und daß er 39 mal nicht weiter als eine Stunde vom Meridian entfernt war – verglichen mit einer Wahrscheinlichkeitserwartung von 22,3 Malen. Gauquelin (1975, persönliche Mitteilung) hat jedoch darauf hingewiesen, daß Tomaschek die Verzerrung aufgrund der Neigung der Erde zur Ebene der Ekliptik und die entsprechende Auswirkung auf die scheinbare Stellung von Uranus übersehen hat. Stellt man das aber in Rechnung, erscheint die Position von Uranus nicht mehr signifikant.

Ein Problem bei der Beurteilung des Wertes jeder astrologischen Erdbebentheorie ist die große Häufigkeit, mit der die Beben auftreten. Große, verheerende Erdstöße sind glücklicherweise nicht alltäglich, kleinere hingegen sind es. Im Durchschnitt erreignet sich jede halbe Minute irgendwo auf der Erde einer. Bei einer solchen Auswahlmöglichkeit dürfte es nicht schwerfallen, reichlich Erdbeben zu finden, die in jedes vorher ausgedachte Muster passen.

Immerhin gibt es ein paar Arbeiten hierzu, die einigermaßen überzeugend aussehen; die Abbildung zeigt eines der klareren Ergebnisse einer von Dewey und Mandino (1973) angeführten Arbeit. In diesem Fall ist der Zusammenhang mit Sonnenflekken hergestellt worden. Es lohnt, einige mögliche Mechanismen zu betrachten, die als verantwortlich für den Einfluß extraterrestrischer Ereignisse auf Erdbeben vorgeschlagen wurden.

Eine Möglichkeit, wie man beginnen kann, ist ein Blick auf Mondbeben. Seit den Apollo-Unternehmen, bei denen man seismische Stationen auf dem Trabanten zurückließ, wird die Mondoberfläche ständig beobachtet, und es scheint festzustehen, daß die Mondbeben häufiger auftreten, wenn die Erde dem Mond am nächsten oder am fernsten ist. Dies sind die Zeiten, zu denen die Erdgravitation die größte Gezeitenbelastung auf die Mondoberfläche ausübt. Ist es also möglich, daß der Mond umgekehrt Einfluß auf die Erde nimmt und, wenigstens in gewissem Maß, für den Rhythmus der Erdbeben verantwortlich ist? Wegen der relativen Größen der beiden Körper sollte man erwarten, daß die Wirkung des Monds auf die Erde viel geringer und daher viel

Erdbeben und Sonnenflecken, 1829–1896. Man beachte, daß der erste Zyklus sowohl bei den Sonnenflecken wie bei den Erdbeben kurz ist, der nächste bei beiden durchschnittlich, der dritte für beide lang, und so fort. (Nach Dewey und Mandino, 1973)

schwerer zu entdecken ist, doch viele Hunderte von Studien haben offenbar nur widersprüchliche Ergebnisse zuwegegebracht. Wenn es eine Mondwirkung gibt, können wir nur sagen, daß sie nicht gleichbleibend und weniger wichtig ist als andere Variable.

Wie steht es mit der Sonne und den Planeten? Gribbin und Plagemann (1974) haben einen Fall konstruiert, der eine Annahme eines Einflusses stützen sollte: Sie gehen dabei von dem Gedanken aus, daß dann, wenn einmal eine Spannung in einer geologischen Verwerfung aufgebaut ist, schon eine geringfügige Kraft ihre Entladung auslösen kann. Der Gedankengang, den diese Forscher vortragen, ist komplex, doch im Grunde bedeutet er, daß eine Planetenanordnung in einer Linie ein Gezeitenmaximum auf der Sonne verursacht, das eine Zunahme der Sonnenflecken und somit ein massives Eindringen von Partikeln in die obere Erdatmosphäre nach sich zieht. Dies führe dann zu ungewöhnlichen Bewegungen großer Luftmassen, was sich auf die Rotationsgeschwindigkeit der Erde auswirke und infolgedessen in instabilen Regionen Erdbeben auslöse. Die Autoren sagen, 1982 werde es zu einer großen Aufreihung von Planeten kommen, und die tektonische Bewegung entlang der San-Andreas-Fault in Kalifornien sei längst überfällig, daher sei 1982 ein großes Erdbeben wahrscheinlich.

Die Argumente Gribbins und Plagemanns wurden weithin und heftig von Astronomen wie etwa Meeus (1979) deshalb kritisiert, weil jedes Glied in ihrer Kette der Ereignisse nicht bewiesen oder von so geringer Wahrscheinlichkeit sei, daß die Gesamtwahrscheinlichkeit auf Null hinauslaufe. Glücklicherweise ist es nicht nötig, sich auf die technischen Einzelheiten der Auseinandersetzung einzulassen, weil zwei einfache Tatsachen die Dinge ins richtige Licht rücken.

Erstens gab es die angebliche Planetenkonstellation 1982 gar nicht. Nach Meeus erreichte der Sektor, der sämtliche neun Planeten enthielt, am 10. März als Minimum einen Winkel von 95 Grad, während der Winkel des Sektors, der die vier größten Planeten enthielt, im ganzen Jahr 1982 niemals geringer war als 60 Grad. Über 60 oder 95 Grad verbreitete Planeten bilden aber kaum eine Aufreihung in Gestalt einer Konjunktion.

Zweitens traten ähnliche »Aufreihungen« in der Vergangenheit häufig auf, und zwar in Abständen von ungefähr 179 Jahren. Falls sie in der Tat Erdbeben auslösen sollten, könnte eine Überprüfung der Erdbebenaufzeichnungen den Streit ein für allemal schlichten. Hughes (1977) zitiert eine Analyse chinesischer Erdbebenaufzeichnungen, die ununterbrochen von 640 v. Chr. bis heute geführt wurden, und darin findet sich kein Anzeichen für einen derartigen Effekt. Es fällt auf, daß von einer so einfachen Überprüfung im Buch Gribbins und Plagemanns nicht die Rede ist – und dies mit gutem Grund.

Als das Jahr 1982 vergangen war, hatte es natürlich kein großes Erdbeben in Kalifornien gegeben, und Gribbins hat die Unzulänglichkeit seiner Überlegungen bereits zugegeben.

Zumindest vorläufig müssen wir also den Schluß ziehen, daß Planetenkräfte offenbar keine eindeutig erkennbare Wirkung auf die Sonne oder unmittelbar auf die Erdoberfläche ausüben. Wollte man etwas anderes annehmen, müßte man Beweise haben, die überzeugender sind als das meiste von dem, was bisher vorgebracht wurde. Die einzigen wirklich vielversprechenden Studien betreffen den möglichen Zusammenhang zwischen den Planetenpositionen und dem Sonnenfleckenzyklus. Erweist es sich, daß ein derartiger Zusammenhang existiert, dann haben wir natürlich eine indirekte Verbindung zwischen den Planeten und allen Ereignissen auf der Erde, die in Beziehung zu Sonnenflecken stehen.

9. Der Mond

> Der Aberglaube gehört zum Wesen des Menschen und flüchtet sich, wenn man ihn ganz und gar zu verdrängen denkt, in die wunderlichsten Ecken und Winkel.
>
> J. W. von Goethe

Galileis Meinung über die Theorie, nach der die Gezeiten vom Mond verursacht seien, lautete kurz und bündig: »Astrologischer Unsinn.«

Es ist nicht genau bekannt, wie alt die Theorie ist. Oft wird sie Kepler zugeschrieben, doch schon Kopernikus oder sogar der antike griechische Philosoph Eratosthenes mag sie vorweggenommen haben. Interessant ist im Kontext dieses Buchs, daß das, was uns als ein ganz klarer Zusammenhang erscheint, so lange Zeit übersehen und, wenn es zur Sprache kam, heftig von hochgebildeten Menschen abgestritten wurde, die doch in der Lage gewesen sein mußten, einen Sachverhalt richtig einzuschätzen. Wir selbst sollten uns daher vor allzu unbekümmerter Skepsis genauso hüten wie vor der Leichtgläubigkeit.

Viele astrologische Lehren beschäftigen sich mit dem Mond und seinen vermuteten Auswirkungen auf Männer und Frauen. Wir werden einige der einleuchtenderen betrachten, aber ebenso einige kosmobiologische Gedanken anknüpfen, die sich nicht unbedingt in die traditionelle Astrologie einfügen. Es ist nur fair, den Leser im voraus darauf aufmerksam zu machen – da er sich inzwischen daran gewöhnt hat, daß wir viele faszinierende Theorien nur deshalb vorführen, um sie dann als falsch oder bestenfalls unbewiesen abzulehnen –, daß wir auch in diesem Kapitel keine unbekannten Schätze ausgraben werden. Es gibt sicherlich einige sehr interessante Ideen, die nicht von der Hand zu weisen sind, doch gilt allgemein, daß sie sich, je beweisbarer sie sind, um so weiter von allem entfernen, das man normalerweise mit Astrologie bezeichnet. Immerhin darf keine Kritik der Astrologie einen so naheliegenden Gegenstand wie den Mond übergehen; wir können zumindest versprechen, daß wir uns ganz aufgeschlossen zu ihm aufgemacht haben und daß einige unserer Umwege die Reise lohnenswert machen.

Newtons Theorie einer universellen Gravitation machte einleuchtend klar, wie der Mond auf der Erde die Gezeiten hervorbringt. Der Teil der Erdoberfläche, der dem Mond am nächsten liegt, ist der stärksten Anziehung nach oben ausgesetzt, so daß sich das Meer an dieser Stelle nach oben wölbt. Auf der entgegengesetzten Seite unseres Globus ist die Anziehung des Monds am schwächsten, so hat das Meer hier eine zweite Ausbuchtung. Während sich die Erde dreht, bleiben die Wölbungen immer relativ zum Mond bestehen, so daß sich die Erde unter den Fluten im Kreis bewegt – oder, um es von unserem Blickwinkel aus zu sagen, die Gezeiten rund um die Erde wogen.

Die Stärke der Gezeiten hängt von zwei Dingen ab. Das erste ist die Entfernung des Monds (wenn der Mond der Erde am nächsten ist, ist seine gezeitenbildende Kraft um 30 Prozent höher als bei seiner weitesten Entfernung), und das zweite ist seine Stellung relativ zur Sonne, deren gezeitenbildende Kraft (erstaunlicherweise) nur etwa halb so groß ist wie die des Monds. Springfluten treten bei Neu- und Vollmond auf, wenn Sonne und Mond in Konjunktion oder Opposition stehen und sich ihre Kräfte deshalb addieren. Zu Nipptiden kommt es, wenn Mond und Sonne im rechten Winkel zueinander stehen, so daß sich ihre Kräfte teilweise aufheben. Fällt eine Springflut mit der kürzesten Mondentfernung zusammen, wie dies zweimal im Jahr geschieht, erreicht die Gezeit ein Maximum.

Es gibt zwei hauptsächliche Mondzyklen. Der für uns offenkundigste ist die Zunahme vom Neumond zum Vollmond und die anschließende Abnahme, wobei der Neumond die Phase ist, bei welcher der Mond zwischen Erde und Sonne (in Konjunktion) steht und daher wenig oder kein Sonnenlicht widerspiegelt. Bei Vollmond steht der Mond auf der entgegengesetzten Seite zur Sonne (in Opposition), wobei die ganze Scheibe vor unserem Blick erleuchtet ist. Dies ist als »synodischer Mondzyklus« bekannt.

Der andere – der »siderische« – Mondzyklus ist die Zeit, die der Mond für einen vollständigen Umlauf auf seiner Bahn um die Erde, gemessen an seiner Stellung zu den Fixsternen, benötigt. Das dauert nicht genauso lange wie der Zyklus von Neumond zu Neumond, weil die Erde, während der Mond sie umläuft, sich selber auf ihrer eigenen Bahn um die Sonne bewegt. Um zwischen Erde und Sonne zu stehen zu kommen, muß sich der Mond infolgedessen jeden Monat in eine leicht veränderte Position bewegen. Die für die zwei Zyklen benötigte Zeit beträgt 29,5 Tage für den synodischen Zyklus (von Neumond zu Neumond), beziehungsweise 27,3 Tage (dies variiert leicht) für den siderischen Zyklus.

Es gibt zahlreiche überlieferte Annahmen über die Auswirkungen des Mondzyklus auf das Wetter, auf Pflanzen, Tiere und Menschen. Wir werden uns damit Punkt für Punkt beschäftigen.

Das Wetter

Nach ländlicher Überlieferung hält sich der Wechsel von Regen und Sonnenschein an die Mondphasen. Bradley, Woodbury und Brier (1962) machten sich daran, herauszufinden, ob daran etwas wahr sei. Sie stellten die kombinierten Niederschlagswerte von nicht weniger als 1544 Wetterwarten in Nordamerika für eine mit dem Jahr 1900 beginnende Fünfzig-Jahres-Periode graphisch dar und kamen in der Tat zu einem signifikanten Ergebnis. Es regnete am stärksten in der Mitte der ersten und der dritten Woche – das heißt ein paar Tage sowohl nach Voll- wie nach Neumond. Am geringsten war der Niederschlag im zweiten und im vierten Viertel, nämlich vor Neu- und Vollmond.

Um ihre Ergebnisse zu überprüfen, unterteilten die Forscher die Fünfzig-Jahres-Periode in zwei Hälften und verglichen die Werte der beiden Fünfundzwanzig-Jahres-Perioden miteinander. Die Zahlen waren sich sehr ähnlich, zwischen ihnen herrschte eine ausgezeichnete Korrelation (0,8).

Brier und Bradley (1964) setzten die Analyse ihrer Niederschlagsdaten für die Vereinigten Staaten fort und entdeckten einen 14,8-Tage-Zyklus: einen halben Mondmonat. Auch fanden sie eine Mond-»Gezeit« beim Luftdruck, doch war ihre Auswirkung sehr gering.

Adderley und Bowen (1962) führten eine ähnliche Studie für die südliche Hemisphäre durch, hatten aber die Veröffentlichung hinausgezögert, weil »die Mutmaßung einer Auswirkung des Monds auf den Regen einfach nicht auf die richtige Reaktion gestoßen wäre«. Ihre Ergebnisse von 50 Wetterwarten in Neuseeland, gesammelt für eine Periode von 25 Jahren, waren denjenigen von Nordamerika sehr ähnlich.

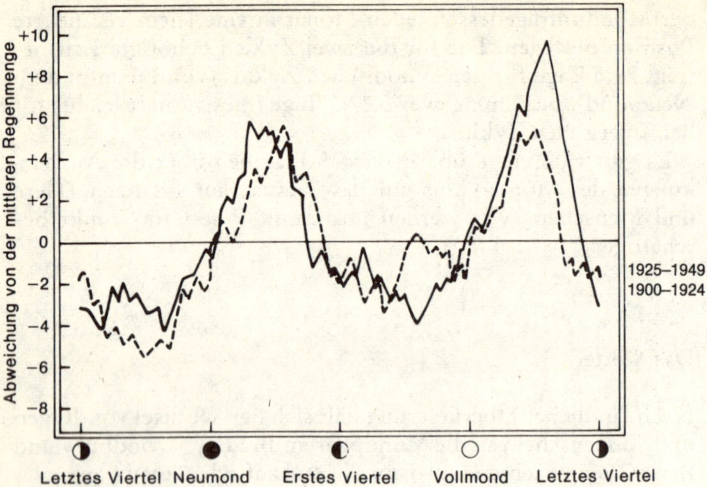

Zwischen 1900 und 1950 verzeichneten alle US-Wetterwarten starke Regenfälle, besonders häufig an den Tagen nach Neu- und nach Vollmond. Die durchgezogene Kurve zeigt die Auswertung für die Jahre von 1900 bis 1924 aus 7856 Aufzeichnungen; die gestrichelte Kurve gilt den Jahren von 1925 bis 1949 nach 8209 Aufzeichnungen. Man sieht, wie sich die Zyklen ähneln. (Nach Bradley, Woodbury und Brier, 1962)

Diese Arbeiten liefern Belege dafür, daß man anhand der Mondphasen eine erhöhte Wahrscheinlichkeit von Regen ein paar Tage nach Neu- und Vollmond vorhersagen kann. Der Effekt ist sehr gering – eine riesige Materialmenge war nötig, um ihn nachzuweisen –, trotzdem sollten heutige Meteorologen ihn untersuchen. Sie haben immer angenommen, daß man mit Hilfe des Monds keine Wettervorhersagen machen kann, und für die Praxis haben sie recht; doch das sollte sie nicht daran hindern, theoretisch interessante Beziehungen zu erforschen.

Eine mögliche Erklärung jenes Effekts besagt, der Mond könne eine Ablenkung des »Solarwinds« bewirken, was zu Veränderungen in der oberen Atmosphäre führt, und er könne die Erde gegen einen Teil des Meteorstaubs abschirmen, um den sich Wassertröpfchen kondensieren können, wenn sich Regenwolken bilden. Eine solche Erklärung würde uns ins Gebiet der Kosmobiologie, aber kaum in das der Astrologie führen.

In früherer Zeit befragten Bauern, wenn sie über den richtigen Zeitpunkt für die Aussaat entscheiden wollten, ihre Bauernkalender. Es gibt ein tief verwurzeltes System volkstümlicher Überzeugungen, die den Mond mit der Landwirtschaft in Zusammenhang bringen und sich hauptsächlich mit den Mondphasen beschäftigen, die gutes Wachstum bewirken sollen. Moderne Forscher haben versucht, Beweise dafür zu finden.

Vor über 50 Jahren beschrieb eine Stuttgarter Forscherin, Lili Kolisko, in einem Buch mit dem Titel ›The Moon and Plant Growth‹, wie ihre neun Jahre lang durchgeführten Experimente unter anderem zeigten, daß Getreide und andere Pflanzen, die zwei Tage vor Vollmond ausgesät worden waren, größer wurden, als wenn sie zwei Tage nach Vollmond gesät wurden.

Neben einer astrologischen Erklärung ist es natürlich auch möglich, daß zusätzliches Licht vom Mond dem frühen Wachstum förderlich sein kann: Paleg und Aspinall (1970) berichten, daß Scheinwerferlicht das Wachstum von Gerste um drei bis vier Wochen beschleunigt. Doch ehe wir nach einer Erklärung für Koliskos Ergebnis suchen, müssen wir zunächst fragen, wie sehr man ihm vertrauen kann. Erstaunlicherweise wurde diese Arbeit nicht systematisch weiterverfolgt. Statt dessen beschäftigten sich Forscher damit, verschiedene Theorien zu testen – mit dem Ergebnis, daß es nun eine Anzahl isolierter Befunde gibt, die den Mond mit dem Pflanzenwachstum in Verbindung bringen, wobei aber keines der Resultate unmittelbar repliziert wurde. Best (1978) stellte diese anderen Studien vor; zwei davon scheinen uns erwähnenswert.

Die erste ist ein astrologisches Experiment mit Mond-*Zeichen* und Wachstum. In Zusammenarbeit mit einem Großgärtner in Sussex in England legte N. Kollerstrom vierundzwanzig Reihen Kartoffeln aus, und zwar zwei Monate lang jede Reihe bei einer anderen Position des Monds. Anhand seines und anderer Experimente, besonders einer Versuchsreihe, die Maria Thun ausgeführt hatte, folgerte er, Kartoffeln und andere Knollengewächse gediehen am besten, wenn der Mond bei ihrer Aussaat in Erdzeichen stehe, nicht aber in Wasserzeichen; seine Kartoffeln, die unter Erdzeichen ausgelegt worden seien, hätten einen um 25 Prozent höheren Ertrag gebracht.

Das zweite Experiment arbeitete mit den Mond-*Phasen*. Brown und Chow (1973) führten tägliche Messungen durch und fanden dabei, daß bei ausgesäten Bohnenkernen die Menge der Wasseraufnahme mit der Mondphase wechselte. Ein Maximum gab es bei Neumond, bei Vollmond und bei jedem der beiden Halbmonde – also vier Höhepunkte im Monat. Als allerdings das Experiment auf die Temperatur hin geprüft wurde, blieb allein das Maximum bei Vollmond signifikant. Es fällt schwer, sich eine Erklärung für dieses Resultat auszudenken, wir müssen eine Replikation abwarten.

Ein Zweifel, der seine Schatten auf viele Experimente in diesem Gebiet wirft, erhebt sich aus dem Umstand, daß es – wie Ronald Fisher demonstriert hat – bei landwirtschaftlichen Experimenten gilt, ein großes Maß an Sorgfalt auf die Vorbereitung und die Auswahl der Anbauflächen zu verwenden, wenn etwas Sinnvolles herauskommen soll. Bei einigen der angeführten astrologischen Arbeiten hat man sich offenbar die dabei auftretenden Schwierigkeiten nicht voll bewußt gemacht. Solange die Experimente nicht bei sorgsamer Kontrolle von Faktoren wie Temperatur und Lage wiederholt sind, können wir ihre Ergebnisse nur mit Skepsis betrachten.

Ein ganz anderer, aber sehr interessanter Effekt gründet sich auf elektrische Spannungsunterschiede zwischen einzelnen Teilen von Bäumen. Der Pionier auf diesem Gebiet war Burr (1972), ein emeritierter Anatomieprofessor der Yale-University. Er nahm über eine Reihe von Jahren hinweg gewissenhafte Messungen vor, indem er an jedem Baum Elektroden an unterschiedlichen Stellen anbrachte; dabei stellte er fest, daß mehrere Faktoren die Spannungsunterschiede zwischen den Stellen beeinflußten. Unter diesen Faktoren befand sich auch ein Zyklus von 14,75 Tagen – halb so lang wie der synodische Mondzyklus. Burr arbeitete auch über Spannungsunterschiede im menschlichen Körper, das Gleiche tat Leonard Ravitz (1962), ein Neurologe an der Duke University, und beide behaupteten, Beweise für einen Mondrhythmus gefunden zu haben. Über Replikationen wurde jedoch nichts publiziert, und solange es diese nicht gibt, können wir diese vorläufigen Ergebnisse nur als interessante Kuriositäten sehen.

Es gibt zahlreiche Berichte darüber, wie manche Lebewesen vom Mond beeinflußt werden, und viele davon wurden sorgfältig belegt. Ein Beispiel mag genügen. Nach Wing (1962) ist der Brutrhythmus der Rauchschwalbe auf Ascension Island einzigartig. Andere Arten brüten gewöhnlich alljährlich zur selben Zeit, die von Faktoren wie der Temperatur bestimmt ist. Die Rauchschwalbe hat einen 9,7-Monate-Zyklus, und ihr Brutrhythmus ist aus unbekannten Gründen auf den zehnten Vollmond abgestimmt. Die Paarung findet des Nachts unter diesem Vollmond statt, weswegen die Einheimischen die Tiere als die »wide awakes«, die »Hellwachen«, bezeichnen. Nach der Brutzeit fliegen sie übers Meer weg, um zur Zeit des zehnten Vollmonds zurückzukehren. Wing nimmt an, daß vom Vollmond ein physiologischer Rhythmus von ungefähr 9,7 Monaten ausgelöst wird. Diese Anekdote läßt die Frage aufkommen, wie viele andere Arten in einem bestimmten Aspekt ihres Verhaltens vom Mond beeinflußt sein mögen – man fragt sich natürlich auch, ob der Mensch zu diesen Arten gehört.

Nach Lucilius »nährt der Mond Austern, füllt Seeigel, gibt den Krustentieren und den Wildtieren Fleisch«. Es überrascht nicht, daß die Aktivität bestimmter Meerestiere von den Gezeiten (und damit von den Mondphasen) abhängt. Austern öffnen ihre Schalen bei Flut, um sich zu ernähren, und schließen sie bei Ebbe, damit sie nicht austrocknen. Die Biologen nehmen an, daß Austern eine innere Uhr besitzen, die irgendwie durch die Gezeiten in Gang gesetzt wird. Frank Brown, Professor für Biologie an der Northwestern University, argumentierte aber, es sei ebenso denkbar, daß die Austern unmittelbar auf die Einwirkungen des Monds reagierten. Er führte eine Studie durch (Brown, 1954 und 1959), die gewissermaßen »klassisch« wurde.

Er nahm zwölf Austern von der Küste von Long Island, Connecticut, und schaffte sie 1600 Kilometer weit in sein Laboratorium in Evanston, Illinois. In ungefähr den ersten zehn Tagen öffneten und schlossen die Austern ihre Schalen weiterhin so, als seien sie noch immer in Connecticut; sie schienen also die Annahme zu bestätigen, daß sie eine innere Uhr besäßen. Doch dann verschob sich ihr Rhythmus auf eine andere Zeit: nämlich auf diejenige von Ebbe und Flut in Evanston, wenn es dort eine Meeresküste gäbe. (Man kann für jeden Punkt der Erde einen theoretischen Gezeitenwechsel errechnen.) Nun öffneten die Austern ihre Schalen, um sich zu ernähren, wenn der Mond in ihrer neuen Heimat genau über ihnen stand. Da im Laboratorium von Evanston Licht, Temperatur und Luftdruck konstant gehalten wurden, hatte es den Anschein, als reagierten die Tiere unmittelbar auf Gravitationskräfte, die vom Mond ausgingen, und hätten danach ihre Uhren neu eingestellt. Es gab jedenfalls keine andere einleuchtende Erklärung für dieses Ergebnis. Hier lag mithin der Beweis dafür vor, daß von weither kommende Himmelskräfte, auch wenn sie außerordentlich schwach sind, lebende Organismen beeinflussen können.

Brown hat seine Versuche auch auf Pflanzen und Landtiere sowie auf andere Meerestiere ausgedehnt. Er war Mitverfasser der im vorigen Abschnitt erwähnten Arbeit über Bohnen und an einem interessanten Experiment mit einer Ratte beteiligt, die unter gleichbleibenden Licht- und Temperaturbedingungen in einem Käfig gehalten wurde (Brown und Terracini, 1959). Wenn der Mond unterhalb des Horizonts stand, war die Ratte doppelt so aktiv, wie wenn er über dem Horizont stand. Dies war eine Einzelstudie, die dringend der Replikation bedarf.

Bei einem anderen Experiment (Brown und Park, 1967) wurden vier Hamster zwei Jahre lang beobachtet, wie sie ihr Tretrad betätigten (was sie nach Lust und Laune tun konnten), wobei die Umdrehungen automatisch gezählt wurden. Die Tiere wurden in einem Raum gehalten, der nach einem regelmäßigen täglichen Zeitplan beleuchtet wurde. Sie hielten sich in ihrer Tätigkeit an einen klaren 24-Stunden-Rhythmus: im Dunkel waren sie aktiv, im Licht hingegen untätig. Die Aktivität ließ unmittelbar *vor* dem Einschalten des Lichts nach und stieg unmittelbar vor dem Ausschalten des Lichts wieder an; mit anderen Worten: Die Tiere waren offensichtlich imstande, den Lichtrhythmus vorauszusehen.

Die Experimentatoren fanden auch Hinweise auf einen Mondrhythmus. Wie in der Abbildung zu erkennen ist, schwankte die Aktivität im Verlauf der Mondmonate, wobei es vier Tage nach Vollmond zu einem Maximum und zu hohen Werten ein paar Tage nach dem Neumond kam. Nach Brown und Park sind diese Ergebnisse äquivalent dem Umstand, daß die höchste Aktivität unmittelbar vor Mondaufgang und unmittelbar nach Monduntergang stattfindet, das heißt, zu einer »dunklen« Zeit. Wie die Abbildung zeigt, kam man zwei Jahre lang bei den Hamstern zu immer wieder ähnlichen Ergebnissen,

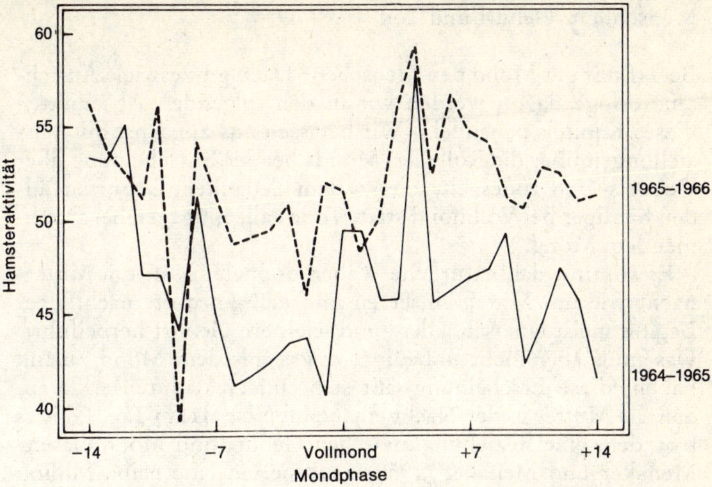

Die Aktivität von Hamstern während verschiedener Mondphasen ist für jedes der beiden Jahre dieser Studie gezeigt. Sie ist in Zehntelstunden pro Tag gemessen. (Nach Brown und Park, 1967)

wobei die Korrelation 0,52 betrug, also sehr signifikant war. Es scheint daher, daß biologische Rhythmen sowohl unter Sonnen- wie unter Mondeinfluß stehen. Eine Orientierung am Mond mußte bei Meeresorganismen wegen der Gezeiten eine nützliche Rolle spielen, und Überreste davon mögen noch immer in Arten vorhanden sein, die sich aus solchen Organismen entwickelt haben. Diese Ergebnisse sind interessant, doch ist die Versuchsreihe, wie überhaupt bei allen vorangegangenen Arbeiten Browns, sehr klein. Außerdem sollten wir – so scharfsinnig die Arbeiten Browns und seiner Kollegen und so positiv die von ihnen berichteten Ergebnisse sein mögen – diesen Abschnitt mit dem Hinweis schließen, daß Klinowska (1972), der ein ganzes Jahr lang die Aktivität männlicher Hamster beobachtete, beträchtliche individuelle Abweichungen, aber keine erhöhte Aktivität nach Vollmond feststellen konnte. So stoßen wir wieder auf einander widersprechende Ergebnisse und und können nur hoffen, daß jemand wenigstens die Austernstudie wiederholt, die für eine Erkenntnis des lunaren Einflusses auf das Meeresleben von ganz fundamentaler Bedeutung ist.

Beeinflußt der Mond den Menschen? Dazu gibt es viele Ansichten. Einige davon werden wir in den folgenden Abschnitten dieses Kapitels behandeln. Wir befassen uns zunächst mit Vorstellungen über die Rolle des Monds bei der Entscheidung über Geburts- und Todeszeit, so etwa dem Gedanken, Geburten fänden häufiger bei Vollmond statt, Todesfälle hingegen bei abnehmendem Mond.

Es stimmt, daß natürliche Wehen doppelt so oft um Mitternacht wie um Mittag einsetzen und daß ein mitternächtlicher Beginn meist eine schnellere und leichtere Geburt herbeiführt. Das muß aber nicht unbedingt etwas mit dem Mond zu tun haben: diese Erscheinung läßt sich einfach dadurch erklären, daß die Mutter in der Nacht entspannter ist als am Tag. Gibt es trotzdem eine Beziehung zwischen Geburt und Mondphasen? Menaker und Menaker (1959) analysierten eine halbe Million Geburten in New Yorker Krankenhäusern während einer Neun-Jahres-Periode und verglichen sie mit dem 29,5-tägigen Mondzyklus. Bei abnehmendem Mond hatten etwas mehr Geburten stattgefunden als bei zunehmendem, wobei die Höchstzahl im Umkreis des Vollmonds lag und das Minimum im Umkreis des Neumonds. Der Effekt war allerdings nur ganz schwach erkennbar und konnte durch andere Forscher nicht bestätigt werden. McDonald (1966) fand in seiner Arbeit über Entbindungen farbiger Mütter in South Carolina eine andere Tendenz: Hier fielen die meisten Geburten in die Voll- und Neumondphasen, die wenigsten ins erste Viertel. McDonald

Mondphasen	*Anzahl der Entbindungen*
Erstes Viertel	233
Vollmond	276
Letztes Viertel	254
Neumond	282

Bei der Studie McDonalds (die sich auf spontane Neun-Monats-Geburten während einer Sechs-Jahres-Periode beschränkte) fanden die meisten Entbindungen in den Voll- und Neumondphasen statt. Diese Analyse stützte sich auf 1045 Fälle, die eindeutig in eine der vier Phasen fielen; die übrigen (von insgesamt 1907) waren Grenzfälle. (Nach McDonald, 1966)

führte das darauf zurück, daß sich bei Voll- und Neumond die Anziehungskraft des Monds mit derjenigen der Sonne vereinigt, aber er räumte auch ein, das Ergebnis könne durch den Glauben an den Einfluß des Monds bestimmt gewesen sein, der in der Kultur der farbigen Bevölkerung in den Südstaaten der USA noch verwurzelt ist.

Abell und Greenspan (1979) analysierten nahezu 12000 Entbindungen in einem Krankenhaus der Vereinigten Staaten während 51 Mondzyklen von 1974 bis 1978 und fanden keine Korrelation mit dem Vollmond oder einer anderen Mondphase. Die Autoren schreiben, daß die Ergebnisse eine Überraschung für mehrere Schwestern des Krankenhauses waren, die »fest damit gerechnet hatten, eine starke Korrelation von Geburtenzahl und Vollmond zu finden«.

Ein anderer Weg der Forschung bestand darin, Geburten auf die Gezeiten zu beziehen, die sowohl vom geographischen Ort wie vom Mond abhängen. (Erinnert sei an den Fall der Austern.) Gauquelin (1973) erwähnt eine Studie H. Kirchoffs aus Deutschland, der zur Zeit der Flut oder kurz danach eine höhere Geburtenrate feststellte, und eine weitere Arbeit, nach der man in Köln eine ähnliche Erscheinung beobachten konnte. Ohne weitere Replikationen können wir diese Ergebnisse nur mit Vorbehalten als Hinweise darauf nehmen, daß der Mond die Geburtsstunde beeinflussen kann. Ein schwacher, vielleicht auf die Gravitation zurückzuführender Effekt läßt sich allerdings nicht ausschließen.

Über die Beziehung zwischen dem Todeszeitpunkt und den Mondphasen gibt es verschiedene Behauptungen, doch wir kennen keine Forschungsresultate, die sie eindeutig bestätigen und die es wert wären, hier ausführlich geschildert zu werden.

Geisteskrankheit, Verbrechen und Selbstmord

Schon seit frühester Zeit glaubt man, der Mond übe Einfluß auf die Geisteskranken aus. Hippokrates schrieb: »Einer, der während der Nacht von Schrecken, Angst und Wahnsinn erfaßt wird, erhält Besuch von der Mondgöttin.« Und bei Shakespeare ruft Othello nach dem Mord an Desdemona aus:

»Das hat wahrhaftig nur der Mond verschuldet;
Er kommt der Erde näher, als er pflegt,
Und macht die Menschen rasend.«

Viele Sprachen bezeugen den Glauben an einen Zusammenhang zwischen dem Mond und verwirrtem Verhalten (so kommt beispielsweise das englische Wort »lunatic«, »wahnsinnig«, von lat. »luna«), und der gleiche Glaube ist in viele Legenden und Sagen eingegangen, etwa in die uralte Geschichte vom Werwolf. Der Verwandlung eines Menschen in einen Wolf, auch als »Lykanthropie« bekannt, gilt als eine Form des Wahnsinns, die der Mond hervorruft. Über einen Fall von Lykanthropie – eine Frau, die bei Vollmond glaubte, eine Wölfin zu sein – berichtete kürzlich das American Journal of Psychiatry.

Von wenig »romantischen« Morden nahm man an, sie seien unter dem Einfluß des Mondes begangen worden. In dem historischen Fall »Jekyll und Hyde« war ein englischer Arbeiter namens Hyde des Mordes und anderer krimineller Handlungen angeklagt. Seine Verteidigung stützte sich darauf, daß er seine kriminellen Handlungen bei Neumond und Vollmond begangen hatte und daß er angeblich an einer Form von Wahnsinn leide, die vom Mond ausgelöst werde.

Verschiedene Forscher haben versucht festzustellen, ob der Mond Mörder beeinflussen kann. In Amerika analysierten Lieber und Sherin (1972) Mordakten in Dade County aus den Jahren 1956 bis 1970. Bei einer Gesamtzahl von 1887 Morden fand sich eine signifikante Tendenz dahingehend, daß sie bei Neumond oder bei Vollmond begangen worden waren. Diesen Befund untermauerte ein ähnliches Ergebnis für Cuyahoga County (Lieber, 1978), obgleich dort die Zahlen statistisch nicht signifikant waren.

Andere Forscher konnten keinen Zusammenhang zwischen Mord und Mond feststellen, doch Lieber verweist darauf, daß ihre Analysen sich nur mit dem Zeitpunkt des *Todes* befaßten und nicht mit demjenigen des *Angriffs*, der normalerweise nicht festgehalten sei. Dade County sei eine glückliche Ausnahme, weil hier auch die mutmaßliche Tatzeit dokumentiert sei. Lieber und Sherin argumentierten, daß die schwache Korrelation zwischen Mord und Mond, die sie gefunden hatten, nicht mehr auftreten dürfte, wenn man statt dessen den Todeszeitpunkt in den gleichen Mordfällen zum Bezugspunkt mache. Sie haben dieses Argument dadurch stützen können, daß sie sich die Mühe machten und ihre Daten diesmal im Hinblick auf die Todeszeit analysierten. Der leichte Einfluß des Mondes, der sich bei der Berechnung auf Grund der Tatzeit gefunden hatte, zeigte sich nun nicht mehr.

Eine geeignetere Maßeinheit als die Mondphase könnte der örtliche Fluthöchststand sein, der eintritt, wenn der Mond seinen höchsten Punkt erreicht hat. Einen Hinweis darauf, daß eine Berechnung mit diesem Zeitfaktor lohnend sein könnte, geben die Resultate aus Cuyahoga County, wonach die meisten Morde drei Tage nach Vollmond stattfinden. Aus dem Vergleich mit dem Ergebnis von Dade County, nach dem das Maximum der Morde auf die Zeit des Vollmonds fiel, könnte sich der Nachweis einer Verzögerung der Mondeinwirkung aufgrund der geographischen Lage ergeben.

Nach einer so verbesserten Methode sagte Lieber (1973) voraus, Morde würden sich zu den Zeiten des Fluthöchststands häufen (also zu den Zeiten der maximalen täglichen Gravitationseinwirkung), während die geringste Zahl an Fällen bei Mondaufgang und Monduntergang (bei der geringsten Gravitationseinwirkung) stattfinden werde. So teilte er 425 Morde nach diesem Schema auf. Er behauptet, eine Bestätigung für seine Vorhersage gefunden zu haben.

Als weiteres Argument für einen Mondeffekt, der mit den örtlichen Gezeiten statt mit den Mondphasen zusammenhängt, führt Lieber an, daß seine Cuyahoga-Kurve, bei der Morde auf die Mondphasen bezogen sind, einer Kurve über die Stoffwechseltätigkeit bei Hamstern sehr ähnle, die Brown vorgelegt hat. Cuyahoga liegt auf demselben Breitengrad (41 Grad nördlich) wie Evanston, wo die Hamsterstudie durchgeführt worden ist. Bewiesen ist damit kaum etwas; die Ähnlichkeit der beiden Kurven wird nur erwähnt, weil sie aufgefallen war, andere Vergleiche hätten zu völlig anderen Ergebnissen führen können.

Wenn der Mond tatsächlich eine verstärkende Wirkung auf die seelische Disposition geistig instabiler Menschen ausübt, dann könnte sich diese auch in Verbrechen zeigen, die nicht so extrem sind wie Mord. Tasso und Miller (1976) ordneten 34318 Straftaten, darunter Vergewaltigung, Einbruch und Totschlag, nach Mondphasen ein. Bei den meisten Verbrechensarten stellten sie in der Tat eine höhere Rate zur Vollmondzeit fest, jedoch nicht bei Totschlag und Autodiebstahl. Die Größe der Stichprobe machte den Befund signifikant, aber der Effekt war nur sehr gering. Auch in anderen Arbeiten zeigte sich eine Verbindung zwischen Verbrechen und Mondphase – doch wurde nicht immer die gleiche Phase zugrundegelegt. Es ist klar, daß sich die Arbeitsergebnisse solcher Studien nur dann gegenseitig stützen können, wenn es sich jedesmal um die gleiche Phase handelt.

Auch der Selbstmord, diese letzte und verzweifelte Lösung aller Lebensprobleme, könnte vom Mond beeinflußt sein. In fünf neueren Untersuchungen hat man Selbstmordversuche mit tödlichem Ausgang, die zu Neu- bzw. Vollmond verübt wurden, mit Fällen verglichen, die zu anderen Zeiten geschahen. Nach einer dieser Studien ergab sich eine schwache, nicht signifikante Tendenz zu einer ansteigenden Selbstmordrate bei Neu- und Vollmond, wie sich der Tabelle entnehmen läßt (Garth und Lester, 1978). Eine ähnliche Arbeit von Jones und Jones (1977) ergab eine signifikant höhere Anzahl von Selbstmorden während der Neumondperiode (129 gegenüber 94 zu erwartenden), doch die Anzahl bei Vollmond lag nur um einen Bruchteil unter der Wahrscheinlichkeitserwartung (93 statt 94).

Das Gesamtergebnis aller fünf Untersuchungen zeigt insgesamt eine schwache Tendenz, daß Selbstmorde häufiger bei Neumond und bei Vollmond begangen werden. Es ist auch möglich, daß jede Beziehung zum Mond psychologische statt astrologische Gründe hat. Wenn jemand sich selber töten will, könnte diese Zeitplanung für diese Tat durch das Wissen beeinflußt sein, daß Astrologie oder Aberglaube bestimmte Zeiten als die geeignetsten ansehen.

	Anzahl von Selbstmorden	*Erwartete Anzahl*
Neumond	60	49,7
Vollmond	52	49,7
Andere Zeiten	392	404,5

Bei dieser Studie ergab sich eine leichte, doch nicht signifikant ansteigende Tendenz für eine Häufung von Selbstmorden zu Neu- und Vollmondzeiten, die jeweils mit drei Tagen angesetzt waren. (Nach Garth und Lester, 1970)

Psychische Störungen

Eine Möglichkeit, die Auswirkung des Monds auf psychische Störungen allgemein zu beurteilen, besteht darin, die Aufnahmen in psychiatrische Krankenhäuser auszuwerten. Das große Problem ist hier – wie bei den Morden, doch in weit größerem Maßstab – das der Verzögerung. Man hat geschätzt, daß etwa 85 Prozent der Mordopfer binnen einer Stunde nach dem Anschlag sterben, doch die Aufnahme in ein Krankenhaus im Anschluß an eine psychische Krise kann sich um mehrere Tage, ja um Monate verzögern. Bei diesem unbekannten Grad des Irrtums ist es kaum verwunderlich, daß Studien zu widersprüchlichen Resultaten geführt haben.

Solche Untersuchungen wurden von Campbell und Beets (1978) und von Cooke und Coles (1978) sehr ausführlich behandelt: Bei einem Versuch wurden über tausend Neuaufnahmen in psychiatrischen Kliniken in Ohio analysiert. Man ging davon aus, daß bei jedem Patienten die Störung vier Tage vor der Krankenhausaufnahme eingetreten war (Osborn, 1968). Es wäre besser gewesen, wenn man bei jedem Einzelfall eine Schätzung vorgenommen hätte, doch bei der Anwendung des Verschiebungsfaktors von vier Tagen (und nur dann) stellte sich heraus, daß der psychische Zusammenbruch in signifikantem Grad mit dem Vollmond korrelierte. Bei psychotischen Störungen war der Effekt stärker als bei neurotischen.

In einer folgenden Studie mit ähnlichem Ergebnis (Patientenzugänge in psychiatrischen Anstalten bei Vollmond zahlreicher) prüften die Autoren, ob die Resultate auch gleich blieben, wenn man nur bewölkte Nächte berücksichtigte. Sie blieben gleich. Überraschend ist, daß andere Forscher sich nicht die Mühe gemacht haben, diese Variable in Betracht zu ziehen, da der sichtbare leuchtende Mond einen psychologischen Effekt haben kann – bei einem Kriminellen, der das Risiko abwägt, in einer dunklen oder einer mondhellen Nacht ertappt zu werden, auch einen praktischen. Überlegungen dieser Art sind wichtig, wenn man bedenkt, wie schwach die zu erklärende Korrelation ist. Nach allen Ergebnissen zeigt sich eine sehr schwache Tendenz dahingehend, daß es um die Vollmondzeit herum zu einer Höchstanzahl an Krankenhausaufnahmen und Notrufen in einem psychologischen Krisenzentrum für Studenten kommt (Weiskott, 1974, und De Voge und Mikawa, 1977). Wie schwach die Tendenz ist, läßt sich damit veranschaulichen, daß bei einer Studie mit 12093 Fällen (Weiskott und Tipton, 1975) das Resultat zwar statistisch signifikant war, die Zahl der Neuzugänge in psychiatrische Kliniken zur Vollmondzeit aber noch immer nur um ein Prozent anstieg. Wir glauben, daß eine geringe Abweichung durchaus psychologische Ursachen haben und davon herrühren kann, daß Patienten vorher etwas über astrologische Lehren wußten. Eine sich selbst erfüllende Prophetie ist wohl die wahrscheinlichste Erklärung.

Fruchtbarkeit

Der Mond ist lange Zeit das Symbol für die weibliche Fruchtbarkeit gewesen. Aristoteles schrieb, daß die Menstruation bei abnehmendem Mond einsetze, und Darwin äußerte zu der Feststellung, daß der Mondmonat genauso lang ist wie der Menstruationszyklus der Frau: »Der Mensch stammt von den Fischen ab: Warum sollte nicht ein 28-tägiger weiblicher Zyklus ein Überrest der Vergangenheit sein, in der das Leben von den Gezeiten und somit vom Mond abhing?«

Einige Forscher haben versucht, eine Beziehung zwischen dem Mondzyklus und dem Beginn der Menstruation festzustellen. Gauquelin (1973) führt den Fall von Svante Arrhenius an, der um die Jahrhundertwende für seine Forschungen auf dem Gebiet der Chemie den Nobelpreis erhielt und auch den Einfluß des Monds, unter anderem auf den weiblichen Zyklus, untersuchte. Anhand von 11807 Fällen stellte er fest, daß die Menstruation weit häufiger bei abnehmendem als bei zunehmendem Mond einsetzte. (Womit Aristoteles bestätigt wurde.) Am häufigsten fiel der Menstruationsbeginn auf den Tag vor Neumond.

Andere Forscher allerdings kamen zu widersprüchlichen Ergebnissen. Zuweilen fanden sie keinen Zusammenhang; zuweilen ist der Neumond im Spiel; in anderen Fällen ist es der Vollmond. Ein Beispiel sei aufgeführt: Gunn, Jenkins und Gunn (1937) entwarfen ein Testverfahren, bei dem Frauen aufgefordert wurden, eine Postkarte am Tag des Menstruationsbeginns einzuwerfen: eine zuverlässigere Methode, als wenn man sich auf die Erinnerung verläßt. Nachdem zehntausend Postkarten eingegangen waren, wurden die Ergebnisse analysiert. Sie ergaben keinen Zusammenhang mit dem Mond. Vermutlich war das Resultat Arrhenius' aus

Zufall oder durch Erinnerungsfehler zustandegekommen. Selbst die Befunde von Nobelpreisträgern darf man nicht als Evangelium hinnehmen, solange sie nicht repliziert sind ...

Viel Aufmerksamkeit hat man den Tatsachen geschenkt, daß der weibliche und der Mondzyklus gleich lang sind und daß die Schwangerschaft, vom Zeitpunkt der Empfängnis an gerechnet, genau neun Mondmonate dauert. Abell (1979a) weist darauf hin, daß dies ein bloßer Zufall und noch nicht einmal ganz zutreffend sei, da der weibliche Zyklus durchschnittlich 28 Tage dauere, der Mondzyklus hingegen 29,5 Tage. Allerdings hatte eine umfangreiche Bestandsaufnahme von Gunn und Jenkins (1937) ergeben, daß der durchschnittliche weibliche Zyklus 29,5 Tage beträgt – wobei wir bedenken müssen, daß dies nur ein Durchschnittswert ist, daß viele Frauen davon abweichen und daß nur wenige völlig regelmäßige Zyklen haben.

Wenn der Mond den weiblichen Zyklus beeinflußt, können wir dann Theorien darüber formulieren, wie er das tut? Nach R. J. Reiter (1976) wird Melatonin, das die Hormonproduktion hemmt, bei Dunkelheit erzeugt – es kommt zu einer Zunahme ums Fünffache bei Nacht. (Daher sind Blinde häufig weniger fruchtbar als Sehende.) Bei einem Experiment Dewans (1967 und 1969) stellten »fast alle« Frauen mit Menstruationsunregelmäßigkeiten, die in der 14. und der 17. Nacht ihres Zyklus bei angeschaltetem Licht schliefen, fest, daß die Unregelmäßigkeit behoben war. Dewans Testgruppe war klein (19 Frauen), und es wurden keine Replikationen veröffentlicht; aber es gibt andere Hinweise, zum Beispiel die Tatsache, daß es im Winter in Finnland, wo die Nächte sehr lang sind, zu weniger Zwillingsschwangerschaften kommt als im Sommer.

Auf dieser Basis könnte man leicht Spekulationen darüber anstellen, daß die Länge des weiblichen Zyklus aus der Evolutionsgeschichte zu erklären sei: Eine lange Reihe unserer Vorfahren schlief im Freien, unter dem Mond. Gooch (1979) nimmt an, sämtliche Neandertalerfrauen hätten gleichzeitig bei Neumond menstruiert. Zum Nachteil für diese Theorie scheint bei anderen Arten eine gleich lange evolutionäre Einwirkung des Monds nichts bewirkt zu haben. Abell verweist darauf, daß der Östruszyklus bei verschiedenen Säugetieren unterschiedlich lang ist. Bei Opossums beträgt er 28 Tage, bei Schafen 11 Tage, bei Kühen 21 Tage, bei Schimpansen 37 Tage und so weiter. Um Abell zu zitieren: »Man könnte wohl anführen, daß die Menschenfrau, weil sie intelligenter und sich ihrer Umwelt bewußter sei, sich auf einen Zyklus eingestellt habe, der dem des Monds nahekommt, niedrigere Lebewesen hingegen nicht. Doch dann muß der 28-Tage-Zyklus beim Opossum ein Zufall sein, und wenn das beim Opossum ein Zufall ist, warum dann nicht auch beim Menschen?« Dies ist ein sinnvoller Einwand.

Solche Bedenken konnten aber einige Experten nicht daran hindern, Wege zu nennen, wie sich der Mondzyklus angeblich als Methode der Geburtenkontrolle benutzen läßt. Eugen Jonas, ein tschechoslowakischer Psychiater, hat eine Theorie entwickelt, nach der die Zeit der höchsten Fruchtbarkeit einer Frau und die Zeiten, die besonders für die Zeugung eines Jungen oder eines Mädchens geeignet seien, vorhersagbar sein sollen. (Seine Arbeit ist beschrieben bei Ostrander und Schroeder, 1972.)

Der erste Teil der Theorie besagt, daß die Ovulation mit den Mondphasen so zusammenhänge, daß ein Maximum dann auftrete, wenn Sonne und Mond im selben Winkelverhältnis wie im Augenblick der Geburt zueinander stehen. Jonas meinte, ein Geschlechtsverkehr zu dieser Zeit könne die Ovulation auslösen, was mit dem normalen Ovulationszeitpunkt zusammenfallen könne, aber nicht müsse. Er behauptete, herausgefunden zu haben, daß diese astrologisch determinierte Zeit der höchsten Fruchtbarkeit für rund 80 Prozent aller Schwangerschaften verantwortlich sei. Indem er sowohl diese wie die herkömmliche Rhythmusmethode der Geburtenkontrolle zur Entscheidung über die Zeit der Enthaltsamkeit heranzog, nahm er eine Effizienz von 98 Prozent für sich in Anspruch. Leider ist überhaupt nicht klar, was diese Zahl bedeutet. Nehmen wir einfach die Zahl von Schwangerschaften bei hundert Fällen von Geschlechtsverkehr, dann beträgt die durchschnittliche Effizienz der gewöhnlichen Rhythmusmethode wenigstens 99,5 Prozent (eine Schwangerschaft auf zweihundert Fälle von Geschlechtsverkehr). Daran gemessen, scheint die Methode Jonas' ein Schritt in die falsche Richtung zu sein.

Der zweite Teil seiner Theorie besagt, daß sich das Geschlecht eines Kindes aus der Mondposition zur Zeit der Geburt der Mutter vorherbestimmen lasse, wenn sie zur Zeit der Empfängnis die gleiche sei. Handelt es sich um ein ungeradzahliges oder männliches Zeichen wie den Widder, werde das Kind ein Junge sein. Jonas behauptete, daß bei zwei Versuchsreihen mit zweihundert Frauen, die sich an diese Methode hielten, fast neunzig Prozent der Frauen Erfolg hatten und genau das bekamen, was sie wollten.

Verständlicherweise wurde Jonas für diese Behauptungen ausgelacht und von seinen medizinischen Kollegen für verrückt erklärt. Der Zugang zu seinem Originalmaterial (er erklärt, bei seinen Forschungen 30000 Fälle berücksichtigt zu haben) ist nicht möglich, da seine Arbeit 1970 aus unbekannten Gründen von der kommunistischen Regierung unterbunden wurde. Immerhin aber haben mehrere Forscher versucht, seine Ergebnisse zu replizieren, allerdings ohne Erfolg. An einem dieser Versuche waren hundert kalifornische Mütter beteiligt, bei denen die Zeit des zur Empfängnis führenden Geschlechtsverkehrs bekannt war. Diese Zeit stand in keinem Zusammenhang mit den Mondphasen in den Geburtshoroskopen der Mütter. Auch in vierhundert weiteren Fällen hatte das Geschlecht des Kinds überhaupt nichts mit der Mondphase zu tun.

Was die Frage des Geschlechts (also den zweiten Teil der Theorie Jonas') betrifft, besteht die vielleicht vernichtendste Kritik in der Frage, warum zweieiige Zwillinge, die genau zur selben Zeit empfangen wurden, genausooft verschiedengeschlechtlich sind wie Brüder und Schwestern, die zu verschiedenen Zeiten empfangen wurden.

Playfair und Hill (1978) haben sich mit den Forschungen Jonas' und insbesondere mit seiner Behauptung beschäftigt, bei der Geburtenplanung auf eine Genauigkeit von 98 Prozent zu kommen. Ihr Kommentar dazu: »Ein korrekter Bericht über einen solchen Test fehlt uns noch immer, obwohl wir uns sehr bemüht haben, einen zu finden.« Sie gaben sich sehr viel Mühe, Einzelheiten über viele andere Forschungsvorhaben zu sammeln, und reisten sogar ins Ausland, um die betreffenden Wissenschaftler zu besuchen. So spricht die Tatsache, daß es ihnen nicht gelang, für einen Hauptbestandteil der Forschungen Jonas' Belege zu finden, für sich selber. Selbstverständlich werden die Methoden Jonas' von der herkömmlichen Familienplanungsmedizin nicht anerkannt.

Chirurgie

Einige frühe Astrologen waren der festen Überzeugung, daß der Mond die Blutgerinnung beeinflusse. Chirurgen im alten Indien verschoben Operationen bis zum abnehmenden Mond um einer geringeren Narbenbildung willen, und noch heute gibt es Bauern, die es vermeiden, Tiere bei Vollmond zu kastrieren, weil sie fürchten, sie könnten verbluten; solche Ratschläge findet man in astrologischen Kalendern.

Edson Andrews (1960), ein Chirurg aus Florida, berichtet, daß seine Krankenschwester stets die Daten festhielt, wenn es nach Mandeloperationen zu übermäßigen Blutungen kam, wobei sie feststellte, daß dies häufig bei Vollmond der Fall war. Daraufhin notierte man wesentliche Einzelheiten über alle Mandel- und Polypenfälle von 1956 bis 1958 – insgesamt mehr als tausend. Bei 44 der tausend Fälle traten Probleme mit Blutungen während der Operation oder danach auf, so daß besondere Behandlung notwendig wurde, etwa die Zurückholung des Patienten in den Operationssaal. Als man die Daten dieser Fälle auf die Mondphasen bezog, bestätigte sich die ursprüngliche Beobachtung der Krankenschwester. Die problematischen Fälle häuften sich um die Zeit des Vollmonds: 82 Prozent der Problemfälle fielen ins zweite und ins dritte Mondviertel: eine Woche vor und nach Vollmond.

Ähnliche Ergebnisse fand man in einer anderen Klinik, und zwar für 24 Fälle in einer Sechs-Jahres-Periode; eine Analyse von 66 Fällen blutender Magengeschwüre ergaben ein ähnliches, doch weniger ausgeprägtes Muster. Obgleich diese Resultate keiner statistischen Analyse unterzogen wurden, dürfte das Gesamtmuster eindeutig genug sein, um mehr als zufällig zu sein. Andrews war so beeindruckt, daß er schrieb: »Diese Daten sind für mich so schlüssig und überzeugend, daß ich Gefahr laufe, ein Wunderdoktor zu werden, und nur noch in dunklen Nächten operiere, während ich die Mondnächte den Liebespaaren überlasse.«

Leider wartet Andrews Studie noch auf eine unabhängige Replikation. Dies ist schade, da eine solche Wiederholung leicht durchzuführen und eine Bestätigung von großem Wert für die chirurgische Praxis wäre. Andrews stellte auch fest, daß er zur Vollmondzeit weniger Patienten hatte, und vermutete, daß Laien davor zurückscheuen, um diese Zeit in die Klinik zu gehen, weil sie mehr von diesen Dingen wissen als die Ärzte.

Eine letzte Studie über die Blutung sollten wir noch anführen. Rhyne (1966) analysierte über tausend Fälle schweren Nasenblutens nach Klinikunterlagen, die bis ins Jahr 1930 zurückreichten. Nach der traditionellen Astrologie hängen die Tierkreiszeichen mit unterschiedlichen Körperteilen und deren jeweiligen Erkrankungen zusammen. Rhyne fand, daß es sich bei mehr als 90 Prozent der Fälle von Nasenbluten um Patienten handelte, deren Mondzeichen im Steinbock, im Wassermann oder in den Fischen standen. Angesichts einer Wahrscheinlichkeitserwartung von 25 Prozent ist dies sehr signifikant – das einzige Problem vom Standpunkt der Astrologen dürfte sein, daß dies die falschen Zeichen sind: Sie werden mit den Körperteilen von den Knien bis zu den Füßen assoziiert. Zur Ehrenrettung der Astrologie behauptete Rhyne, wenn man eine Korrektur wegen der Präzession der Tag- und Nachtgleiche vornehme, rückten alle Zeichen um eines weiter; dadurch ergebe sich doch das richtige Zeichen, das des Widders. Rhyne erinnert sich an einen Tag, als nicht weniger als fünf Fälle von Nasenbluten zu ihm kamen, und er stellt fest, daß an diesem Tag (dem 24. Januar 1947) der Mond in den Fischen stand – oder im Widder, wenn man die Korrektur für die Präzession berücksichtigte. Leider nimmt Rhyne die Korrektur nach der falschen Richtung vor – ein Fehler, der das Zutrauen in seine Studie insgesamt nicht gerade hebt. Jedenfalls gab es keine Replikation dazu: Ganz ernst nehmen können wir sie also nicht.

George Abell, dem oben zitierten Astronomen, können wir nur zustimmen, wenn er schreibt: »Es mag durchaus unentdeckte Mondeinflüsse geben, und vielleicht stellt sich von einigen vermuteten Einflüssen heraus, daß es sie wirklich gibt. Doch viele der unglaublichen ›Tatsachen‹, die man als Auswirkungen des Mondes beschreibt, sind schlicht keine Tatsachen.«

Es ist traurig, wenn man zunächst Theorien preisgeben oder zumindest die Skepsis beibehalten und ein Urteil aufschieben muß. Aber wir können uns nur von Tatsachen leiten lassen. Tut man dies aber, ist es um so aufregender, wenn man auf Theorien stößt, die einem herkömmlichen wissenschaftlichen Vorverständnis ins Gesicht zu schlagen scheinen und dennoch durch eine strenge Analyse und untadelige Forschungsmethoden erhärtet sind. Dem Leser, der uns bis hierher geduldig durch unsere meist negativen Befunde gefolgt ist, bieten wir nun eine außergewöhnliche Geschichte an.

10. Die Arbeit der Gauquelins

> Wissenschaft ist die Kenntnis der Konsequenzen und der gegenseitigen Abhängigkeit von Tatsachen.
>
> Thomas Hobbes

Kritische Forschung

Michel Gauquelin wurde 1928 in Paris geboren. Für die Astrologie interessierte er sich seit seiner Kindheit. Niemand in seiner Familie war Astrologe – man hielt die Astrologie für ein Gesellschaftsspiel und nichts weiter –, doch sein Vater hatte einen interessierten Freund, dessen Einfluß die Leidenschaft des jungen Gauquelin für dieses Thema weckte. Außerhalb der Familie traf er mit vielen Menschen zusammen, welche die Astrologie ernst nahmen, und was sie ihm erzählten, faszinierte ihn. Im Alter von sieben Jahren fragte er die Menschen nach ihren Geburtstagen und nannte ihnen dann das Tierkreiszeichen, unter dem sie geboren waren, und dazu beschrieb er ihren mutmaßlichen Charakter. Bald hatte er bei seinen Klassenkameraden den Spitznamen Nostradamus, und als Teenager las er sämtliche astrologischen Bücher, die er in die Hand bekommen konnte. Bis zu dieser Zeit war er ein gläubiger Anhänger der Astrologie; er hatte sich niemals die Frage gestellt: »Ist etwas daran wahr?«

Er studierte Psychologie und Statistik an der Sorbonne und promovierte schließlich als Psychologe. Während seiner Studienzeit hatte er den Skeptizismus und das erste Prinzip des Descartes kennengelernt: »Nimm nie etwas als wahr hin, solange du nicht eindeutig weißt, daß es wahr ist.« Erst zu dieser Zeit bekam er Zweifel an den Lehren der Astrologie und begriff, daß sie erst noch bewiesen werden mußten. So begann er, Geburtsdaten zu sammeln, um astrologische Behauptungen etwa folgender Art überprüfen zu können: »Berufssoldaten sind meistens unter den Zeichen des Widders oder des Skorpions und selten unter dem des Krebses geboren.« Seine akademische Ausbildung in Statistik gab ihm die Möglichkeit, solche Aussagen anhand der Gesetze von Zufall und Wahrscheinlichkeit zu überprüfen. Die Resultate, die er erzielte, waren gleichbleibend negativ: Immer wieder versagten astrologische Behauptungen, wenn man sie einem Test unterzog.

Gauquelin dehnte seine Forschungen auf die Planetenpositionen zur Zeit der Geburt und des Todes aus. Lehrsätze über den Tod, die frühere Forscher wie etwa Krafft und Choisnard geäußert hatten, zum Beispiel: »Der Tod ereignet sich häufiger unter dem Einfluß des Saturns«, mußte er bald als unhaltbar erkennen. In diesen Arbeiten waren entweder fehlerhafte Methoden und Kontrollverfahren angewandt worden, oder sie erbrachten bei einer Wiederholung einfach nicht die gleichen Ergebnisse. Erst als er mit der Geburtszeit arbeitete, begann Gauquelin positive Ergebnisse zu erzielen. (Die tatsächlichen Geburtszeiten, und nicht nur die bloßen Geburtstage, werden in den meisten europäischen Ländern vom Standesamt registriert, auch in Schottland, allerdings nicht in England, und neuerdings auch in den Vereinigten Staaten.) Als er die Lebensdaten berühmter Leute aus verschiedenen Berufsgruppen, so etwa Schauspieler und Mediziner, auswertete, stellte Gauquelin fest, daß bestimmte Planeten zur Zeit der Geburt dieser Leute in besonderen Positionen standen. Konnte es wirklich so etwas wie einen Einfluß der Planeten auf das Schicksal geben? Natürlich stimmt dieser Gedanke mit den grundsätzlichen Lehren der Astrologie überein, aber er scheint völlig unvereinbar mit modernen wissenschaftlichen Erkenntnissen zu sein. So widmete sich Gauquelin der langwierigen Aufgabe, für die er seither viele Jahre aufgewendet hat, etliche davon mit der Hilfe seiner Frau Françoise, die gleichfalls Psychologin ist: Man überprüft Resultate, wendet die gleiche Analyse auf neue Materialkomplexe an und erkundet die Möglichkeiten, wie sich aus Zufall einleuchtende Muster eingestellt haben könnten. Trotz der langen bisherigen Arbeit konnte Gauquelin seinen wichtigsten Befund noch nicht widerlegen: Die Planeten scheinen in der Tat in einer unerklärlichen Beziehung damit zu stehen, wie sich ein berühmter Mensch entwickelt.

In Gauquelin zeigt sich eine seltene Verbindung: er verfügt sowohl über detaillierte astrologische Kenntnisse wie über eine echte wissenschaftliche Einstellung, die sich auf eine akademische Ausbildung gründet. Er versteht sich allerdings sicherlich nicht als Astrologe, und in der Tat steht er der Astrologie insgesamt sehr kritisch gegenüber, seit er durch seine eigenen Forschungen erfuhr, wie vieles daran unrichtig ist.

Von Anfang an hatte er sich die Mittel für seine Forschungen selber zu beschaffen, obwohl er jetzt gelegentlich einen Zuschuß für sein privat betriebenes Laboratorium erhält. Wie wir sehen werden, machte es einen Teil seiner Arbeit aus, sich Daten aus den Akten von Standesämtern auf dem ganzen europäischen Kontinent zu verschaffen, und aus finanziellen Gründen mußte er sich bei einem Großteil seiner Arbeit öffentlicher Transportmittel bedienen. Da die Standesämter für das Publikum im allgemeinen nur ein paar Tage in der Woche geöffnet sind, ergab sich eine zusätzliche Schwierigkeit. Auch mußte Gauquelin neben seiner Forschungstätigkeit andere Arbeit annehmen, um Geld zu verdienen. Dies könnte den Astrologen eine Lehre sein, die auf fehlende Geldmittel verweisen, um den fehlenden wissenschaftlichen Fortschritt der Astrologie zu erklären; was wirklich nötig ist, ist nicht so sehr Geld als Initiative und Entschlossenheit.

Die Ergebnisse von Gauquelins Forschungen sind in seinem Buch ›The Spheres of Destiny‹ (1980) zusammengefaßt. Ausführliche Einzelheiten bietet eine Reihe von Forschungsdokumenten, die er privat veröffentlicht hat und die in einem weiteren Buch aufgeführt sind (Gauquelin, 1978). Wir beschreiben und beurteilen nun seine Ergebnisse.

Beruf

Gauquelins erstes positives Resultat ergab sich für 576 Mitglieder der französischen Akademie für Medizin. Doktoren, die sich durch ihre Forschungen großes akademisches Ansehen verschafft hatten, wurden nach objektiven Kriterien aus Ärzteadreßbüchern ausgewählt, damit eine Beeinflussung durch Voreingenommenheit vermieden werden konnte. Entgegen der theoretischen Erwartung waren sehr viele hervorragende Ärzte zu einem Zeitpunkt geboren, als Mars oder Saturn eben aufgegangen waren oder eben kulminiert hatten.

Ehe wir dieses Ergebnis erörtern, sollten wir zunächst genau erklären, wie es dazu kommt. Da sich die Erde dreht, scheint jeder Planet, wie die Sonne und der Mond, auf- und unterzugehen. Er geht am östlichen Horizont am Aufgangspunkt auf und steigt bis zur höchsten Stelle in der Himmelsmitte oder im oberen Kulminationspunkt, wo er genau in der Mitte zwischen Auf- und Untergang steht. Dann sinkt er zum Untergangspunkt, und der gleiche Vorgang wiederholt sich (aber natürlich umgekehrt) unterhalb des Horizonts.

Die Bahn des Planeten unterteilt Gauquelin in zwölf Abschnitte, die den astrologischen Häusern ähneln, aber nicht mit ihnen identisch sind. Diese Unterteilung ist so angelegt, daß ein Planet, solange er keinem verzerrenden astronomischen Einfluß unterliegt, ein Zwölftel (8,33 Prozent) der Zeit in jedem Abschnitt verbringt. Dies bedeutet natürlich, daß bei einer gleichmäßigen Verteilung der Geburtszeiten einer beliebigen Gruppe von Menschen 16,7 Prozent der Geburten auf die Zeit entfallen, in der sich ein Planet in einem bestimmten Sektorenpaar aufhält. Gauquelin fand mit seiner Stichprobe aus hervorragenden Ärzten heraus, daß merklich mehr als 16,7 Prozent von ihnen geboren wurden, als sich Mars oder Saturn in den Abschnitten nach dem Aufgang oder nach der Kulmination befanden.

Anders als viele vorangegangene Ergebnisse zugunsten der Astrologie ließ sich dieses eine nicht durch einen bekannten astronomischen oder demographischen Effekt erklären. Um ganz sicher zu sein, sammelte Gauquelin die Geburtszeiten einer Kontrollgruppe aus der normalen Bevölkerung, die er aufs Geratewohl dem Wählerverzeichnis entnahm und die in denselben Zeitspannen geboren waren wie die Ärzte. Diese Gruppe bestätigte die theoretische Erwartung. Wie ließ sich also Gauquelins erstes Resultat erklären? Da er so viele astrologische Behauptungen getestet hatte, mußte sich schon nach den Regeln der Wahrscheinlichkeit eine davon früher oder später als statistisch signifikant erweisen. Vielleicht war das auch bei dem Versuch mit den Ärzten der Fall. Um diese Möglichkeit zu überprüfen, war es nötig, die Studie zu wiederholen, und anders als viele andere Forscher machte sich Gauquelin die Mühe, dies zu tun.

Die Replikation wurde anhand einer anderen Gruppe französischer Ärzte vorgenommen, die in der Forschung Hervorragendes geleistet hatten. Das gleiche Muster wie beim ersten Mal trat zutage: Auch bei dieser Gruppe von 508 Ärzten zeigte sich eine überdurchschnittliche Tendenz zu Geburtsdaten zu einer Zeit, als Mars oder Saturn soeben aufgegangen waren oder gerade kulminiert hatten. Nach dieser Bestätigung konnte man dem ersten Befund ein weit höheres Vertrauen entgegenbringen.

Dadurch neugierig geworden, dehnte Gauquelin seine Forschungen auch auf andere Berufe und Länder aus. Er reiste durch Deutschland, Italien, Belgien und Holland, bis er insgesamt 25000 Geburtsdaten aus Standesämtern gesammelt hatte.

Von ein paar Ausnahmen abgesehen, stellten sich weiterhin positive Ergebnisse ein.

Zwei Beispiele mögen genügen. Zunächst beschäftigte sich Gauquelin mit dem Unterschied zwischen den Künsten und der Wissenschaft, der in der Erziehung seit langem eine Rolle spielt. Er stellte 5100 erfolgreiche Künstler 3647 erfolgreichen Wissenschaftlern gegenüber und fand heraus, daß Saturn der Planet war, der diese Gruppen am besten voneinander unterschied. Wie die Abbildung zeigt, waren die Wissenschaftler häufiger zu Zeiten geboren, wenn dieser Planet soeben aufgegangen war oder die Himmelsmitte passiert hatte; die Künstler hingegen waren mit signifikant geringerer Wahrscheinlichkeit zu diesen Zeiten geboren; bei ihnen zeigte sich eine deutliche Tendenz, gerade Saturn zu »meiden«. Ähnlich unterschiedliche Ergebnisse stellten sich ein, als bestimmte Gruppen, wie etwa Soldaten und Musiker, miteinander verglichen wurden. Die Resultate für

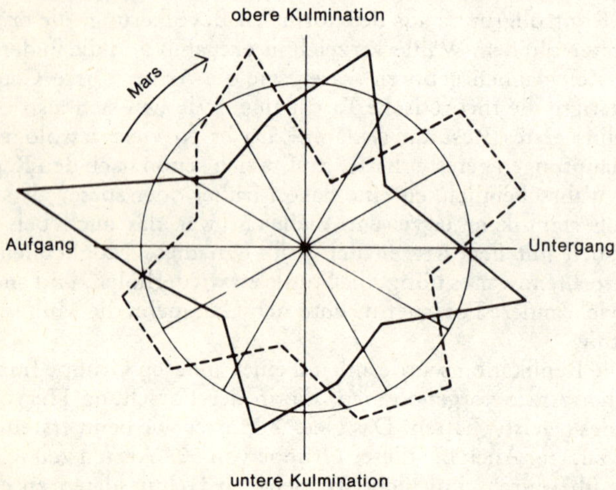

Die gestrichelte Linie zeigt an, wie häufig Wissenschaftler unmittelbar nach dem Aufgang oder der oberen Kulmination von Saturn geboren sind, während die Geburtsdaten von Künstlern (durchgehende Linie) seltener auf diese Zeiten fallen. Es ist interessant zu sehen, wie stark diese beiden Kurven gegenläufig sind. Der Kreis zeigt die Zahl der Geburten an, die jeweils aus Wahrscheinlichkeitsgründen zu erwarten gewesen wären. (Nach Gauquelin, 1978)

Musiker, die auf Militärmusik spezialisiert waren, lagen tatsächlich meist in der Mitte zwischen denen für Soldaten und sonstigen Musikern! Das zweite Beispiel betrifft Mars, der traditionell das Symbol des Kriegsgotts war. Gauquelin wollte wissen, ob dieser Planet in den Geburtshoroskopen von 3438 führenden Militärs die kritischen Zonen (unmittelbar nach dem Aufgangspunkt und unmittelbar nach der Himmelsmitte) innehatte. Bei 680 Fällen statt der zu erwartenden 590 traf dies zu. Darüber hinaus war Jupiter mit 703 Fällen statt der erwarteten 572 noch deutlicher im Spiel.
Während dieser Forschungen stellte sich heraus, daß die kritischen Planetenpositionen *nur bei den Geburtsdaten berühmter oder hervorragender Personen* in Erscheinung traten. Ebenso, wie aufs Geratewohl der Gesamtbevölkerung entnommene Kontrollgruppen Resultate erbrachten, die mit den Wahrscheinlichkeitsgesetzen übereinstimmten, war dies auch bei Kontrollgruppen der Fall, die aus Personen in Positionen unterhalb der »hervorragenden« Stellungen gebildet waren. Mit anderen Worten: für gewöhnliche oder erfolglose Vertreter eines Berufs gab es keinen offenkundigen Planeteneffekt. Saturn nahm beispielsweise bei einer Gruppe von 1458 gewöhnlichen Wissenschaftlern nicht häufiger als nach den Regeln der Wahrscheinlichkeit die kritischen Zonen ein. Weder Mars noch Jupiter waren in den Geburtshoroskopen gewöhnlicher Soldaten vorherrschend.

Dies scheint zu zeigen, daß die Planeten in Zusammenhang mit Schicksal, Erfolg und Glück stehen. Um dies zu überprüfen, entschloß sich Gauquelin, die Horoskope einer Gruppe junger Soldaten zu befragen, die durch Tod oder verkrüppelnde Verletzungen aus dem Rennen geworfen waren, ehe sie eine Chance gehabt hatten, die Stufenleiter des Erfolgs zu erklimmen. Jeder war schon für seine Tapferkeit ausgezeichnet worden. Diese Gruppe brachte Ergebnisse, die denen von Generälen und anderen führenden Militärs ähnelten: Mars und Jupiter dominierten auch hier. Das war ein entscheidender Befund, weil er nahelegte, daß die Planetenbeziehung nicht zum Schicksal bestand, sondern zum Charakter oder zu der Persönlichkeit, die für den Erfolg verantwortlich sind. Daher wandten sich die Gauquelins anschließend diesen Variablen zu.

Der Sport liefert ein gutes Beispiel dafür, wie einem das richtige Temperament helfen kann, an die Spitze zu kommen. Trainer haben schon immer erkannt, daß körperliche Eigenschaften nur die eine Komponente bilden, während psychische Faktoren weit wichtiger sein können. Von zwei Menschen von gleicher körperlicher Veranlagung gewinnt eher der mit der größeren Entschlossenheit und dem höheren Selbstvertrauen: das gleiche gilt für zahlreiche andere Lebensbereiche – beispielsweise für den rücksichtslosen Geschäftsmann oder den leidenschaftlichen Wissenschaftler.

Beim Studium der Biographien von berühmten Sportlern stellte Gauquelin fest, daß sie meistens etwas besaßen, das man einen »eisernen Willen« nennen könnte. Diese Leute zeichneten sich durch Entschlossenheit, Furchtlosigkeit, Tatkraft, Beharrlichkeit und dergleichen aus. Nachdem er zuvor gefunden hatte, daß Mars in den Horoskopen erfolgreicher Sportler dominiert, wiederholte Gauquelin nun die Analyse, doch diesmal im Hinblick auf die Persönlichkeit. Aufgrund ihrer biographischen Beschreibungen bildete er zwei Untergruppen berühmter Sportler. Die eine Gruppe bestand aus den typischen Sportlern mit »eisernem Willen« und die andere aus »willensschwachen« Sportlern, die man mit Bezeichnungen wie »unbeständig«, »dilettantisch«, »ohne große Energie«, »unehrgeizig«, »zurückhaltend« und dergleichen beschrieb. Zur ersten Gruppe gehörten viele berühmte Namen, deren Träger sich trotz verschiedener körperlicher Behinderungen durchgesetzt hatten, und die zweite Gruppe enthielt viele »Naturtalente«, die mit einem Minimum an Anstrengung nach oben gekommen waren; vermutlich waren ihre körperlichen Eigenschaften mehr als ausreichend, um einen Mangel an Entschlossenheit auszugleichen. Wie hingen nun diese beiden Gruppen berühmter Sportler mit Mars zusammen? Wie die Abbildung erkennen läßt, zeigte sich der »Mars-Effekt« nur bei der Gruppe der »Willensstarken«; er hatte nichts mit Sportlern zu tun, die eine atypische Persönlichkeit besaßen. Der Planeteneffekt erwies sich abermals als eine Sache der Persönlichkeit und wieder nicht als eine des Schicksals.

Bei einem weiteren Versuch, Planetenpositionen unmittelbar mit der Persönlichkeit statt mit dem Beruf in Zusammenhang zu bringen, wurden berühmte Menschen nach ihren Persönlich-

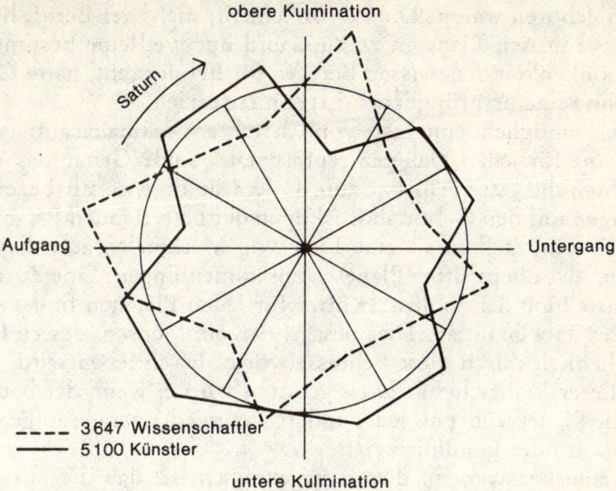

Mars und Sportler. Die durchgezogene Linie stellt die Geburten von »willensstarken« Sportlern dar und die gestrichelte Linie die Geburten von »willensschwachen«. (Nach Gauquelin, 1978)

keiten klassifiziert, wie sie sich in ihren Biographien widerspiegelten (Gauquelin, Gauquelin und Eysenck, 1979). Die Probanden – 2089 Sportler, 1409 Schauspieler, und 3647 Wissenschaftler – wurden nach Eigenschaften wie »extravertiert«, »introvertiert«, »instabil« und »unsentimental« eingeordnet. Diese Persönlichkeitsbeschreibungen wurden anschließend auf die Planetenstellungen zur jeweiligen Geburtszeit bezogen. Diese letztere Information war unabhängig aufgezeichnet worden und wurde vor der Psychologin (Sybil Eysenck), die jeden Probanden nach den Persönlichkeitsdimensionen bewertet hatte, geheimgehalten. Dieses Verfahren (auch als Blindbeurteilung bekannt), bei dem die beiden zu korrelierenden Variablen unabhängig voneinander bestimmt werden, stand im Einklang mit den Erfordernissen der modernen Psychologie.

Und was zeigten dann die Resultate? Unabhängig vom Beruf ergab sich, daß die Persönlichkeit in Zusammenhang mit den Planeten stand, die sich in einer der kritischen Zonen befanden. Extravertierte und unsentimentale Menschen beispielsweise waren häufig unter dem »Einfluß« von Mars und Jupiter geboren, während die Introvertierten und die Zartfühlenden »unter« Saturn geboren waren. Die Persönlichkeit, nicht der Beruf, hatte etwas mit den Planeten zu tun; und nur weil eine bestimmte Persönlichkeit in gewissen Berufen für Erfolg steht, hatte Gauquelin seine ursprünglichen Ergebnisse erzielt.

Ist es möglich, eine Liste von Charaktermerkmalen aufzustellen, die für jeden Planeten repräsentativ sind? Genau das versuchten die Gauquelins zu tun. Indem sie Eigenschaftsbezeichnungen mit den Geburtshoroskopen der betreffenden Personen verglichen, stellten sie eine Liste von Merkmalen auf, die mit jedem der überprüften Planeten zusammenhingen. Eine Zusammenstellung der Schlüsselwörter für jeden Planeten findet sich in der Tabelle unten. Dies besagt, daß ein Mensch, dessen Persönlichkeit durch diese Schlüsselwörter beschrieben wird, mit größerer Wahrscheinlichkeit geboren wurde, wenn der betreffende Planet – eher als jeder andere – entweder gerade aufgegangen war oder kulminiert hatte.

Bemerkenswert an diesen Ergebnissen ist, daß die mit den einzelnen Planeten zusammengehörigen Merkmale ein sinnvolles, sich ergänzendes Muster zu bilden scheinen.

Neue Forschungen haben auch eine Gruppe von Merkmalen,

Mars:
aktiv, ungeduldig, streitsüchtig, rücksichtslos, kampfbereit, mutig, dynamisch, energisch, erregt, unermüdlich, kämpferisch, aggressiv, furchtlos, unverblümt, robust, unerschrocken, tapfer, vital, lebhaft, eigenwillig.

Jupiter:
ungezwungen, ehrgeizig, opportunistisch, autoritär, gesprächig, durchsetzungswillig, Gespür fürs Komische, kommunikativ, verschwenderisch, fröhlich, gern gestikulierend, gutmütig, unabhängig, glücklich, diesseitig, großzügig, scherzhaft, liebenswert, eitel.

Saturn:
förmlich, gewissenhaft, kühl, methodisch, genau, bescheiden, aufmerksam, gründlich, nicht gesprächig, präzis, nachdenklich, zurückhaltend, reserviert, vernünftig, melancholisch, furchtsam, fleißig, schweigsam, traurig.

Mond:
freundlich, viele Freunde, einfach, gesellig, gutmütig, entgegenkommend, unordentlich, geistesabwesend, großzügig, phantasievoll, leicht beeinflußbar, beliebt, weltzugewandt, nachlässig, poetisch, verträumt, hilfsbereit, ziemlich dünkelhaft, oberflächlich, tolerant.

die man mit Weichherzigkeit assoziiert, für die Venus zutage gefördert: Versuche jedoch, Persönlichkeitsbeziehungen mit anderen Planeten aufzuspüren, sind bislang ohne Erfolg geblieben. Für die Sonne oder für Merkur sowie für die äußeren Planeten Uranus, Neptun und Pluto ist keine solche Verbindung erkennbar.

Ehe wir darangehen, mögliche Erklärungen für die Ergebnisse Gauquelins zu diskutieren, sollten wir noch eine interessante Studie über Menschen erwähnen, die sich auf Gebieten hervorgetan hatten, die nach seinen Erkenntnissen mit Mars, Jupiter, Saturn oder Mond in Beziehung standen. Gauquelin faßte alle diese Personen in einer einzigen Stichprobe zusammen, die auf die stattliche Zahl von 46485 Probanden kam. Sein Ergebnis, wie es aus der Abbildung abzulesen ist, spricht für sich selber.

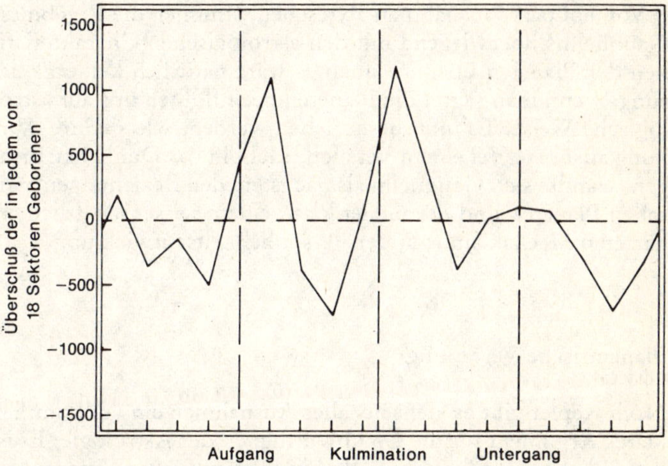

Gauquelins kombinierte Stichprobe von 46485 Menschen, die auf den von Mars, Jupiter, Saturn und Mond »beherrschten« Gebieten Hervorragendes geleistet haben. Die Position des zu einer Person »gehörenden« Planeten hängt von ihrer Geburtszeit ab. Zusammengenommen zeigen sich sehr signifikante Maxima nach Aufgang und oberer Kulmination.

Die Suche nach einer Erklärung

Nachdem er anscheinend bewiesen hatte, daß es einen Zusammenhang zwischen den Planetenpositionen bei der Geburt eines Menschen und seiner späteren Persönlichkeit gibt, sah sich Gauquelin vor die Aufgabe gestellt, zu erklären, wie diese Beziehung sich äußerte. Man muß zwischen der Feststellung, daß es etwas zu erklären gibt, und der anschließenden Vorlage der Erklärung unterscheiden. Wir haben das Beispiel schon erwähnt, wie vor rund dreihundert Jahren Newton die Gravitation nachgewiesen hat, indem er Gesetze vorlegte, die genau die Auswirkungen jener Kraft beschrieben, obwohl er keine Erklärung dafür hatte, *wie* sie wirkte (wir haben sie noch immer nicht). Eine ähnliche Situation ergab sich für die Elektrizität; die Wissenschaftler machten schon lange Gebrauch von ihr, ehe sie ihre Wirkungsweise kannten oder auch nur wußten, ob sie eine einheitliche Kraft sei.

Von ein paar Ausnahmen abgesehen, stimmen die Ergebnisse Gauquelins überwiegend mit den astrologischen Charakteristiken der Planeten überein, doch es wäre natürlich keine Erklärung, wenn man sagte, die Planeten beeinflußten uns auf astrologische Weise. Es muß beschrieben werden, wie sie ihre Wirkung ausüben. Bei einem Versuch, Licht in das Dunkel zu bringen, wandte sich Gauquelin als nächstem den Beziehungen zwischen Planeten und der Genetik zu: einem wissenschaftlich erhärteten Mechanismus in der Persönlichkeitsentwicklung.

Planetarische Vererbung

Nach Kepler gibt es »jenseits aller Ausnahmen ein vollkommen klares Argument für die Glaubwürdigkeit der Astrologie: Es ist die übliche horoskopische Verbindung zwischen Eltern und Kindern.«

In einer früheren Studie hatte Gauquelin festgestellt, daß diese Behauptung nicht auf die Tierkreiszeichen zutreffe; nur selten sind Eltern und Kinder zur selben Zeit im Jahre geboren. Nun wollte er das Material neuerdings analysieren, um zu sehen, ob sich ein Zusammenhang zwar nicht mit den Tierkreiszeichen, aber mit den Planetenstellungen herausarbeiten ließ. So stellte man die Positionen der wichtigsten Planeten zur Ge-

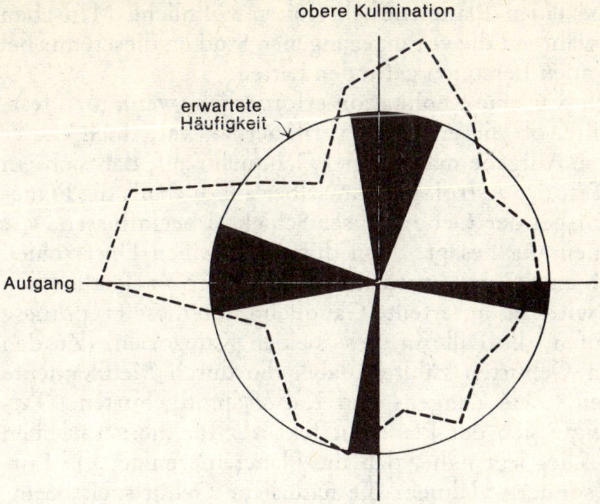

Wenn bei der Geburt der Eltern Mond, Venus, Jupiter oder Saturn in einem der kritischen Bereiche gestanden haben, sind die Chancen, daß das Kind »unter« demselben Planeten geboren wird, viel höher. Die gestrichelte Linie gibt die Anzahl der Kinder an, die zur Zeit der Planetenpositionen ihrer Eltern geboren wurden. Man kann erkennen, daß ihre Geburtszeiten sich besonders auf die Zeit unmittelbar nach Aufgang und oberer Kulmination konzentrieren.

burtszeit von 15000 Paaren und ihren Kindern zusammen. Es ergab sich, daß Kepler tatsächlich recht gehabt hatte! War einer der Elternteile oder waren beide Eltern geboren, als ein Planet soeben den Aufgangspunkt passiert oder als er soeben kulminiert hatte, dann zeigte sich eine signifikante Tendenz dahingehend, daß auch ihre Kinder »unter« diesem bestimmten Planeten geboren waren. Das läßt sich der Abbildung entnehmen. Am ausgeprägtesten war der Effekt bei Mond, Venus und Mars, gefolgt von Jupiter und Saturn; nicht erkennbar war er bei der Sonne, bei Merkur und bei den äußeren Planeten. Dazu sei festgestellt, daß dies, wie im Fall der zuvor entdeckten Beziehungen, mit dem physikalischen Gesetz über Entfernung und Masse übereinstimmt; der Effekt stellte sich nur bei den großen oder nahen Planeten ein. Man kann außerdem festhalten, daß diese Studie einen Planeteneffekt für gewöhnliche Menschen nachwies, während die vorangegangenen Studien diesen nur bei hervorragenden Personen gefunden hatten.

Natürlich war eine Replikation erforderlich, wenn man feststellen wollte, ob dieser Effekt verifizierbar war, doch ehe er sich an diese Aufgabe machte, fiel Gauquelin auf, daß sich ein perfekter Test der Astrologie von selber anbot. Falls die Planeten wirklich bei der Geburt unser Schicksal beeinflussen, wie die Volksmeinung besagt, dann dürfte es keinen Unterschied machen, ob eine Geburt natürlich abläuft oder ob sie künstlich eingeleitet wird. So unterteilte Gauquelin, um diese Hypothese zu überprüfen, die Fälle in diese beiden Kategorien. (Zu den künstlichen Geburten zählten dabei die durch Medikamente eingeleiteten sowie Zangen- und Kaiserschnittgeburten.) Tatsächlich zeigte sich der Planeteneffekt *nur* für die natürlichen Geburten. Dies legt nahe, daß die Planeten weniger die Entwicklung, sondern vielmehr die natürliche Geburtszeit beeinflussen und es wahrscheinlicher machen, daß ein Mensch eines bestimmten Typus zu einem bestimmten Zeitpunkt und nicht irgendwann sonst geboren wird.

In der konventionellen Medizin weiß man noch nicht, was den Geburtsvorgang beginnen läßt; man ist davon überzeugt, daß ein komplexes Wechselspiel hormoneller Einflüsse zwischen Mutter und Kind abläuft, doch das eigentlich auslösende Moment ist unbekannt. Gauquelins Arbeit zeigt eine neue Möglichkeit auf, daß nämlich die Planeten gleichsam als himmlische Hebammen fungieren. Irgendein von den Planeten ausgehendes Signal mag irgendwie mit dem Fötus im Mutterleib interagieren und ihn anregen, zu einem bestimmten Zeitpunkt zur Welt zu drängen. Dies stimmt mit dem überein, was Hippokrates vor ungefähr zweieinhalb Jahrtausenden schrieb: »Wenn es an der Zeit ist, bewegt sich das Kind, zerreißt die Häutchen, die es umschließen, und tritt aus dem Mutterleib hervor.«

Man weiß, daß das Schicksal eines Kinds im gewissen Grad von der genetischen Prädisposition abhängt. Vielleicht ist es diese Prädisposition, die ein Kind seinen Geburtszeitpunkt dann »wählen« läßt, wenn ein bestimmter Planet soeben aufgegangen ist oder kulminiert hat. Mit anderen Worten: das ungeborene Kind tendiert dazu, in Reaktion auf eine bestimmte Planetenkonstellation seinen eigenen Geburtsvorgang einzuleiten. Welcher Planet dabei als Auslöser wirkt, hängt von den genetischen Eigenschaften des Kindes ab, und eben diese genetischen Eigenschaften können auch später bei der Bestimmung des Charakters und des beruflichen Erfolgs eine Rolle spielen.

Diese Lösung ist freilich bei weitem nicht so einfach, wie es den Anschein haben mag. Wenn der betreffende Planet eine Art Signal aussendet, das den Geburtsvorgang einleitet, entsteht natürlich eine Zeitverschiebung zwischen dem Signal und der dadurch ausgelösten Geburt, die von der Dauer der Wehen bestimmt ist. Diese Zeitspanne ist unterschiedlich lang, zwischen einer Stunde und vielen Stunden: Erstgeburten dauern im Durchschnitt neun Stunden, zweite Geburten fünf Stunden, und nächtliche Wehen sind durchschnittlich um 25 Prozent kürzer als solche am Tag. Dies läßt sich mit der durchschnittlich etwa sechsstündigen Zeitspanne zwischen Planetenaufgang und Kulmination vergleichen. Mit anderen Worten: Selbst wenn die Geburten aller künftigen Spitzensportler in dem Augenblick beginnen, in dem sich Mars in einer speziellen Position befindet, müßte die unterschiedliche Dauer des jeweiligen Geburtsvorgangs eigentlich den Effekt soweit abschwächen, daß er so gut wie unentdeckbar würde. Dieser Einwand verlöre an Gewicht, wenn das Planetensignal nach Beginn der Wehen und näher am Zeitpunkt des Austritts einträfe, doch in diesem Fall wäre es überflüssig.

Wenn andererseits das Planetensignal mit dem Geburtsaugenblick zusammenfällt: was leitet dann den Geburtsvorgang ein? Und natürlich bleibt immer noch die Frage, wie das Signal eigentlich beschaffen ist. Schwerkraft oder Magnetismus erscheinen unwahrscheinlich, weil die Sonne keinen Effekt ausübt. Eine unmittelbare elektromagnetische Strahlung erscheint unwahrscheinlich, weil sie bereits entdeckt wäre; und auf jeden Fall würde sie durch Mauern auf der Erde blockiert oder durch irdische Strahlenquellen erstickt. Wie können überdies – von welcher Beschaffenheit dieses Signal auch immer sein mag – die verschiedenen Planeten derartig qualitativ und quantitativ unterschiedliche Wirkungen erzielen? Außersinnliche oder Psi-Effekte sind unwahrscheinlich, weil man weiß, daß die Planeten unbewohnt sind. Wollte man anführen, eine bestimmte übersinnliche Fähigkeit des Kinds nehme die Planetenposition unmittelbar wahr, stellte sich das weitere Problem, daß man erklären müßte, warum das Kind gerade den einen bestimmten Planeten wählt und warum es überhaupt dieses Bedürfnis hat. Und schließlich ist aus Gründen der Evolution schwer einzusehen, welchen Vorteil die eine Geburtszeit vor einer anderen hat.

Gauquelins Interpretation bringt uns daher in wirkliche Schwierigkeiten, aber sie stimmt mit seinen Ergebnissen überein. Einen weiteren Beweis liefert der Umstand, daß sich die Korrespondenz zwischen Kind und Elternteil sowohl für die Mutter wie für den Vater zeigt und der relative Beitrag der beiden ungefähr gleich groß ist. Ein Kind tendiert dazu, unter einem bestimmten Planeten geboren zu werden, wenn ein Elternteil, entweder die Mutter oder der Vater, ebenfalls zu dieser Zeit geboren wurde. Der Befund, daß der Vater eine solche Rolle spielt, kann nur bedeuten, daß das Kind selber, nicht die Mutter, den Geburtsvorgang einleitet. Überdies fand Gauquelin, daß sich die Aussichten eines Kindes, »unter« einem bestimmten Planeten geboren zu werden, verdoppelten, wenn beide Eltern dann geboren wurden, als sich dieser Planet in einer der kritischen Positionen befand. Das stimmt mit den Gesetzen der Genetik überein.

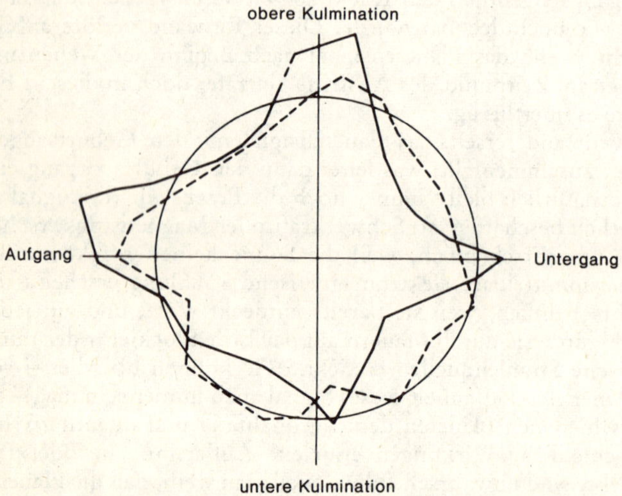

Ein Kind eines Elternteils, der geboren wurde, als ein Planet eben den Horizont oder den Meridian passiert hatte, wird unter einer ähnlichen Planetenkonstellation mit doppelt so hoher Wahrscheinlichkeit an einem Tag mit magnetischen Störungen (durchgezogene Linie) geboren wie an einem magnetisch ruhigen Tag (gestrichelte Linie). Die Ergebnisse der fünf relevanten Planeten sind zusammengefaßt. (Nach Gauquelin, 1978)

Bei wieder einer anderen Analyse untersuchte Gauquelin die mögliche Auswirkung von Tagen mit magnetischen Störungen. Die Abbildung zeigt, daß Kinder mit höherer Wahrscheinlichkeit »unter« demselben Planeten wie ihre Eltern geboren wurden, wenn das irdische Magnetfeld am betreffenden Tag gestört war. Es ist nicht bekannt, wie »Magnetstürme« oder die damit zusammenhängenden Sonnenflecken auf die Angelegenheit einwirken könnten. Es wäre höchstens denkbar, daß die Planeten dann, wenn sie eine Geburt stark beeinflussen, auch auf die Sonne starken Einfluß ausüben.

Nach dem französischen Mathematiker Laplace »muß das Gewicht der Beweise zur Ungewöhnlichkeit der Tatsachen passen«. Von diesem Prinzip überzeugt, erkannten die Gauquelins, daß es unerläßlich war, ihre Ergebnisse bezüglich der Vererbung zu replizieren. Sie taten dies mit zwei neuen Stichproben, deren jede über 15000 Eltern und ihre Kinder umfaßte. (Man beachte, daß hier, anders als bei den meisten Replikationsversuchen, der Stichprobenumfang vergrößert statt verkleinert wurde.) Abermals zeigte sich, daß der Effekt unabhängig vom Geschlecht des fraglichen Elternteils war; daß sich seine Intensität erhöht, wenn beide Eltern das gleiche Planetenerbgut haben; daß der Effekt verschwindet, wenn es sich bei dem Kind um eine künstlich eingeleitete Geburt handelt; und daß sich der Effekt verstärkt, wenn die geomagnetische Aktivität gestört ist.

Gauquelin zeigt einige Implikationen seiner Ergebnisse auf. Beispielsweise können die Planeten den Zeitpunkt einer Geburt beeinflussen und so mithelfen, den Persönlichkeitstypus anzuzeigen, mit dem das Baby geboren ist; doch ansonsten beeinflussen sie sein Schicksal nicht. Dies widerspricht natürlich der Auffassung der Astrologen, wonach die Planetendispositionen bei der Geburt eines Kindes mit seinem Geschick von diesem Zeitpunkt an übereinstimmen. Für einen Astrologen ist es infolgedessen gleichgültig, ob eine Geburt natürlich oder künstlich vonstatten geht: Wenn es einem Menschen bestimmt ist, zu einer bestimmten Zeit geboren zu werden, dann wird sich dieses Schicksal, mit welchen Mitteln auch immer, erfüllen – nur das Geburtshoroskop wird gelten.

Gauquelins Ergebnisse beweisen nicht unbedingt, daß die Astrologen in diesem Punkt unrecht hätten. Obwohl bei einer künstlich eingeleiteten Geburt die Indikatoren Gauquelins nicht zutreffen, folgt durchaus nicht, daß die Persönlichkeit und die Zukunft des Kinds in keiner Beziehung zu dem von einem Astrologen berechneten Geburtshoroskop ständen, da dieser eine Anzahl von Faktoren heranzieht, die von Gauquelin noch nicht untersucht sind. Wenn es solche anderen Faktoren gibt, werden sie vielleicht nicht von der künstlichen Einleitung der Geburt berührt. Dieser Punkt ist natürlich sehr wichtig für die ganze Zukunft der Astrologie in einer Zeit, da die meisten Geburten künstlich eingeleitet werden, damit sie während der »Dienststunden« stattfinden. Nur empirische Forschung kann diese Frage klären.

Gauquelin räumt ein, daß seine Ergebnisse in der Tat wenig brauchbar sind, um jemandes Zukunft vorherzusagen. Da, abgesehen vom Vererbungseffekt, die Planetenkorrelationen nur für bedeutende Menschen gelten, müssen wir warten, bis jemand eine bedeutende Person ist, ehe wir wissen können, ob sie für ihn zutreffen. Für eine Vorhersage seines beruflichen Werdeganges ist es dann allerdings ein wenig zu spät . . .

Beurteilungen und Replikationen

Von Anfang an übersandte Gauquelin seine Resultate zur Beurteilung an andere Wissenschaftler. Wenige waren bereit, sich dazu zu äußern, und erst jetzt beginnen Forscher, ihre eigenen Studien durchzuführen. In Belgien allerdings gibt es ein Team aus dreißig Astronomen, Demographen, Statistikern und anderen Wissenschaftlern: eine Kommission zur wissenschaftlichen Untersuchung vermeintlicher paranormaler Erscheinungen (abgekürzt: Kommission Para). Die ausdrückliche Absicht dieser Forscher ist es, Beweismaterial zu überprüfen, von dem behauptet wird, es bestätige das Vorhandensein paranormaler Phänomene. Ihr Motto lautet: »Nichts wird von vornherein abgelehnt. Nichts wird ohne Beweis gebilligt.« In der Praxis haben sie die Thesen, die sie prüften, weit häufiger widerlegen als verifizieren können.

Nach fünfzehnjähriger Prüfung, bei der sie keine ernsthaften Fehler in den Methoden und den Berechnungen Gauquelins gefunden hatten, beschlossen die Mitglieder der Kommission, eine eigene Replikation durchzuführen. Zu diesem Zweck wurden berühmte Sportler ausgewählt. Gauquelin hatte, wie wir gesehen haben, herausgefunden, daß, bezogen sowohl auf eine Kontrollgruppe aus gewöhnlichen Sportlern als auf die theore-

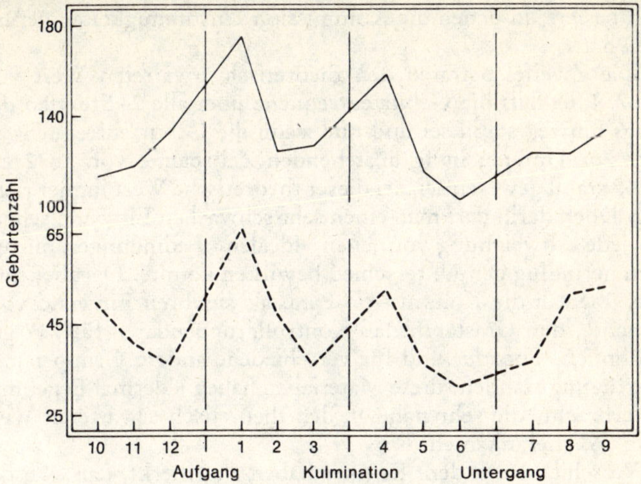

Die beiden Kurven zeigen die Häufigkeit der Geburten von Spitzensportlern bei verschiedenen Positionen von Mars. Die obere Kurve steht für Gauquelins Stichprobe von 1553 Personen, die untere Kurve betrifft die von der Kommission Para studierte unabhängige Stichprobe von 535 Sportlern. (Nach Gauquelin, 1978)

tische Erwartung, Mars sich bei der Geburt einer Mehrzahl von 1553 Spitzensportlern in einer der kritischen Zonen befand. Diese Berechnung wurde mit einer neuen Gruppe von 535 Spitzensportlern aus Frankreich und Belgien wiederholt. Man kam, wie die Abbildung zeigt, auf das gleiche Resultat wie früher. Nach der ursprünglichen Studie waren 21,4 Prozent der Champions »unter« Planeten in einer der beiden kritischen Sektoren geboren, während bei der Replikation der Anteil 22,3 Prozent betrug. (Die Wahrscheinlichkeitserwartung ist in beiden Fällen 16,7 Prozent.) Jetzt stehen die Chancen, daß dieses Ergebnis durch Zufall zustande kam, bei eins zu mehreren Millionen.

Trotz dieser offensichtlich sehr erfolgreichen Replikation war die Kommission Para nicht überzeugt. In einer 1976 veröffentlichten kurzen Erklärung gab sie zu verstehen, die Ergebnisse könnten auch auf ein Artefakt zurückzuführen sein: »Die Kommission Para kann die Schlußfolgerungen aus den Forschungen M. Gauquelins nicht akzeptieren, da sie auf Hypothesen basiert, in denen die Kommission Unstimmigkeiten gefunden hat.«

Die Zweifel betrafen den theoretisch erwarteten Wert von 16,7. Nur falls die Geburtenfrequenz über alle 24 Stunden des Tags hinweg stabil sei und nur wenn die Geburtenfrequenz in der zur Untersuchung anstehenden Zeitspanne von 1872 bis 1945 stabil gewesen sei, sei dieser theoretische Wert immer richtig. Doch darin darf man einen sehr schwachen Einwand sehen, da jede Abweichung von jenen »idealen« Bedingungen nur einen geringfügigen Unterschied bewirken könnte. Darüber hinaus übersah die Kommission Para, als sie ihren Einwand vorbrachte, den Umstand, daß Kontrollgruppendaten für 717 gewöhnliche Sportler und für verschiedene andere Gruppen zur Verfügung standen; diese Materialien haben jedesmal Ergebnisse erbracht, die sehr nahe an den theoretisch erwarteten Wert von 16,7 herankamen.

Verschiedene andere Kritiker haben angemerkt, daß sich die tatsächliche Geburtenverteilung für die Zeitspanne, in der sich ein Planet in einer der beiden kritischen Positionen befinde, lediglich schätzen lasse; man könne sie nicht exakt bestimmen, ohne die genauen Geburtszeiten einer völlig zufälligen Stichprobe aus der allgemeinen Bevölkerung tabellarisch zu erfassen. Doch wie die Kommission Para haben diese Kritiker die verfügbaren, von Gauquelin zusammengestellten Kontrollgruppen übersehen, die sämtlich eine Zahl in der Nähe der theoretisch abgeleiteten erbrachten. Es dürfte kaum notwendig erscheinen, ihre Stichhaltigkeit noch weiter zu erhärten.

Die Verleger des ›Humanist‹, die, wie man sich vom ersten Kapitel her erinnern wird, den Behauptungen Gauquelins sehr kritisch gegenüberstanden, einigten sich darauf, einen Universitätsstatistiker heranzuziehen, der als Schiedsrichter bei der Auseinandersetzung fungieren sollte. Der für die Tätigkeit Ausgewählte, Marvin Zelen (1976), schlug einen endgültigen Test vor, der den Einwand der Kommission Para berücksichtige. Er gab zu verstehen, man solle eine Kontrollgruppe zusammenstellen, die im Hinblick auf das ungefähre Geburtsdatum und den Geburtsort den Sportlern entspreche. Falls das Resultat Gauquelins auf ein demographisches Artefakt zurückgehe, sollte eine solche Kontrollgruppe gleichfalls den Marseffekt erkennen lassen. In Reaktion auf das Angebot des ›Humanist‹, die Ergebnisse eines solchen Tests zu veröffentlichen, wie immer er ausgehe (bislang hatte man nur Kritiken an der Astrologie publiziert), wandten sich die Gauquelins wieder ihren Geburtsangaben zu und errechneten Horoskope für 16756 Menschen, die etwa zur selben Zeit und in denselben Gegenden wie 303 der Spitzensportler geboren waren (für die übrigen waren keine entsprechenden Kontrolldaten ohne Schwierigkeiten zu erhalten). Bei der Analyse dieses neu zusammengestelltcn Materials zeigte sich, daß der Marseffekt in der Untergruppe von 303 Champions bei 66 (22 Prozent) auftrat, die in den kritischen Zonen geboren waren. In der Kontrollgruppe trat er nicht auf. Selbst bei 474 Kontrollpersonen, die mit den »unter« dem Mars geborenen 66 Sportlern verglichen wurden, waren nur 82 gleichfalls »unter« dem Mars geboren (wieder die Wahrscheinlichkeitserwartung von 16,7 Prozent). Dieses Resultat beantwortet wirksam den Einwand der Kommission bezüglich der theoretischen Erwartungen.

Trotz dieser offensichtlichen Bestätigung entschied ›The Humanist›, wie die Kommission Para, noch eine weitere Untersuchung durchzuführen. Man wollte erkunden, ob sich der Mars-Effekt auch bei US-Sportlern replizieren ließ. Die Studie, die von dem US Committee for the Scientific Investigation of Claims of the Paranormal veranstaltet wurde, stieß auf Schwierigkeiten, als sich die meisten Staaten unter Berufung auf den US Privacy Act von 1974 weigerten, die erforderlichen Unterlagen zur Verfügung zu stellen. Man hatte vorgehabt, eine Stichprobe von 605 amerikanischen Spitzensportlern zusammenzustellen, aber es war nur möglich, die Geburtsangaben für 120 zu erhalten. Immerhin ließen 20,3 Prozent dieser Gruppe den Marseffekt erkennen. Wiewohl sie knapp signifikant war, hielt man diese Stichprobe dennoch für zu klein, weshalb man sie durch die Hinzunahme weiterer Fälle vergrößerte. Leider gehörten zu diesen Zusatzfällen viele Sportler, die merklich unter internationalem Rang lagen. Für die Gesamtgruppe (jetzt 408) ergab sich kein signifikanter Marseffekt, und das Committee kam zu einer negativen Schlußfolgerung.

Die Gauquelins haben darauf hingewiesen, daß diese Prüfung ihrer Arbeit nicht gerecht werden konnte, weil man das erforderliche Niveau der sportlichen Leistung zu tief angesetzt hatte, um die Testgruppe vergrößern zu können (Gauquelin und Gauquelin, 1979). Bei den zusätzlichen 208 Fällen traf der Marseffekt nur auf 11 Prozent zu, also signifikant unter dem Wahrscheinlichkeitswert. (Warum nur so wenige in dieser Gruppe gewöhnlicher Sportler »unter« Mars geboren waren, bleibt ein

Rätsel.) Wie bereits erwähnt, steht dieses Ergebnis der Erwartung im Hinblick auf die Verbindung zwischen Mars und Persönlichkeit völlig entgegen.

Die Gauquelins haben sich auch damit verteidigt, daß kein wirklicher Versuch unternommen worden sei, die natürlichen Geburten auszusondern; man wird sich entsinnen, daß es nur in solchen Fällen zu einem Planeteneffekt kommt. Da erst im letzten Vierteljahrhundert die künstliche Geburteneinleitung zur Routinesache geworden ist, hätten die Prüfer dieses Problem umgehen und nur frühere Daten heranziehen können. Tatsächlich stellte man in der ersten Phase der Committee-Arbeit fest, daß der Marseffekt bei den Geburten vor 1930 ausgeprägter war (27 Prozent) als bei der gesamten Gruppe (20,3 Prozent).

Nach objektiven Erfolgskriterien, wie etwa einem Sieg bei Olympischen Spielen, unterteilten die Gauquelins die gesamte Stichprobe in sehr erfolgreiche und weniger erfolgreiche Sportler und fanden abermals, daß der Marseffekt auf die sehr erfolgreichen beschränkt blieb. Er lag signifikant höher für 88 hervorragende Sportler als für die übrigen 320, die zwar gut, aber nie ganz bis zur Spitze vorgedrungen waren. Noch mehr: bei zwanzig Olympiasiegern in der Stichprobe betrug der Marseffekt 35 Prozent.

Angesichts der Schwierigkeiten bei der Datenbeschaffung für hervorragende Sportler aus den Vereinigten Staaten entschlossen sich die Gauquelins, auf eigene Faust noch einen weiteren Replikationsversuch zu unternehmen. Sie ermittelten die Geburtszeiten von 432 neuen Weltklassesportlern aus Europa und stellten eine Kontrollgruppe von 423 neuen Sportlern zusammen, die ein weniger hohes Niveau hatten. Die »Spitzen«-Gruppe enthielt einen Anteil von 24,5 Prozent Sportlern, die geboren wurden, als sich Mars in einer der beiden kritischen Zonen aufhielt. Die Kontrollgruppe kam auf einen Anteil von 16 Prozent. Das Ergebnis für die Spitzensportler war also über das Ein-Prozent-Niveau hinaus signifikant.

Es bleibt festzustellen, daß die Replikationen der Gauquelins selber gut geplant und durchgeführt waren, daß man das aber nicht von den von anderen durchgeführten Replikationen sagen kann. Der Hauptfehler liegt im Umfang der Stichproben. Replizieren wir beispielsweise eine Studie, die ergab, daß 21 Prozent Spitzensportler geboren wurden, als sich Mars in einer der kritischen Positionen befand, dann können wir die minimale Stichprobengröße errechnen, die nötig ist, um ein signifikantes Ergebnis zu bringen. In diesem Fall benötigt man wenigstens 300 Personen, wenn man ein Resultat erhalten will, das auf dem Ein-Prozent-Niveau signifikant ist. Wenn wir ein Signifikanzniveau wünschen, das mit dem von den Gauquelins erreichten vergleichbar ist, benötigen wir natürlich eine Stichprobe von ähnlicher Größe wie bei ihnen. Welche Stichprobengrößen hatten die Replikationsversuche aber tatsächlich? In den uns bekannten Untersuchungen lag sie meist unter 100! Man kann die Befunde Gauquelins auf der Grundlage so offensichtlich unzulänglicher Studien nicht gerecht beurteilen, obwohl immerhin auch in diesen die Ergebnisse im allgemeinen mit denen der ursprünglichen Studien übereinstimmten: Es fand sich ein leichter Überschuß an Spitzensportlern, Extravertierten und so fort, bei denen sich der vorhergesagte Planet in einer der kritischen Positionen befand.

Die Kritiker der Gauquelins

Ehe wir zu unserer zusammenfassenden Beurteilung der Arbeiten kommen, die von den Gauquelins beschrieben werden, möchten wir ein paar Worte über ihre Kritiker sagen, besonders über diejenigen mit naturwissenschaftlicher Ausbildung. Wir haben festgestellt, daß die Kritiker keineswegs die Objektivität erkennen ließen, die man allgemein von Wissenschaft erwartet, sondern daß sie alles daransetzten, um Voreingenommenheit, Vorurteil und Feindseligkeit zu demonstrieren. Vieles im Verhalten der Kritiker war moralisch nicht vertretbar. So entschied sich – um nur ein Beispiel anzuführen – die belgische Kommission Para, die die Ergebnisse Gauquelins widerlegen wollte, gegen die Veröffentlichung ihres vollständigen Berichts, als sich zeigte, daß dessen Befunde für die Gauquelins sprachen. Dies ist ein sehr ungewöhnliches Verhalten im wissenschaftlichen Diskurs. Daher haben wir unsere Kenntnisse über die Ergebnisse der Kommission hauptsächlich aus Zitaten und Erörterungen bei Gauquelin. Obwohl wir nicht bezweifeln, daß diese Zitate korrekt sind (andernfalls hätte die Kommission sicherlich ein Dementi veröffentlicht), hätten wir es natürlich vorgezogen, in den Kommissionsbericht selber Einsicht zu nehmen.

Auch das amerikanische Committee erhob, wie oben erwähnt, gewisse statistische Einwände und einigte sich mit den

Gauquelins darauf, daß deren Ergebnisse anzuerkennen seien, wenn jene Einwände berücksichtigt seien. Die Gauquelins sammelten eine große Menge an Material, das die gestellten Bedingungen erfüllte, und kam zu Ergebnissen, die ihren vorherigen Aussagen völlig entsprachen. Dennoch weigerte sich das Committee zuzugeben, daß die Gauquelins ihre Sache bewiesen hatten. Dies ist abermals eine ungewöhnliche Verfahrensweise in der Wissenschaft, die nicht gerade für das Committee spricht. Eine vollständige Darstellung dessen, was sich bei dieser spannenden, aber unglücklichen Episode hinter den Kulissen abspielte, haben Rawlins (1981) und Curry (1982) gegeben. Falls diese Berichte wahr sind, hat das Committee allerlei zu erklären.

Andere Kritiker wie Culver und Ianna (1979) neigen dazu, die Ergebnisse der Gauquelins dadurch herunterzuspielen, daß sie der Beschreibung ihrer Arbeit so wenig Platz einräumen, daß der uneingeweihte Leser völlig außerstande ist, die immense Arbeit, die geleistet wurde, und den eindrucksvollen Erfolg – auch der zahlreichen Replikationen – zu ermessen. Ungerechtfertigtes Gewicht wird kleinen und schlecht ausgeführten Replikationen beigemessen, die nicht das erforderliche Signifikanzniveau erreichten – gewöhnlich deshalb, weil weniger bedeutende Gruppen herangezogen wurden, die bei einem fairen Test hätten ausgeschieden werden müssen. Dies jedoch wird von den Kritikern im allgemeinen nicht erklärt.

Werden statistische Kritiken erwähnt, geschieht dies oftmals auf eine Weise, daß der Leser nicht versteht, worum es geht, oder daß er die Kritik nicht beurteilen kann. So wissen Culver und Ianna folgendes zu sagen: »Die Analyse der Gauquelins wurde aus einer Anzahl von Gründen kritisiert, die sich hauptsächlich um das Zählschema und die Berechnung der Anzahl von Freiheitsgraden in den Daten konzentrieren. Es wird die Behauptung erhoben, daß bei einer angemessenen Berücksichtigung dieser Faktoren die Chancen der Gauquelins gegen die Zufallsverteilung beträchtlich unter den Wert von 10^{-6} sinken, der in ihrer früheren Arbeit über das Thema angeführt ist.« Man beachte, daß Culver und Ianna in dieser ziemlich vagen Erklärung nicht einmal sagen, daß sie diesen Kritiken zustimmen; sie führen sie einfach als Behauptungen an, unternehmen aber keinen Versuch, ihre Genauigkeit zu beurteilen. Auch erwähnen sie nicht, daß die Gauquelins in der Tat die Bedingungen erfüllten, die ein angesehener Statistiker aufgestellt hatte, um alle Zweifel bezüglich der theoretischen Erwartung zu beseitigen, und die Ergebnisse danach noch immer standhielten. Dies ist keine wissenschaftliche Kritik, sondern lediglich der Versuch, Leser zu der Meinung zu verleiten, es seien Fehler begangen worden, wo es in Wirklichkeit keine Fehler gab.

Wir haben sorgfältig die Argumente in Zusammenhang mit der statistischen Beurteilung und der Planung der Experimente geprüft und haben mit großem Interesse die Auseinandersetzung zwischen den Gauquelins und ihren Kritikern über verschiedene Punkte verfolgt. Wir sind zu der definitiven Schlußfolgerung gelangt, daß diese Kritiker oft irrational und in wissenschaftlich unzulässiger Weise argumentiert haben, daß sie Prinzipien verletzten, die sie selber aufgestellt hatten, daß sie die Gauquelins weder über Details durchzuführender Tests konsultierten, noch über wichtige Punkte der Ergebnisse informierten. Ähnliche Versäumnisse haben wir bei den Gauquelins nicht festgestellt, die sich offenbar gelassen, rational und wissenschaftlich akzeptabel verhalten haben, die auf Kritik dadurch eingingen, daß sie das Material auf angemessene Weise nochmals analysierten, daß sie neue Daten sammelten, wie mühsam das Verfahren auch sein mochte, und daß sie sachlich argumentierten. Wir glauben nicht, daß die Gemeinschaft der »Wissenschaftler« mit vielen Lorbeeren aus dieser Gegenüberstellung hervorgeht.

Alternative Erklärung

Selbst wenn die Arbeit der Gauquelins weiteren Replikationen durchaus gewachsen ist, müssen wir doch auch fragen, ob es nicht vielleicht eine Interpretation gibt, wonach andere als planetarische Einflüsse die Fakten erklärbar machen. Ist es beispielsweise denkbar, daß sich berühmte Sportler oder Soldaten veranlaßt sahen, eine solche Berufslaufbahn einzuschlagen, weil sie entdeckt hatten, daß Mars, der Gott des Kriegs, zur Zeit ihrer Geburt eine wichtige Stellung einnahm? Dieses Element der »Vorinformation« wurde im 4. Kapitel erörtert. Im Lauf der Jahrhunderte war Mars stets der Planet der Kraft, der Aggression, des Kampfes gewesen, und es ist eben dieser und kein anderer Planet, der in den Geburtshoroskopen hervorragender Sportler, bei denen solche Eigenschaften eine wichtige Rolle spielen, eine besondere Position einnimmt. Eine ähnliche Parallele läßt sich für die meisten anderen Befunde ziehen; beispielsweise nimmt Saturn, den man traditionell mit dem ernsten und nachdenklichen Temperament in Verbindung bringt, in den Horoskopen von Wissenschaftlern eine prominente Stellung ein. Das Ausmaß, in dem die Tradition mit den Ergebnissen Gauquelins im Einklang steht, stimmt zwar mit den astrologischen Lehren überein, aber ebenso paßt hier auch die »normale« Erklärung, wonach Vorkenntnisse über Astrologie die Entwicklung eines Menschen, seine Berufswahl und seinen Lebensstil beeinflussen. Man erinnere sich an unseren oben genannten Hinweis, daß es nur eines kleinen Anteils solcher Fälle bedarf, damit sich ein statistisch signifikantes Resultat einstellt.

Aber obwohl diese Interpretation den »Mayo-Effekt« erklären konnte, scheint sie nicht zu dem vorliegenden Fall zu passen. Zunächst einmal stimmen nicht sämtliche Resultate mit der herkömmlichen Astrologie überein. Insbesondere spielen Venus und Merkur in den Horoskopen von Musikern und Künstlern keine Rolle, wie dies die meisten Astrologen vorhergesagt hätten, und die Sonne hat überhaupt keine Wirkung, was den traditionellen Behauptungen über ihre überragende Wichtigkeit völlig zuwiderläuft. Dennoch sind, alles in allem, die Zusammenhänge mit der Astrologie ziemlich eindrucksvoll. Individuell verschiedene Arbeitsweisen der Astrologen und Fehler in der Forschung könnten ausreichen, die paar Fälle fehlender Übereinstimmung zu erklären, wenn es nicht einen wichtigen Punkt gäbe, in dem sich die Ergebnisse von der traditionellen Astrologie trennen.

Die beiden kritischen Positionen Gauquelins liegen unmittelbar *hinter* dem Aufgangspunkt und *hinter* der Kulmination, und in der traditionellen Astrologie fallen diese beiden Zonen ungefähr mit den absteigenden oder schwachen Häusern zusammen (sie sind das zwölfte, beziehungsweise neunte Haus). Wahrscheinlich hätte man einem der »unter« Mars geborenen berühmten Sportler, wäre er in seiner Jugend bei einem Astrologen gewesen, nicht gesagt, daß er ein »Mars«-Temperament habe oder daß er für eine »Mars«-Berufslaufbahn geeignet sei. Dies hätte man ihm nur gesagt, wenn er etwa eine Stunde früher geboren worden wäre, als Mars im vorangegangenen Haus gestanden hatte, da in der traditionellen Astrologie das erste Haus, unmittelbar *vor* dem Aszendenten, mit Persönlichkeit und Charakter zu tun hat. Das zehnte Haus, unmittelbar *vor* der Kulmination, hängt mit Beruf, Belohnungen und Ehrungen zusammen. Die Erklärung im Sinne der »Vorinformation« träfe also nur für Menschen zu, bei deren Geburt Planeten in diesen Häusern gestanden hätten. Die Resultate Gauquelins lassen aber keine ungewöhnlich hohe Zahl solcher Häuser erkennen.

Es ist natürlich interessant festzustellen, daß die Ergebnisse Gauquelins nach dem Verständnis der traditionellen Astrologie in jedem Fall nur um ein Haus danebenliegen. Dies kann einfach Zufall sein. Es kann aber auch bedeuten, daß sich die »signifikante« Geburtszeit statt dessen auf eine Phase etwa zwei Stunden früher im Geburtsvorgang bezieht, jedoch nicht auf den Beginn der Geburt, da diese im allgemeinen etwa fünf bis zehn Stunden früher anfängt. Die Verschiebung läßt sich nicht mit Ungenauigkeiten bei der Registrierung von Geburtszeiten erklären, solange man nicht zeigen kann, daß solche Fehler durchgängig in der Größenordnung von ungefähr einer Stunde liegen. Die Gauquelins überprüften dies und fanden keinen Beweis für einen durchgängigen Fehler.

Ein weiterer Punkt steht einer Erklärung im Sinn von »Vorinformiertheit« entgegen, und das ist Gauquelins Befund über die planetarische Vererbung. Wenn diese ihre Ursache in einem Vorauswissen haben sollte, dann müßten beide Elternteile absichtlich dafür zu sorgen versuchen, daß ihre Kinder »unter« denselben Planeten geboren werden wie sie selber. Außerdem täten sie dies nur, wenn sie geboren worden wären, als sich ein Planet in einem der beiden kritischen Abschnitte Gauquelins befand. Diese Erklärung ist unwahrscheinlich, aber sie bedeutet, daß dem Befund über die Vererbung ein neues Gewicht zukommt. Da hier offenbar kein Zusammenhang mit einem Vorauswissen besteht, ist dies das überzeugendste unter Gauquelins Resultaten. Daher hätten die Kommission Para und das amerikanische Committee dieses Resultat für Replikationsversuche auswählen sollen. Im Augenblick müssen wir uns mit den Replikationen begnügen, welche die Gauquelins selber durchgeführt haben.

Verschiedene Kritiker haben andere Interpretationen der Gauquelinschen Ergebnisse vorgeschlagen. Da aber keine davon wissenschaftlich haltbar zu sein scheint, sei nur kurz darauf eingegangen. Jerome (1977) beispielsweise stellt fest: »Gauquelin hat Ursache und Wirkung durcheinandergebracht . . . Menschen mit unterschiedlichem Temperament werden einfach zu verschiedenen Tageszeiten geboren.« Als Beispiel führt Jerome

Soldaten an, die zu beliebigen Zeiten des Tags geboren sein können, was einfach aus Zufall damit korrespondiere, daß sich Jupiter in einer der beiden kritischen Himmelszonen befand. Statt einen solchen Einwand so vorzubringen, als hätte er ein Element an Wahrheit an sich, hätte ihn Jerome anhand von astronomischen und Geburtsinformationen überprüfen oder wenigstens die Forschungsdokumente Gauquelins lesen sollen, welche die nötigen Informationen zusammen mit Quellenangaben enthalten, die jedermann eine Überprüfung ermöglichen. Wenn er das getan hätte, hätte er feststellen können, daß Militärs mit der gleichen Häufigkeit wie andere Menschen auch während des ganzes Tags geboren werden. Selbst wenn ihre Geburtstage sich zu einer bestimmten Zeit häufen, könnte sich der Effekt nur einstellen, falls Jupiter sich zu jener Zeit übermäßig lange in den beiden kritischen Positionen aufgehalten hätte, und das wiederum hätte nur geschehen können, wenn die Zeitspanne der Studie auf ein paar Wochen oder gar Tage beschränkt gewesen wäre. Tatsächlich aber wurden ja Daten aus mehreren Jahrzehnten ausgewertet.

Eine andere häufig vorgebrachte Erklärung betrifft die Anwendung der Wahrscheinlichkeitsprüfung. Die extremste Darstellung dieser Auffassung stammt von David Cohen, der im ›New Scientist‹ nach der Erörterung von Gauquelins Arbeiten zu der Schlußfolgerung kam, seine Resultate »könnten die Tatsache widerspiegeln, daß die Wahrscheinlichkeitstheorie (zumindest so, wie sie in den Wissenschaften vom Lebendigen angewandt wird) von ziemlich primitiven Annahmen darüber ausgeht, wie die Welt funktionieren sollte. Gauquelin hat vielleicht nicht so sehr etwas über die Planeten erfahren als vielmehr etwas Wichtiges über die Wahrscheinlichkeit.« Diese ziemlich vage Aussage kann wohl nur eines bedeuten, daß nämlich offensichtlich signifikante Ergebnisse nur deshalb erzielt wurden, weil es in der Astrologie eine sehr große Anzahl von Faktoren gibt, so daß sich schon aus Gründen der Wahrscheinlichkeit so häufig »signifikante« Ergebnisse einstellen können und sich auch einstellen. Doch diese Wahrscheinlichkeit läßt sich berechnen, und den betreffenden Effekt kann man durch Replikation ausschalten, da natürlich eine derartige Erklärung jedesmal unwahrscheinlicher wird, wenn es zu einem ähnlichen Ergebnis kommt. Im Fall der Gauquelins zeigen die Replikationen, daß Cohens Einwand nicht stichhaltig ist.

Keine der Alternativerklärungen, die angeboten worden sind, erscheint uns mithin überzeugend. Allerdings gibt es gegen die Theorien Gauquelins gewisse wesentliche Einwände, die es festzuhalten gilt.

Der potentiell gewichtigste betrifft die Tendenz, daß signifikante Ergebnisse nur für die Elite der untersuchten Berufsgruppen zutreffen. Gauquelin hat gezeigt, daß der Zusammenhang in Wirklichkeit mit der Persönlichkeit, nicht mit der Berufstätigkeit besteht, also müßte der Planeteneffekt für einen ganzen Berufsstand gültig sein, der durch eine bestimmte Persönlichkeit charakterisiert ist, und jedenfalls nicht nur für eine Elite.

Um ein Beispiel anzuführen: Für Sportler ist eine extravertierte Persönlichkeit charakteristisch, wie hoch ihr Erfolgsniveau auch sein mag (Eysenck, Nias und Cox, 1982). Bei unseren Untersuchungen erzielten Athleten und Sportlehrerstudenten auf Fragebögen höhere Extraversionswerte als die meisten anderen getesteten Berufsgruppen. Die Intensität ihrer Extraversion scheint nicht in einem Zusammenhang mit dem Erfolg zu stehen: Der durchschnittliche Sportler ist allgemein ebenso extravertiert wie der Star. Nach allen bisherigen Forschungsergebnissen sieht es so aus, als würden Extravertierte vom Sport angezogen, aber als stehe dieses Persönlichkeitsmerkmal in keiner Beziehung zum Erfolg; ja, gerade der nicht erfolgreiche Sportler benötigt ein hohes Maß an Extraversion, wenn er weitermachen will. Wenn dieser Befund auch für die Sportler in der Stichprobe Gauquelins zutrifft (aufgrund von Lebensumständen und Gebräuchen ist dies vielleicht nicht der Fall: Die meisten ihrer Probanden wurden vor langer Zeit, zwischen 1860 und 1930, geboren), dann müßte die Nicht-Elite einen wenigstens ebenso starken Planeteneffekt zeigen wie die Elite. Warum also zeigt sich der Marseffekt nur bei Sportlern ganz an der Spitze?

Es reicht nicht aus, zu postulieren, daß der Marseffekt in Beziehung zu einem sehr spezifischen Persönlichkeitsmerkmal stehe, da dies dem Befund zuwiderliefe, wonach Mars in Beziehung zur Extraversion steht (die eine Hauptdimension der Persönlichkeit ist und sich bei jedem zeigen kann). Vielmehr müssen wir einfach feststellen, daß die Resultate eine auffallende Diskrepanz aufweisen und daß weitere Untersuchungen der Wesensmerkmale von Sportlern nötig sind, die den Marseffekt zeigen, beziehungsweise solcher, die ihn nicht zeigen. Das gleiche Argument trifft wahrscheinlich für Soldaten, Schauspieler, Wissenschaftler und im Grund für alle Gruppen Gauquelins zu. Die Frage lautet mit anderen Worten: Was ist das Spezifische der hervorragenden Leistung? Ein Schlüssel für die Antwort könnte darin liegen, daß hervorragende Leistungsfähigkeit auch bei den Geburtsjahreszeiten ein wichtiger Faktor ist (siehe 6. Kapitel).

Ein zweiter Einwand ergibt sich aus einer Tatsache, auf die schon oft hingewiesen wurde: daß nämlich, nachdem von der Forschung eine »echte« Korrelation entdeckt worden ist, weitere Forschungen immer noch bessere Korrelationen aufzeigen sollten, je mehr Informationen enthüllt sind. Ist dies im Fall von Gauquelins Ergebnissen geschehen? Der ursprüngliche Befund, daß ein Planeteneffekt sich bei etwas über 20 Prozent der Fälle zeigt, und nicht nur bei den 16,7 Prozent der Wahrscheinlichkeitserwartung, wurde bei den Replikationsversuchen nicht signifikant verbessert. Vielmehr blieb der Effekt weithin auf demselben Niveau. Klarere Resultate wurden jedoch erzielt, indem man von einer Berufsanalyse zu einer Persönlichkeitsanalyse überging, und eine weitere Verbesserung sollte auch möglich sein, wenn man bei der Analyse Fälle künstlich eingeleiteter Geburten beiseiteläßt. Dies ergibt sich aus dem Befund der Untersuchungen von Familien, der zeigte, daß der Planeteneffekt bei künstlich eingeleiteten Geburten vollständig verschwindet. Auf diese Fälle ist die Forschungsarbeit noch nicht eingegangen. Allerdings ist es schwierig herauszufinden, ob eine Geburt eingeleitet wurde oder nicht. Es gibt keine zentrale Informationsquelle, und wenn man nicht gerade vertrauliche Krankenhausaufzeichnungen durchsuchen will, bleibt einem nur die Möglichkeit, die jeweiligen Eltern zu befragen und zu hoffen, daß sie zunächst einmal Bescheid wußten und daß sie sich richtig erinnern.

Diesen Einwänden steht die Tatsache entgegen, daß Gauquelin auch Fehlschläge erlitt, die ebenso unerklärlich waren wie seine Erfolge und die uns darüber beruhigen können, daß sowohl die statistischen Methoden, die er zur Analyse benutzte, als auch seine Versuchsentwürfe gleichermaßen Null-Resultate und positive Ergebnisse hervorbringen können.

Wir haben schon erwähnt, daß es ihm beispielsweise nicht gelang, Tierkreiszeicheneffekte nachzuweisen. Ein anderer Fehlschlag stellte sich bei den Versuchen der Gauquelins ein, die Geburten von mehr als sechstausend Psychiatriepatienten zu analysieren, die als funktionelle Psychotiker diagnostiziert waren. Gauquelin (1980) faßt die Erkenntnisse dieser Studie folgendermaßen zusammen: »Die Resultate waren niemals positiv; es gab keine Korrelation zwischen Geburtsdaten unter irgendeinem bestimmten Planeten und psychischer Krankheit allgemein oder einer bestimmten Form von psychischer Krankheit. Saturn entscheidet nicht über Schizophrenie, und wo zu erwarten war, daß Jupiter bei der Geburt paranoider Patienten anwesend sei – deren Illusionen in der Tat oft grandios sind –: Unsere Resultate enthüllten abermals nichts Positives. Soweit wir wissen, scheint kein planetenbedingtes Temperament in Zusammenhang mit psychischer Krankheit zu stehen.« Es findet sich also selbst bei einer so ausgeprägten Gruppe wie derjenigen der funktionellen Psychotiker keine Verbindung zu Planeteneinflüssen. Die Tatsache, daß die Methode auch zu einem Fehlschlag führen kann, ist ein beruhigender Hinweis darauf, daß die Erfolge nicht lediglich statistische Artefakte sind.

Schlußfolgerung

Trotz der überzeugenden Beweisführung Gauquelins zugunsten einer Wirkung der Planeten bleiben die meisten orthodoxen Wissenschaftler skeptisch. Der Astronom Abell (1979), der sich als einer der wenigen mit der Forschungslage vertraut gemacht hat, kommt zu dem Schluß, daß »Gauquelins Befunde ein anomales Resultat darstellen, das in dem Maß unbestätigt bleibt, das notwendig wäre, damit man es als wissenschaftliche Tatsache akzeptieren könnte.« Ständen die Ergebnisse im Einklang mit einer bereits gesicherten Theorie, gäbe es weiter kein Problem. Die Beweisaufnahme ist fast vollständiger als für jeden Forschungsbereich der Psychologie. Nur wegen der besonderen Natur der Befunde, die Planeteneinflüsse herbeizubeschwören scheinen, wie sie von der Wissenschaft nicht anerkannt sind, verlangt man mehr schlagkräftige Beweise.

Abgesehen von der Skepsis, mit der man den Befunden Gauquelins begegnet, erkennen die meisten Kritiker die potentielle Bedeutung seiner Arbeit an. Kennzeichnend für diese Haltung ist die Äußerung Abells (1979): »Ich habe den starken Verdacht, daß sich Gauquelins Resultate letzten Endes als trügerisch erweisen werden. Doch falls sie dank einem (mir) wunderbar erscheinenden Zufall auch nur zum Teil richtig sein sollten, wäre dies ein gewaltiger Meilenstein in der Feststellung kosmischer Einflüsse auf den Menschen.« Der britische Astrologe John Addey hat Gauquelins lebenslanges Unternehmen mit demjenigen von Charles Darwin verglichen. Wie die monumentale Materialsammlung Darwins könne auch diejenige Gauquelins zu einer wissenschaftlichen Revolution führen.

Wir selber fühlen uns angesichts der Forschungen Gauquelins in ihrem derzeitigen Entwicklungsstadium zu der Stellungnahme verpflichtet, daß hier etwas vorliegt, das einer Erklärung bedarf. Wie sehr es ihnen auch gegen den Strich gehen mag, so dürften doch andere Wissenschaftler, die sich die Mühe machen, das Beweismaterial zu überprüfen, schließlich zu einem ähnlichen Schluß kommen. Die Erkenntnisse sind nicht erklärbar, aber sie sind faktisch vorhanden und lassen sich nicht länger ignorieren; man kann sie nicht einfach deshalb beiseitewischen, weil sie unangenehm sind oder nicht im Einklang mit den Gesetzen der gegenwärtigen Wissenschaft stehen.

Da Gauquelin die ganze Zeit hindurch alle Einzelheiten seiner Arbeiten in einer Reihe von Dokumenten veröffentlicht hat, ist es möglich, objektiv die bei diesen Forschungen angewandten Pläne und Methoden zu beurteilen. Dies haben wir getan, und wir konnten nichts ernstlich Falsches entdecken. Im Gegenteil: Wir waren von der peinlichen Sorgfalt beeindruckt, mit welcher das Material zusammengestellt und analysiert wurde. Soweit wir erkennen können, bestände die einzige Möglichkeit, die Ergebnisse ungültig zu machen, in einem Scheitern der Replikation. Allein wegen der Anzahl der bereits durchgeführten erfolgreichen Replikationen scheint diese Möglichkeit jedoch nur gering zu sein. Vielmehr besteht die Aufgabe jetzt darin, zu erklären, wie es möglich ist, daß die Planeten mit dem Charakter zusammenhängen, wobei man zum Beispiel das Forschungsgebiet auf bisher unerkundete Faktoren wie die Aspekte ausdehnen sollte.

Das in diesem Kapitel zusammengefaßte Material stellt die wohl überzeugendste Beweisführung für die grundlegende astrologische Prämisse dar, daß eine Beziehung zwischen dem Leben des Menschen und der Position der Planeten zur Zeit seiner Geburt existiert. Mit den Worten Mathers (1979): »Es ist wahrscheinlich nicht übertrieben zu sagen, daß alles daran hängt.« Sollte sich jemals zeigen, daß die Resultate Gauquelins unecht sind, dann steht, relativ gesprochen, alles, was noch als positiver Beweis zugunsten der Astrologie zurückbleibt, auf tönernen Füßen. Doch obwohl man mit dieser Möglichkeit immer rechnen muß, scheint es uns höchst unwahrscheinlich, daß alles, was auf so vielen Fällen aufgebaut und so viele Male repliziert wurde, sich als das Ergebnis von Zufall oder Irrtum herausstellen sollte. Vielleicht ist die Zeit gekommen, ganz unzweideutig zu erklären, daß soeben eine neue Wissenschaft geboren wird. Es sieht so aus, als habe sich unter vielen wertlosen Kieseln doch ein Goldkorn gefunden.

11. Gesamturteil und weitere Aussichten

Urteile nicht, und du wirst dich nicht irren.
Jean-Jacques Rousseau

Unterschiedliche »Astrologien«

Wir haben in diesem Buch eine große Menge an Material vorgestellt und haben zusätzlich eine noch größere Menge an Unterlagen in Form von Büchern, Artikeln, Briefen, unveröffentlichten Manuskripten und Vorlagen gelesen – unsere Bücherregale quellen in Schachteln hinein über, welche die Büros, in denen wir arbeiten, zu überschwemmen drohen, und dennoch scheint die Flut gedruckten und beschriebenen Papiers kein Ende nehmen zu wollen. Können wir ein abschließendes Urteil fällen, von dem die Leser glauben dürfen, daß es nahe an die Wahrheit herankommt? In diesem letzten Kapitel wollen wir erläutern, wie wir das Material interpretieren und warum wir meinen, daß sich unsere Mühe gelohnt hat. Wir schmeicheln uns nicht, diejenigen überzeugen zu können, die mit kräftigen vorgefaßten Meinungen an die Lektüre herangegangen sind; das Gesetz der Gewißheit, auf das wir uns zu Beginn berufen haben, macht dies unwahrscheinlich. Doch die Mehrheit der Leser dürfte dem Material mehr Beachtung schenken, und eben an diese Leserschaft wenden wir uns mit unserer Auswertung.

Wir begannen mit einer Unterscheidung zwischen traditioneller Astrologie, wie sie der strebsame Schüler aus zahlreichen Lehrbüchern entnehmen kann, und einer »Kosmobiologie«, die Tatsachen in den Beziehungen zwischen Planetenbewegungen oder anderen kosmischen Kräften und Ereignissen hier auf der Erde untersucht. Wir hätten vielleicht noch eine dritte Kategorie hinzufügen können: die Populär- oder Zeitungsastrologie, die sich nicht mit individueller Deutung oder Vorhersage abgibt und nicht viel mehr tut, als daß sie allgemeine, vage Aussagen über das wahrscheinliche Schicksal all derer macht, die unter diesem oder jenem Tierkreiszeichen geboren sind. Wir haben dies nicht getan, weil ernsthafte Astrologen derartige Dinge verachten. Diejenigen, die sie für ein leichtgläubiges Publikum ausdenken, wissen gewöhnlich nur zu genau, daß das, was sie tun, keinen Sinn und keine Beziehung zur wirklichen Astrologie hat. Natürlich machen sich solche »Astrologen« selbst nicht die Mühe, irgendeinen Beweis dafür zu liefern, daß ihre Erzeugnisse einen Wert hätten; die Untersuchungen, die von anderen darüber angestellt werden, haben keinerlei Bestätigung für solche Horoskope erbracht. Populärastrologie ist ganz unverkennbar Geschäftemacherei, sie hat keinen Wert und bringt keinen Ertrag. Sie wird besonders von denjenigen abgelehnt, die Wert auf die Beiträge legen, welche die traditionelle Astrologie für die Gesellschaft vielleicht leisten kann. Insofern sich das im ersten Kapitel zitierte anti-astrologische Manifest gegen diese Spielart richtet, stimmen wir voll mit ihm überein; Populärastrologie ist Unsinn, und die Zeitungen und Zeitschriften, die sich damit abgeben, sollten sich gründlich schämen.

Es mag sein, daß dies alles keinen großen Schaden anrichtet. Ein Neurotiker mag gelegentlich auf diese Kolumnen süchtig, ja von ihnen abhängig werden, doch daß dies in großem Maßstab geschieht, ist nicht sehr wahrscheinlich, und wenn diese Quelle des Aberglaubens abgeschafft würde, nähme ohne Zweifel eine andere ihre Stelle ein. Den Menschen scheint es oft unersättlich danach zu verlangen, daß sie betrogen werden. Allerdings wird das, was veröffentlicht wird, unter falschen Vorspiegelungen gedruckt. Es ist nicht als bloße Unterhaltung etikettiert, und viele Menschen glauben, wie wir gezeigt haben, doch daran, daß diese Kolumnen mehr sind als ein Spaß.

Traditionelle Astrologie

Wenden wir uns der traditionellen Astrologie zu, so finden wir ein ganz anderes Bild als das der offenkundigen Scharlatanerie in den Horoskopkolumnen. Im allgemeinen sind seriöse Astrologen aufrichtig und ernsthaft, sie sind von der Wahrheit und vom Wert ihrer Bemühungen überzeugt und bestrebt, das, was sie für eine sinnvolle Arbeitsweise halten, zu verbessern und zu vervollkommnen. Aber kann der Stoff, den wir in diesem Buch ausgearbeitet haben, ihren Glauben bestätigen, daß Astrologie »funktioniert«? Um diese Frage zu beantworten, müssen wir sie genauer fassen, weil alles davon abhängt, was wir unter »Astrologie« und »funktionieren« verstehen.

Lautet die Frage: »Liefert die Astrologie einem Menschen anscheinend sinnvolle Einsichten in seine Existenz?«, kann die Antwort »ja« heißen. Das Schlüsselwort ist natürlich »anscheinend«. In Wirklichkeit liefert die Astrologie einen schillernden symbolischen Überbau, der kaum besser geeignet sein könnte, um einen »Sinn« zu vermitteln, selbst wenn die Beschreibungen und Vorhersagen keinen Bezug zur objektiven Welt haben. In dieser Hinsicht ist die Astrologie nicht schlimmer als gewisse psychologische Techniken, bei denen immer noch Tintenkleckse benutzt werden, obwohl niemand behaupten kann, Tintenkleckse enthielten einen tatsächlichen Sinn. In Wirklichkeit könnte die Astrologie dem überlegen sein, weil ihre Konzepte unbestreitbar Schönheit und Reiz besitzen und weil sie, nimmt man immer nur eines auf einmal, anziehend einfach sind. So sind, im Gegensatz zu Es und Über-Ich, die aggressive Kraft von Mars und die liebenswerte Harmonie von Venus für jedermann verständlich. Darüber hinaus können sie, miteinander kombiniert, auf jede Komplexität der menschlichen Erfahrung eingehen; eine derart allumfassende Anwendung geht sicherlich über jede existierende psychologische Technik hinaus, und sie verdient vielleicht wirklich, unter die Religionen gerechnet zu werden. An sich ist diese Möglichkeit, »Sinn« zu liefern, nicht ohne Vorzüge, und in der Tat findet eine kleine, aber wachsende Zahl von Therapeuten, daß astrologische Begriffe einen brauchbaren Rahmen für die Beschreibung von Personen und Situationen in verständlichen und sehr menschlichen Ausdrücken abgeben können. Diese Vorteile stellen sich natürlich unabhängig davon ein, ob die Astrologie objektiv wahr ist oder nicht.

Lautet die Frage: »Sind astrologische Behauptungen war?«, heißt die Antwort »ja und nein«, doch zumeist »nein«. Wir haben gesehen, daß die Aussagen über Tierkreiszeichen jeder faktischen Grundlage entbehren und daß die über Häuser ebensowenig stichhaltig zu sein scheinen. Andererseits werden einige Eigenschaften der Planeten durch die Arbeiten der Gauquelins bestätigt, die zu dem Ergebnis führen, daß der Effekt je nach der Stellung der Planeten im Hinblick auf den Horizont wechselt. (Dies ist die Winkel-Konzeption, die nicht unbedingt etwas mit den Häusern zu tun hat.) Über Aspekte und gewisse andere Faktoren wie Halbsummen ist kein Urteil möglich, weil sie noch nicht angemessen untersucht sind. Da viele der eher mit wissenschaftlichen Methoden arbeitenden Astrologen annehmen, die Aspekte seien die wichtigsten Faktoren in einem Geburtshoroskop, ist diese Unbekannte in unserer Beurteilung der Astrologie besonders groß.

Auf die Frage: »Beschreiben Beurteilungen nach dem gesamten Geburtshoroskop die Einzelperson zutreffend?« ist keine zuverlässige Antwort möglich, weil definitive Tests noch ausstehen. Wir haben gezeigt, daß Zuordnungstests wie die Experimente von Vernon Clark zwar die Astrologie zu bestätigen scheinen, aber solche Schwächen aufweisen, daß sie als stichhaltige Beweise ausscheiden müssen. Außerdem haben sie sich nicht mit der Persönlichkeit, also der eigentlichen Domäne astrologischer Behauptungen, beschäftigt, sondern mit Dingen wie Gehirnlähmung und Selbstmord, die in einem Geburtshoroskop aufzuspüren sich wenige Astrologen zutrauen dürften.

Insgesamt würden wir auf die Frage: »Hat die Astrologie recht?« mit der Zusammenfassung von Dean und anderen (1977) antworten, daß »der bisher zu bekommende Eindruck nahelegt, daß astrologische Wirkungen vorhanden sind, doch selten auf die Weise oder in dem Ausmaß funktionieren, in dem sie es angeblich tun«. Im Sinn der Frage im Titel dieses Buchs ziehen wir daher den Schluß, daß Astrologie weitgehend, aber nicht restlos aus Aberglaube besteht. Es kann aber sein, daß diese Schlußfolgerung wegen der noch nicht erforschten wichtigen Gebiete einer künftigen Einschränkung bedarf. Man sollte nicht dogmatisch sein.

Wissenschaft und Astrologie

In diesem Buch haben wir uns kritisch über Wissenschaftler und ihre Weigerung geäußert, sich ernsthaft mit der experimentellen Arbeit der Astrologen zu befassen; wir können dennoch recht gut einsehen, warum dem so ist. Wissenschaftler halten sich an bestimmte Verfahrensregeln, die im Verlauf der Jahrhunderte etwas Sakrosanktes bekamen, weil man feststellte, daß sie funktionierten. Die meisten Astrologen halten sich nicht an diese Regeln und begehen alle möglichen Arten von Verstößen, welche die Orthodoxen in Wut versetzen. Sie stellen Behauptungen auf, denen es an Substanz oder zumindest an Begründung fehlt; und gerade die Argumente, die viele von ihnen zugunsten der Astrologie anführen wollen, wie etwa die Behauptung, daß die Astrologie eine lange Ahnengalerie habe – die meisten Astrologen greifen ja tatsächlich auf die uralten Lehren zurück –, sprechen in wissenschaftlichen Kreisen gegen sie. Wenn die Astrologie eine Wissenschaft ist, dann dürften wir erwarten, daß sie über die primitiven Regeln und Anweisungen, die vor rund zwei Jahrtausenden niedergelegt wurden, inzwischen hinausgewachsen ist. Warum hat es so wenig Fortschritt gegeben? Warum sind wir heute einem Beweis für astrologische Behauptungen nicht näher, als man es damals war?

Wie sehr wir es bedauern mögen: wir müssen zugeben, daß solche Kritiken gewichtig sind. In diesem Buch haben wir versucht, die besten Arbeiten zu untersuchen, die von Anhängern der Astrologie durchgeführt wurden, und allzu oft mußten wir feststellen, daß sie in ihrer Konzeption amateurhaft, in der Durchführung fehlerhaft und in der statistischen Analyse des Materials alles andere als streng waren. Selbst die am häufigsten zitierten Studien haben Schwächen, die sie als schlüssige Beweise ausscheiden ließen.

Vielleicht sollten wir nicht allzu überrascht sein. Wissenschaft ist eine anspruchsvolle Disziplin, die Übung und Erfahrung verlangt. Es gibt viele Regeln des Experimentierens und der statistischen Analyse, die einem Außenstehenden pedantisch vorkommen mögen, in Wirklichkeit aber unerläßlich für einen Erfolg sind. Wir haben in diesem Buch Beispiele scheinbar trivialer technischer Einzelheiten angeführt, die die Resultate eines Experiments völlig auf den Kopf stellten.

Der Hauptfehler, auf den wir immer wieder zurückgekommen sind, ist der Mangel an Replikationen. Es genügt nicht, daß ein zweiter Forscher sich auf eigene Faust auf einen ähnlichen Weg macht. Will er die ursprüngliche Forschung bestätigen, muß er sie *in der gleichen Form* replizieren. Und wenn er dann die gleichen Resultate erzielt, dient seine Arbeit als Bestätigung. Natürlich ist es aufregender, neue Ideen in die Welt zu setzen, als diejenigen eines anderen zu überprüfen, und ein Gläubiger empfindet natürlich keine große Freude bei dem Gedanken, ein Resultat zu widerlegen, das seinen Glauben bestätigt. Doch dies ist die einzige Möglichkeit, wie eine wahre Wissenschaft voranschreiten kann. Eine Hypothese muß wiederholte Versuche überleben, sie zu zerstören. Nur dann können wir Vertrauen in sie setzen.

Die Replikation wird besonders wichtig, wenn das Ergebnis eines Resultats unerwartet ist und Implikationen hat, die sein Forschungsgebiet revolutionieren müßten. Es ist durchaus verständlich, daß andere Wissenschaftler nicht bereit sind zuzulassen, daß Theorien, die über Jahre hinweg in gewissenhafter und strenger Forschung aufgebaut wurden, deswegen aus dem Fenster geworfen werden, weil ein Experiment nicht mit ihnen übereinstimmt. Sie verlangen wirklich überzeugende Beweise, und ein gewissenhafter Forscher macht sich daran, sie zu liefern.

Eine solche Situation ergab sich bei den klassischen Experimenten Michelsons und Morleys. 1887 versuchten diese Physiker, die absolute Geschwindigkeit der Erde im Raum durch den hypothetischen Äther zu messen, indem sie die Lichtgeschwindigkeit in verschiedenen Richtungen verglichen. Zu ihrer völligen Überraschung schien die Geschwindigkeit in allen Richtungen die gleiche zu sein, so, als ob sich die Erde überhaupt nicht bewege. Die beiden Forscher akzeptierten ihre eigenen Resultate nicht; statt dessen wiederholten sie das Experiment, doch mit einer besseren Apparatur. Die Ergebnisse waren die gleichen wie zuvor. Erst nachdem die beiden im Anschluß daran zahlreiche Replikationen durchgeführt hatten, wurde ihr Ergebnis als Faktum akzeptiert. Man beachte, daß sie ihr erstes Resultat weder als offensichtlich falsch ablehnten, noch daß sie es unkritisch gelten ließen. Ein Wissenschaftler hat nicht zu glauben, daß ein Resultat richtig oder falsch ist, sondern er kann mit dem Urteil warten, bis er in der Lage ist, eine auf Kenntnisse gestützte Meinung anzubieten. Das Ergebnis von Michelson und Morley ließ sich nach vorhandenen Theorien nicht erklären; es paßte nicht zu den Theorien Galileis und Newtons. Eine neue Theorie war erforderlich, die auf die neuen Resultate Rücksicht nahm; sie lag später mit Einsteins Relativitätstheorie vor.

Es kann kein Zweifel daran bestehen, daß dann, wenn die Lehren der traditionellen Astrologie als richtig nachgewiesen würden, dies unser Studium der physischen Welt revolutionieren müßte. Dies wäre bereits dann der Fall, wenn die Abweichung vom erwarteten Verlauf der Ereignisse nur ganz gering wäre. Wenn beispielsweise die Tierkreiszeichen tatsächlich mit dem persönlichen Schicksal korrelieren sollten, wäre damit schon bewiesen, daß dieser Einfluß überhaupt besteht, wie gering er auch im Vergleich mit anderen Faktoren sein mag. Wir wären gezwungen, unsere gängigen Vorstellungen radikal zu ändern.

Dies war gerade das Faszinierende an den meisten Studien, die wir beschrieben haben. Denn man muß zugeben, daß sehr wenige von ihnen, selbst wenn sie immer wieder überzeugend repliziert wurden, etwas ergeben könnten, das einen praktischen Nutzen hätte. Wenn sich bei einem unter einer bestimmten Planetenkonfiguration geborenen Menschen die Chance geringfügig erhöht, daß er eine unglückliche Ehe eingeht – etwa ein Prozent über der normalen Erwartung –, wieviel hilft man ihm damit, daß man ihm dies sagt? Vernünftig wäre es nur dann, nach diesem Wissen auch zu handeln – etwa indem man unverheiratet bliebe –, wenn der Einfluß um ein Vielfaches größer wäre. In keiner der überzeugenderen Studien, die wir durchgearbeitet haben, findet sich ein Hinweis darauf, daß wir es mit einer Wirkung zu tun hätten, die so gravierend wäre, daß sie praktische Bedeutung erlangte. Im großen Ganzen ist es wohl richtig, wenn man sagt, je überzeugender ein Experiment ist, um so mehr befaßt es sich mit winzigen Abweichungen von der Wahrscheinlichkeitserwartung, die gewiß revolutionäre Implikationen für die Wissenschaft haben könnten, aber genauso gewiß für niemanden eine Hilfe bei seinen persönlichen Entscheidungen wären.

Die Wurzeln des Glaubens

All diese Kritiken lassen sich also gegen die traditionelle Astrologie richten, und ebenso kann man ihr die peinliche Tatsache entgegenhalten, daß sich ihre Praktiker untereinander nicht einig sind. Es gibt nicht *eine* Astrologie, sondern mehrere Astrologien – eine europäische, eine indische, eine chinesische –, und unterschiedlich orientierte Astrologen leiten daher aus denselben Phänomenen unterschiedliche Vorhersagen ab. Im Gegensatz dazu sind die Gesetze der Physik und der Astronomie überall auf der Welt gleich, und man sollte das nämliche auch von der Astrologie erwarten, wenn sie sich wirklich auf Tatsachen gründete. Wissenschaft ist in ihren Theorien und ihren Ergebnissen international; das Unvermögen der Astrologie, zu einem Komplex weltweit anerkannter Regeln zu gelangen, muß nachdrücklich gegen sie sprechen. Warum glauben also so viele Menschen – sowohl Astrologen wie ihre Kunden – an die Astrologie und sehen in ihr eine wichtige Erkenntnisquelle?

Wir haben ihre quasi-religiöse Funktion erwähnt, die darin besteht, daß sie dem Leben einen »Sinn« unterlegt. Erinnern wir uns an ein Experiment, das vor vielen Jahren B. F. Skinner durchführte. Eine Anzahl hungriger Tauben durfte frei in einem Laboratorium herumlaufen, in dem in regelmäßigen Abständen alle paar Minuten von einem Apparat einige Getreidekörner verstreut wurden. Am folgenden Morgen konnte man beobachten, daß die Tauben ein sehr seltsames Verhalten an den Tag legten: einige liefen mit hochgerecktem Kopf umher; einige ließen den einen Flügel über den Boden schleifen, während sie den anderen nach oben streckten; und wieder andere machten unterschiedliche zwanghafte Bewegungen dieser oder jener Art. Geschehen war dieses: Die hungrige Taube vollführt, während sie durch das Laboratorium läuft, die unterschiedlichsten Bewegungen; wenn nun zufällig Getreide auf den Boden geworfen wird, während sie eine bestimmte Bewegung macht, zieht die Taube den Schluß, das Futter sei geworfen worden, *weil* sie diese Bewegung gemacht habe. Der Vogel wird nun immer wieder diese Gesten vollführen, in der Hoffnung, damit weiteres Manna vom Himmel herabzubeschwören. Aus purem Zufall wird dann abermals hin und wieder Nahrung auf den Boden geworfen werden, und der Vogel wird sich in seiner (völlig irrigen) Hypothese bestätigt finden. Damit erhöht sich die Wahrscheinlichkeit, daß er jene Bewegungen wieder vollführt, bis er am Morgen umherläuft und sich überhaupt nicht mehr anders bewegen kann. So entsteht Aberglaube.

Genauso werden sich ein Astrologe oder sein Kunde an die Gelegenheiten erinnern, bei denen ihnen das Getreidekorn in Gestalt einer erfüllten Prophezeiung vor die Füße gefallen ist. Sie werden die Gelegenheiten vergessen, bei denen es kein Getreidekorn gab. Niemand muß sich oder jemand anderen bewußt täuschen: Wir haben bereits gesagt, daß seriöse Astrologen im großen Ganzen ehrenwerte, intelligente und scharfsinnige Menschen sind. Es liegt in der Natur der Sache, daß vielen Menschen der Glaube so leichtfällt, der Unglaube hingegen so schwer.

Abgesehen von der durch die Astrologie angebotenen Sinnfindung im Leben, die skeptischem Verhalten eher abträglich ist, gibt es auch noch andere Schwierigkeiten. Sie liegen in der Natur der Sache, mit der die Astrologie befaßt ist: dem menschlichen Verhalten. Dieses stellt den Experimentator vor viele Probleme, die man auch aus dem derzeit unsicheren Zustand der Psychologie kennt, die nach einem Wort von William James eher eine Hoffnung auf eine Wissenschaft ist als schon eine ausgereifte Disziplin. Aussagen über physikalische Substanzen lassen sich meist mit Sicherheit machen, doch ist es weniger einfach, sichere Definitionen für psychische Zustände zu finden. Was genau meint man, wenn man sagt – was vielleicht ein Astrologe tut –, ein bestimmter Mensch habe »Sinn für Humor«? Daß er häufig lacht? Oder daß er über die Scherze lacht, die wir machen? Oder daß er witzige Bemerkungen macht? Oder daß er sich selber nicht allzu ernst nimmt? Oder was sonst? Der Astrologe, der sagt, sein Kunde habe Sinn für Humor, kann damit kaum danebentreffen; jedermann hat Sinn für Humor im einen oder anderen Verständnis dieser Formulierung (oder glaubt, ihn zu haben), und er wird die Aussage des Astrologen nach eben diesem Verständnis interpretieren. Dieses Einverständnis des Kunden wiederum wird den Astrologen wieder einmal von der Richtigkeit seiner Aussage und seiner »Wissenschaft« überzeugen.

Sodann ist da die Tatsache, daß die Astrologie eine sich selber erfüllende Prophetie sein kann. Wir erkundeten dieses Problem im Zusammenhang mit der Hypothese, daß Introvertierte unter den geradzahligen Tierkreiszeichen geboren werden, Extravertierte hingegen unter den ungeradzahligen. Wenn eine solche Vorhersage erst einmal weit genug bekannt ist, werden viele Menschen bei einer Beurteilung des eigenen Charakters von ihr beeinflußt – wenn diese Selbsteinschätzung dann das Kriterium für die Kunst des Astrologen bietet, kommt es zu anscheinend positiven Ergebnissen, wiewohl diese keinerlei Beweiswert haben. Gegen diese stets vorhandene Gefahr hat man sich bei den Experimenten, denen wir begegnet sind, nicht immer abgesichert. Auch in den Vorstellungen der Astrologen über ihre Fähigkeit, eine Persönlichkeit mit astrologischen Mitteln diagnostizieren zu können, wurde diese Möglichkeit nicht berücksichtigt. Spielt dieser Tatbestand eine so wichtige Rolle, wie es sich nach unserer Meinung aus den Fallstudien ablesen läßt, dann wäre es ein weiterer gewichtiger Faktor, der mithilft, Astrologen und ihre Kunden an den Wert der Astrologie glauben zu lassen.

Künftige Möglichkeiten

Wenn uns Astrologen davon überzeugen werden, daß es andere, bessere Gründe dafür gibt, an die Wahrheit ihrer Lehren zu glauben – oder wenn sie einmal unter sich entschieden haben sollten, welche unter den einander widersprechenden Schulen der Astrologie die wahre sei –, dann müssen sich diejenigen, die ehrlich meinen, sie praktizierten und lehrten nach sinnvollen Prinzipien, auf die schwierige Arbeit einlassen, nach richtigen Beweisen für ihre Hypothesen und Theorien zu suchen und sich dabei gesicherter Methoden der Sozialwissenschaften, insbesondere der Psychologie, bedienen. Eine Reihe von aussagefähigen Experimenten für dieses Gebiet zusammenzustellen ist kein Problem; notwendig ist allerdings, sie so durchdacht anzulegen, daß sie die vielen Fußangeln in Rechnung stellen, auf die wir im Verlauf unserer Erörterungen bisheriger Versuche hingewiesen haben. Wir hoffen daher, daß Astrologen ernsthaft die Aufgabe in Angriff nehmen, eine Wissenschaft aufzubauen und Zweiflern den Beweis für die Stichhaltigkeit astrologischer Aussagen vorzulegen, den sie bisher schuldig geblieben sind.

Kann man annehmen, daß dies geschieht? Nach dem, was sich bisher abgespielt hat, erscheint es wahrscheinlicher, daß die meisten Astrologen damit fortfahren, sich um die mühselige Arbeit wissenschaftlichen Forschens herumzudrücken und die Kriterien der Wissenschaft abzulehnen, weil sie für ihre Kunst nicht angebracht oder unerheblich seien. Wir haben oft Klagen darüber gehört, daß sich hartgesottene Wissenschaftler eingemischt hätten, die in der Astrologie wirklich keine Rolle zu spielen hätten; Astrologen, die von der großen Wahrheit ihrer Disziplin überzeugt sind, sind meist der Ansicht, daß über den Beweis hinaus, den ihnen ihre Erfahrung liefert, kein weiterer vonnöten sei. So wünschenswert es wäre, daß sie die Last des objektiven Beweises akzeptieren, so wenig wahrscheinlich erscheint es uns, daß sie es tun werden. Das wohl zu erwartende Ergebnis ist eine Fortsetzung der derzeitigen Politik, die sich in der Verbreitung von Behauptungen und Gegenbehauptungen erschöpft, ohne daß dafür ein Tatsachenfundament vorhanden wäre.

Wenn wir uns bei der Beurteilung der klassischen oder traditionellen Astrologie denjenigen Wissenschaftlern anschließen mußten, die wenig Gutes über sie zu sagen wissen, so ändert sich die Lage, wenn wir uns der Kosmobiologie zuwenden. Hier zeigt sich, daß jene Astronomen und Physiker, die ein Interesse am Thema haben, die vorsichtige und kritische Haltung der zu Recht so bezeichneten ›harten‹ Wissenschaftler übertrieben haben. Die Gauquelins, Frank Brown und andere Exponenten der neuen Disziplin werden von ihnen ziemlich schlecht behandelt, indem sie ihnen vorhalten, was sie hätten tun sollen, statt sie nach dem zu beurteilen, was sie tatsächlich getan haben. Wenn sich die Astrologen der traditionellen Schule in ihren Behauptungen und Argumenten oft nicht an Tatsachen orientieren, so tun viele Wissenschaftler im Umgang mit den Behauptungen der Kosmobiologie das gleiche. Wir haben bei der Darstellung des großen Beitrags der Gauquelins zu zeigen versucht, wie sich das abspielt. Unsere Schlußfolgerung im Hinblick auf die Resultate der Gauquelins haben wir bereits genannt: Wir können keine stichhaltigen Einwände gegen ihre Forderungen, Methoden oder Statistiken entdecken. Wenn die wissenschaftliche Methode, wie sie bei Studien dieser Art gewöhnlich angewandt wird, nicht wertlos ist und wenn die Gesetze der Statistik hier genauso gelten wie anderswo, dann haben diese Entdeckungen als klare Hinweise darauf zu gelten, daß unsere Vorstellungen über das Universum, in dem wir leben, nicht so endgültig und vollständig sind, wie wir es gern haben möchten, und daß es gewisse Fakten gibt, für deren Erklärung wir dringend einer guten Hypothese bedürfen.

Ein Punkt kann in diesem Zusammenhang wichtig sein und sollte geklärt werden. Wir haben von traditioneller Astrologie und Kosmobiologie so gesprochen, als seien diese völlig unterschiedliche Gegebenheiten, die sich nicht überschneiden – doch das ist eindeutig nicht ganz richtig. Es ist durchaus möglich, daß Astrologen der Vergangenheit intuitiv einige der Regelmäßigkeiten, Zyklen und Erscheinungen bemerkt haben, die im Zusammenhang mit kosmobiologischen Kräften stehen, und daß sie ihre astrologischen Regeln auf diese Beobachtungen stützten. Wenn dem so wäre und falls kosmobiologische Faktoren wissenschaftlich stichhaltig sein sollten, käme den Erklärungen der Astrologen in eben diesem Maß eine gewisse wissenschaftliche Wahrheit zu. Die merkwürdigen Beziehungen zwischen den Befunden Gauquelins über den Zusammenhang von Planetenstellungen und Höchstleistungen in bestimmten Berufen einerseits und der astrologischen Symbolik der betreffenden Planeten andererseits lassen an eine derartige Verbindung denken.

Gerechterweise muß man hinzufügen, daß die Gauquelins, obwohl ihre Arbeiten vielfach zur Bestätigung der traditionellen Astrologie zitiert werden, damit nicht einverstanden sind. Michel Gauquelin schreibt: »Es ist jetzt ganz sicher, daß die Zeichen am Himmel, die auf unsere Geburt herabsahen, überhaupt keine Kraft haben, über unser Schicksal zu entscheiden, Einfluß auf unsere ererbten Eigenschaften zu nehmen oder eine auch noch so geringe Rolle in der Gesamtheit der zufälligen oder sonstigen Effekte zu spielen, die einen Großteil unseres Lebens ausmachen und unsere Impulse in Handlungen umsetzen.« Und an anderer Stelle hat er dies zu sagen: »Jede Anstrengung der Astrologen, ihr Grundpostulat zu verteidigen, daß nämlich die Bewegung der Sterne das Schicksal vorherbestimmen kann, ist fehlgeschlagen ... Statistiker haben ein für alle Mal alte Argumente erledigt: Die Zahlen sprechen ohne Voreingenommenheit, und sie lassen keinen Raum für einen Zweifel. Wer immer behauptet, die Zukunft durch Befragen der Sterne vorhersagen zu können, betrügt entweder sich oder jemand anderen.« Die Arbeit der Gauquelins muß als ein Beitrag zur Kosmobiologie gelten; für sie selber ist sie im Hinblick auf die traditionelle Astrologie völlig unerheblich. Wir meinen, daß sie diese Unterscheidung angesichts der offensichtlichen symbolischen Beziehungen zwischen der Astrologie und ihren eigenen Ergebnissen ein wenig zu weit treiben, und überdies müssen sie erst noch die Aspekte entsprechend erforschen; doch aufs Ganze gesehen, haben sie wahrscheinlich recht, wenn sie es ablehnen, in ihrer Arbeit eine Unterstützung für den Großteil der traditionellen Astrologie zu sehen.

Orthodoxe Wissenschaftler machen im großen Ganzen keinen Unterschied zwischen Astrologie und Kosmobiologie: ihre Einstellung beiden gegenüber war und ist extrem feindselig. John Gribbin, der zusammen mit Steven Plagemann ›The Jupiter Effect‹ schrieb, ein Buch, von dem bereits die Rede war, erwähnt eine bezeichnende Episode. Plagemann, der damals für die NASA arbeitete, wurde von einem im selben Gebäude tätigen Kollegen angesprochen: »Wissen Sie«, sagte er, »es freut mich wirklich, daß diese Sache gedruckt wird. Ich habe seit Jahren Sonneneruptionen vorhergesagt, und ich habe einen Aktenschrank voller Beweismaterial beisammen, das eine eindeutige Beziehung zur Jupiter-Saturn-Konjunktion erkennen läßt. Aber ich wage nicht, es in meinen Bericht aufzunehmen – mein Job ist mir mehr wert.« John Gribbin fährt in seiner Darstellung fort: »Steve ist jetzt natürlich Landwirt in Irland, während sein anonymer Kollege immer noch einen Schreibtischjob bei der NASA hat.« Dies ist die Atmosphäre der Inquisition, nicht der unvoreingenommenen, faktenorientierten Forschung; viele Angehörige des wissenschaftlichen Establishment hätten gut in das Gremium gepaßt, das Galilei zum Widerruf zwang. Wir haben diese Atmosphäre der Zensur und der Intoleranz zu spüren bekommen: sowohl aus Berichten von Menschen, die unmittelbar betroffen waren, wie aus Bemerkungen, die uns darauf aufmerksam machten, wir würden unser wissenschaftliches Ansehen und unseren Ruf ruinieren, wenn wir die Astrologie auch nur eingehend kritisierten und Vertrautheit mit ihren Aussagen erkennen ließen. Soviel zur Religion der Gedankenfreiheit.

Die Arbeit der Gauquelins, um nur sie zu erwähnen, hält jeder Prüfung stand und gehört zu dem Besten, was in der Psychologie, der Psychiatrie, der Soziologie oder einer sonstigen Sozialwissenschaft geleistet wurde. Doch es gibt noch andere Entdeckungen, von denen in den vorangegangenen Kapiteln die Rede war: Sie sind hochinteressant und möglicherweise von großer Bedeutung, und sie wurden offenbar mit beträchtlicher wissenschaftlicher Integrität und Kompetenz erforscht. Der einzige Fehler, den wir ihnen ankreiden müssen, ist einfach der Umstand, daß sie nicht repliziert wurden; wir haben die Replikation zum Prüfstein dessen gemacht, was für die Wissenschaft wirklich akzeptabel ist und was nicht, und daher müssen wir die meisten Studien in die Kategorie »Nicht bewiesen« einordnen. Trotzdem sieht das Beweismaterial für sie sicherer aus als das für jeden beliebigen Glaubenssatz der traditionellen Astrologie.

Es gibt allerdings noch andere Kritiken oder eigentlich Einwände, die orthodoxe Wissenschaftler gegen einen Großteil dieser Arbeiten vorbringen müssen, und sie lassen sich nicht so leicht von der Hand weisen. Die Wissenschaft verabscheut »Einzel«-Phänomene, besonders aber solche, die sich nicht in ihren gewohnten Rahmen einfügen lassen. Die Wissenschaft entwickelt sich, indem sie ein zusammenhängendes Gefüge von Theorien schafft, und verständlicherweise ziehen es Wissenschaftler vor, damit fortzufahren, statt sich auf etwas einzulassen, das sich im Augenblick unmöglich erklären läßt. Dies war unausweichlich das Schicksal der kosmobiologischen Entdekkungen, und man kann mit traditionellen Wissenschaftlern im Sinn ihres eigenen Vorverständnisses nur sympathisieren, wenn sie davor zurückschrecken, sich in diese bedrohlichen neuen Komplikationen verwickeln zu lassen. Einzelphänomene haben einen weiteren Nachteil, ganz abgesehen davon, daß sie weit von orthodoxen Theorien entfernt sind: Sie scheinen untereinander nicht auf sinnvolle Weise zusammenzuhängen. Die Kosmobiologie ist kein logisch in sich geschlossener Wissenskomplex. Sie ist eher eine Kette von »Einzel«-Phänomenen, die gleichermaßen geheimnisvoll sind, für die gleichermaßen eine richtige physikalische Erklärung fehlt, und die nur aufgrund der (wahrscheinlich zutreffenden) Annahme miteinander zusammenhängen, daß sie sämtlich durch planetarische oder sonstige kosmische Einflüsse hervorgerufen oder modifiziert werden. Dies ist eine Vorstellung, die besonders geeignet ist, vorsichtige Wissenschaftler abzuschrecken, und wenn zu den Behauptungen der Kosmobiologie noch das Gift der »Astrologie« hinzukommt, wird die wissenschaftliche Reaktion der angewiderten Abkehr verständlich. Man kann sogar einigermaßen einsehen, warum vernünftige und offenbar aufgeschlossene Physiker und Astronomen bis zum äußersten gehen, um die Behauptungen der Gauquelins und vieler anderer Forscher zu bestreiten, die wir angeführt haben, weil sie Beweismaterial für diese oder jene kosmobiologischen Phänomene geliefert haben.

Doch obwohl diese Reaktionen psychologisch verständlich sind, bedeutet dies nicht, daß sie sich wissenschaftlich entschuldigen ließen. Von Wissenschaftlern darf man annehmen, daß sie geistig aufgeschlossen, unparteiisch, unvoreingenommen, leidenschaftslos und objektiv sind; wir wissen natürlich, daß dieses Bild in der Wirklichkeit bis zur Karikatur verzerrt ist, doch die in dem Ideal verkörperten Werte sind noch immer gültig. Vielleicht bewirken sie, daß zumindest einige Wissenschaftler beschämt einen genaueren Blick auf das Beweismaterial werfen, ehe sie das ganze Unternehmen verurteilen. Es mag sein, daß sie, wenn sie dies täten, genau wie wir entdeckten, daß eine Anzahl zunächst unzusammenhängender und vereinzelter Phänomene einander näherkommt und Theorien nahelegt, die, obwohl sie im Augenblick offenbar vage und nebulös sind, dennoch zumindest die Möglichkeit einer angemessenen physikalischen Erklärung für viele dieser merkwürdigen und strittigen Phänomene in Aussicht stellen.

Als ein Beispiel einer solchen Theorie erwäge man eine Anzahl von Phänomenen, die offenbar ganz disparat und unzusammenhängend sind. Warum verschwanden in bestimmten zurückliegenden Zeiten bestimmte Bakterienarten ganz plötzlich? Warum unterliegen Kartoffeln, Krabben, Schnecken und Saatbohnen ähnlichen zyklischen Schwankungen? Wie finden Brieftauben und Honigbienen ihren Weg, ohne daß es richtungsweisende Geländepunkte gibt? Warum schwimmen bestimmte Bakterienarten nordwärts, und wie gelingt es ihnen, das zu tun? Warum funktioniert die Knochenregeneration zu bestimmten Zeiten besser als zu anderen? Warum lernen Stachelrochen, daß Nahrung in dem östlichen (oder westlichen) Korb vorhanden sind, wenn ihnen zwei Alternativen angeboten werden?

All diese Phänomene lassen sich in der Tat durch das Erdmagnetfeld erklären und sind daher echt kosmobiologischer Natur. Viele Tiere reagieren auf Magnetismus: Sie tragen ferromagnetische Metallpartikel in sich, mit denen sie die Richtung des Felds »fühlen« können. Dies läßt die Bakterien in Richtung des magnetischen Nordpols schwimmen, was – abgesehen vom Äquator –, auch abwärts entlang dem Inklinationswinkel bedeutet, wodurch sie in günstigere Lebensbedingungen kommen. Kehrt sich das Magnetfeld um, wie es dies in der Vergangenheit gelegentlich getan hat, führt das zur Vernichtung verschiedener Bakterienarten. Veränderungen der Feldstärke rufen alle möglichen Arten zyklischer Veränderungen hervor, und das Feld wird vom Solarwind und durch Sonneneruptionen beeinflußt. Es ist möglich, eine große Anzahl scheinbar seltsamer und unverbundener Phänomene miteinander zu verknüpfen, sobald eine allgemeine hypothetische Verbindung entdeckt ist. Wenn sich nur die Wissenschaftler für die anderen Phänomene interessieren ließen, die in diesem Buch erörtert wurden! Wenn sie nur die Ergebnisse replizierten und sich um Bindeglieder und Erklärungen bemühten, könnten sicherlich viele bedeutsame neue Wahrheiten entdeckt werden. Der wissenschaftliche Fortschritt ist oft am Rand des Unbekannten am eindrucksvollsten; gerade hier sind häufig die meisten Lorbeeren zu ernten. Die Phänomene der Kosmobiologie verlangen dringend nach einem zusammenhängenderen wissenschaftlichen Angriff, als es die vereinzelten Scharmützel waren, mit denen sie bisher angegangen wurden.

Welches sind die am ehesten denkbaren Kandidaten für die Rolle des »Bindeglieds« zwischen außerirdischen Vorgängen und biologischen und sonstigen Phänomenen hier auf der Erde? Besonders vielversprechend sind natürlich die Sonnenflecken und andere solare Störungen mit den dadurch ausgelösten Wellen- und Partikelemissionen; die Möglichkeit, daß diese ihrerseits unter dem Einfluß von Planeten stehen, bringt bei diesem Erklärungsversuch das ganze Planetensystem mit ins Spiel. Viele zyklische Vorgänge ließen sich in diesem Sinn erklären, wiewohl die Einzelheiten bis jetzt nicht in einer überprüfbaren Weise erarbeitet sind. Das Zusammenspiel von Sonnenvorgängen, Erdmagnetfeld und vielen anderen irdischen und außerirdischen Phänomenen hat zahlreiche bekannte Auswirkungen, und es bedarf keiner großen Phantasiesprünge, wenn man sich vorstellen will, daß Faktoren dieser Art für viele der halbwegs bestätigten Phänomene verantwortlich seien, wie sie auf den vorhergehenden Seiten beschrieben wurden. Die Aufgabe, eine solche vage und offensichtlich unspezifische Hypothese in eine überprüfbare Vorhersage umzuwandeln, ist nicht leicht, aber sie erscheint uns wichtig in unserem unaufhörlichen Bemühen, das physikalische Universum zu verstehen und zu beherrschen. Die Wissenschaft sollte nicht deshalb auf ihr Mandat verzichten, weil sie fürchtet, sich lächerlich zu machen, wenn sie in Zusammenhang mit der »Astrologie« gebracht wird.

Glauben wir an Astrologie?

Wenn es einem um Seelenfrieden und Vergnügen gehe, dann müsse man glauben, bemerkte Nietzsche einmal, wolle man jedoch ein Verehrer der Wahrheit sein, dann müsse man fragen. Leider haben sich sowohl Astrologen wie Wissenschaftler eher um Seelenfrieden als um Wahrheit bemüht und die angemessene faktenorientierte Forschung hat dahinvegetiert, sieht man von der Arbeit einiger furchtloser Geister wie der Gauquelins oder Geoffrey Deans ab. Wir empfinden das als bedauerlich und können nur unsere Hoffnung artikulieren, daß es in Zukunft zu einer Umkehrung des bisherigen Trends kommen möge: daß nämlich die Astrologen die Notwendigkeit eines unparteiischen

Forschens und die Wissenschaftler das Vorkommen von Phänomenen zugestehen, die merkwürdig sein mögen, aber ausreichend bestätigt sind, um nach Untersuchung und Erklärung zu verlangen.

Über die endgültige Form der Theorien, die zuletzt sämtliche zur Sprache gekommenen Beweisstückchen zusammenfassen werden, können wir nur Vermutungen anstellen, daß sie uns aber zu einem besseren Verständnis von Natur verhelfen werden, bezweifeln wir nicht.

Und nun wird der Leser, der schlichte Wahrheiten sucht, uns die Frage stellen, die wir schon so oft gehört haben: »Aber glauben Sie an Astrologie?« Wenn wir mit diesem Buch irgend etwas erreicht haben sollten, dann ist es sicherlich der Nachweis, daß es auf diese Frage, die so einfach klingt, keine einfache Antwort gibt. Und natürlich ist die Frage nach unserem Glauben letztlich unerheblich. Was zählt – alles, was zählt –, sind Tatsachen. Wir haben unser Bestes getan, um dem Leser die hauptsächlichen bedeutsamen Tatsachen in möglichst unvoreingenommener Form zu präsentieren; ihm, dem Leser, muß die letzte Entscheidung überlassen bleiben. Wir haben angedeutet, welchen Schluß wir aus dem hier behandelten Material ziehen würden. Es kann die richtige Schlußfolgerung sein oder auch nicht. Nur die Zeit wird es zeigen.

Bibliographie

Abell, G. O.: One astronomer's views. In: The Humanist, Januar 1976

Abell, G. O.: Rezension von Deans ›Recent Advances. In: Zetetic Scholar, April 1979

Abell, G. O.: Rezension von Liebers ›The Lunar Effect‹. In: Skeptical Inquirer, Frühjahr 1979

Abell, G. O. und Greenspan, B.: Human births and the phase of the moon. In: New England Journal of Medicine 300, 1979, S. 96

Abetti, G.: The Sun. London 1963

Adderley, E. E. und Bowen, E. G.: Lunar component in precipitation data. In: Science 137, 1962, S. 749–750

Addey, J. M.: The scientific starting point in astrology: A new discovery. In: Astrological Journal (UK), 1961, S. 4–13

Addey, J. M.: Astrology and Genetics: Red hair. In: Astrological Journal (UK) 10, 1968, S. 5–18

Addey, J. M.: The Discrimination of Birthtypes in Relation to Disease. Wisconsin 1974

Allan, T. M.: Lung cancer and month of birth. In: Lancet. 1, 1964, S. 439–440

Andrews, E. J.: Moon talk: The cyclic periodicity of postoperative haemorrhage. In: Journal of the Florida Medical Association 46, 1960, S. 1362–1366

Bailar, J. C. und Gurian J. M.: Month of birth and cancer mortality. In: Journal of the National Cancer Institute 33, 1964, S. 237–242

Barry, H. und Barry, H.: Season of birth. In: Archives of General Psychiatry 5, 1961, S. 292–300

Best, S.: Lunar influence in plant growth: A review of the evidence. In: Phenomena, Mai 1978

Best, S. und Kollerstrom, N.: Planting by the Moon. London 1980

Bok, B. J.: A critical look at astrology. In: The Humanist, September 1975

Bok, B. J., Jerome, L. E. und Kurtz, P.: Objections to astrology: A statement by 186 leading scientists. In: The Humanist, September 1975

Bortels, H.: Beziehungen zwischen Witterungsablauf, physikalisch-chemischen Reaktionen, biologischem Geschehen und Sonnenaktivität. In: Naturwissenschaften 38, 1951, S. 165–176

Bradley, D. A., Woodbury, M. A. und Brier, G. W.: Lunar synodical period and widespread precipitation. In: Science 137, 1962, S. 748–749

Brier, G. W. und Bradley, D. A.: The lunar synodical period and preci-

pitation in the United States. In: Journal of the Atmospheric Sciences 21, 1964, S. 386–395
Brown, F. A.: Persistent activity rhythms in the oyster. In: American Journal of Physiology 178, 1954, S. 510–514
Brown, F. A.: Living clocks. In: Science 130, 1959, S. 1534–1544
Brown, F. A. und Chow, C. S.: Lunar-correlated variations in water uptake by bean seed. In: Biological Bulletin 145, 1973, S. 265–278
Brown, F. A. und Park Y. H.: Synodic monthly modulation of the diurnal rhythm of hamsters. In: Proceedings of the Society for Experimental Biology and Medicine 125, 1967, S. 712–715
Brown, F. A. und Terracini, E. D.: Exogenous timing of rat spontaneous activity patterns. In: Proceedings of the Society for Experimental Biology and Medicine 101, 1959, S. 457–460
Buck, C. und Simpson, H.: Season of birth among the sibs of schizophrenics. In: British Journal of Psychiatry 132, 1978, S. 358–360
Burr, H. S.: Blueprint for Immortality. London 1972
Buttery, T. J. und White W. F.: Student teachers' affective behaviour and selected biorhythm patterns. In: Perceptual and Motor Skills 46, 1978, S. 1033–1034

Campbell, D. E. und Beets, J. L.: Lunacy and the moon. In: Psychological Bulletin 85, 1978, S. 1123–1129
Caroli, G. und Pichotka, T.: Weitere Untersuchungen zur Beziehung zwischen Blutgerinnung und Wetter. In: Archiv Met. Geophys. Bioklimat. 5, 1954, S. 403–412
Clark, V.: Experimental Astrology. In: In Search, Winter/Frühjahr 1961, (nachgedruckt in: Aquarian Agent, 1970)
Clark, V.: An investigation of the validity and reliability of the astrological technique. In: Aquarian Agent, Herbst 1970
Cohen, D.: Gauquelin hits back. In: New Scientist, Oktober 1975
Cole, L. C.: Biological clock in the unicorn. In: Science 125, 1957, S. 874–876
Committee Para: The Committee Para replies to Gauquelin. In: The Humanist, Januar 1976
Cook, E. R. und Jacoby, G. C.: Tree-ring-drought relationships in the Hudson Valley, New York. In: Science 198, 1977, S. 399–401
Cooke, D. J. und Coles, E. M.: The concept of lunacy: A review. In: Psychological Reports 42, 1978, S. 891–897
Cooper, H. J.: Occupation and season of birth. In: Journal of Social Psychology 89, 1973, S. 109–114
Cooper, H. J. und Smithers, A. G.: Do the seasons govern your career? In: New Society, 5. April 1973
Cooper, H. J. und Smithers, A. G.: Birth patterns among American army officers. In: Journal of Social Psychology 97, 1975, S. 61–66
Cowling, T. G.: Isaac Newton and Astrology. Leeds 1977
Culver, R. B. und Ianna, P. A.: The Gemini Syndrome. Arizona 1979

Cunningham, M. R.: Weather, mood, and helping behavior. In: Journal of Personality und Social Psychology 37, 1979, S. 1947–1956

Curry, P.: Research on the Mars effect. In: Zetetic Scholar, Frühjahr 1982

Dalén, P.: Month of birth and schizophrenia. In: Acta psychiatrica Scandinavica 203, 1968, S. 55–60

Dalén, P.: Season of Birth: A Study of Schizophrenia and other Mental Disorders. New York 1975

Daneel, R.: Ehescheidung und Geburtssternbild. In: Kosmobiologie, November 1970

Daneel, R.: Ehescheidung und Geburtsdatum. In: Zeitschrift für Parapsychologie und Grenzgebiete der Psychologie 14, 1972, S. 37–43

Davies, J. M.: Lung cancer and month of birth. In: Lancet II, 1963, S. 1283

Dean, G. A.: Shortwave radio propagation: Non-correlation with planetary positions. Unveröffentlichtes Manuskript, 1981

Dean, G. A., Mather, A. C. M. und 52 weitere Autoren: Recent Advances in Natal Astrology: A Critical Review 1900–1976. Perth 1977

Delaney, J. G. und Woodyard, H. D.: Effects of reading an astrological description on responding to a personality inventory. In: Psychological Reports 34, 1974, S. 1214

De Voge, S. D. und Mikawa, J. K.: Moon phases and crisis calls: A spurious relationship. In: Psychological Reports 40, 1977, S. 387–390

Dewan E. M.: On the possibility of a perfect rhythm method of birth control by periodic light stimulation. In: American Journal of Obstetrics and Gynaecology 99, 1967, S. 1016–1019

Dewan, E. M.: Rhythms. In: Science and Technology, Januar 1969, S. 20–28

Dewey, E. R. und Mandino, O.: Cycles: The mysterious forces that trigger events. New York 1973

Dobyns, Z. P.: Personality assessment through astrology. In: Aquarian Agent, Sommer 1970

Dobyns, Z. P.: The Vernon Clark experiment. In: Astrology Now, November 1975

Dobyns, Z. P.: Results of the Vernon Clark experiment. In: Astrology Now, April 1976

Dobyns, Z. P. und Roof, N.: The Astrologer's Casebook. Los Angeles 1973

Düll, B. und Düll, T.: Neuer Beitrag zur Erforschung des Bioklimas. In: Die Umschau 31, 1939, S. 715–745

Düll, T. und Düll, B.: Über die Abhängigkeit des Gesundheitszustandes von plötzlichen Eruptionen auf der Sonne und die Existenz einer 27-tägigen Periode in den Sterbefällen. In: Virchow Archiv 292, 1934, S. 272–319

Düll, T. und Düll, B.: Zusammenhänge zwischen Störungen des Erdmagnetismus und Häufungen von Todesfällen. In: Deutsche Medizinische Wochenschrift 61, 1935, S. 21–43

Eddy, J. A.: The Maunder Minimum. In: Science 192, 1976, S. 1189–1202

Emerson, A. C., Lichtblau, N. S. und Sansbury, R.: The era of continuous or »field« astrology: A preliminary study of hemophilia. In: Journal of Geocosmic Research 1, 1975, S. 50–54

Eriksen, W. K.: The inaccuracy of astrological research. In: The Humanist, November 1976

Eysenck, H. J.: Graphological analysis and psychiatry: An experimental study. In: British Journal of Psychology 35, 1945, S. 70–81

Eysenck, H. J. und Eysenck S. B. G.: Psychoticism as a Dimension of Personality. London 1976

Eysenck, H. J., Nias, D. K. B. und Cox, D. N.: Sport and personality. In: Advances in Behaviour Research and Therapy 1982

Farley, F. H.: Season of birth, intelligence and personality. In: British Journal of Psychology 59, 1968, S. 281–283

Feyerabend, P.: Science in a Free Society. New York 1978 (dt.: Erkenntnis für freie Menschen. Frankfurt 1979)

Findeisen, E.: Experimentelle Untersuchungen über den Einfluß des Witterungsablaufes auf die Beständigkeit eines Kolloids. In: Bioklimatische Beiblätter 10, 1943, S. 23–34

Forlano, G. und Ehrlich, V. Z.: Month and season of birth in relation to intelligence, introversion-extraversion, and inferiority feelings. In: Journal of Educational Psychology 32, 1941, S. 1–12

Forer, B. R.: The fallacy of personal validation: A classroom demonstration of gullibility. In: Journal of Abnormal and Social Psychology 44, 1949, S. 118–123

Friedmann, H., Becker, R. O. und Bachman, C. H.: Geomagnetic parameters and psychiatric hospital admissions. In: Nature 200, 1963, S. 626–628

Furze-Morrish, L.: Correlation test of human affinities and celestial patterns. In: In Search, Herbst 1959 (nachgedruckt in: Aquarian Agent, 1970)

Furze-Morrish, L.: Mutual planetary aspects in relationships. In: Astrology Journal (UK) 13, 1971, S. 33–34

Gallant, R. A.: Astrology: Sense or Nonsense? New York 1974

Garcia-Mata, C. und Shaffner, F. I.: Solar and economic relationships. In: Quarterly Journal of Economics 49, 1934, S. 1–51

Garth, J. M. und Lester, D.: The moon and suicide. In: Psychological Reports 43, 1978, S. 678

Gauquelin, M.: Astrology and Science. London 1970

Gauquelin, M.: How Atmospheric Conditions Affect Your Health. New York 1971
Gauquelin, M.: The Cosmic Clocks. London 1973 (dt.: Die Uhren des Kosmos gehen anders. Bern, München 1973)
Gauquelin, M.: Cosmic Influences on Human Behavior. New York 1978
Gauquelin, M.: Dreams and Illusions of Astrology. Buffalo 1979
Gauquelin, M.: The Spheres of Destiny. London 1980
Gauquelin, M. und Gauquelin, F.: Star US sportsmen display the Mars effects. In: Skeptical Inquirer, Winter 1979
Gauquelin, M., Gauquelin, F. und Eysenck, S. B. G.: Personality and position of the planets at birth: An empirical study. In: British Journal of Social and Clinical Psychology 18, 1979, S. 71–75
Geddes, S.: Astrology. London 1976
Gooch, S.: Guardians of the Ancient Wisdom. London 1979
Goodavage, J.: Astrology – the Space Age Science. New Jersey 1966
Goodavage, J.: Attacks on Astrology: They come in threes. In: Horoscope, Juli 1976
Goodavage, J.: Write Your Own Horoscope. New York 1979
Goodstein, L. D. und Brazis, K. L.: Credibility of psychologists: An empirical study. In: Psychological Report 27, 1970, S. 835–838
Gribbin, J. R.: Wizard idea. In: New Scientist, 28. Juni 1979
Gribbin, J. R. und Plagemann, S. H.: The Jupiter Effect. London 1974
Gunn, D. L. und Jenkins, P. M.: Lunar periodicity in homo sapiens. In: Nature 139, 1937, S. 84
Gunn, D. L., Jenkins, P. M. und Gunn, A. L.: Menstrual periodicity: Statistical observations on a large sample of normal cases. In: Journal of Obstetrics and Gynaecology 44, 1937, S. 839

Hare, E. H.: Manic-depressive psychosis and season of birth. In: Acta Psychiatrica Scandinavica 52, 1975, S. 69–79
Hare, E. H.: The season of birth of siblings of psychiatric patients. In: British Journal of Psychiatry 129, 1976, S. 49–54
Hare, E. H.: Variations in the seasonal distribution of births of psychotic patients in England and Wales. In: British Journal of Psychiatry 132, 1978, S. 155–158
Hare, E. H., Price, J. S. und Slater, E.: Mental disorder and Season of birth. In: British Journal of Psychiatry 124, 1974, S. 81–86
Hartmann, F.: Paracelsus: Life and Prophecies. New York 1973
Harvey, C.: Zodiacal physiognomy. In: Astrological Journal (UK) 8, 1965, S. 17–25
Hawkins, L. H. und Barker, T.: Air ions and human performance. In: Ergonomics 21, 1978, S. 273–278
Heuts, B. A. und Kop, P. P. A. M.: Human aggression in relation to month of birth and partner choice in marriage. In: Journal of Interdisciplinary Cycle Research 5, 1974, S. 331–339

Houghton, A., Munster, E. W. und Viola, M. V.: Increased incidence of malignant melanoma after peaks of sunspot activity. In: Lancet I, 1978, S. 759–760

Hudson, L.: The Cult of the Fact. London 1972

Hughes, D. W.: Planetary alignments don't cause earthquakes. In: Nature 265, 1977, S. 13

Hughes, D. W.: The Inconstant Sun. In: Nature 266, 1977, S. 405–406

Hume, N. und Goldstein, G.: Is there an association between astrological data and personality? In: Journal of Clinical Psychology 33, 1977, S. 711–713

Huntington, E.: Season of Birth: Its Relation to Human Abilities. New York 1938

Hyman, R.: »Cold reading«: How to convince strangers that you know all about them. In: Skeptical Inquirer 1, 1977, S. 18–37

Illingworth, D. J. und Syme, G. J.: Birthdate and feminity. In: Journal of Social Psychology 103, 1977, S. 153–154

Jerome, L.: Astrology Disproved. Buffalo 1977

Jones, P. K. und Jones, S. L.: Lunar association with suicide. In: Suicide and Life-Threatening Behavior 7, 1977, S. 31–39

Joseph, R. A.: A Vernon Clark-model experiment distinguishing exceptionally gifted high performance from profoundly retarded low performance children. In: Journal of Geocosmic Research 1, 1975, S. 55–72

Jourard, S.: Astrological sun signs and self-disclosure. In: Journal of Humanistic Psychology 18, 1978, S. 53–56

Jung, C. G.: Naturerklärung und Psyche. Zürich 1952

Kamimura, K.: Epidemiology of twin births from a climatic point of view. In: British Journal of Preventive and Social Medicine 30, 1976, S. 175–179

Kanekar, S. und Mukerjee, S.: Intelligence, extraversion, and neuroticism in relation to season of birth. In: Journal of Social Psychology 86, 1972, S. 309–310

Kaulins, A.: Cycles in the birth of eminent humans. In: Cycles 30, 1979, S. 9–15

Kelly, I. W.: Astrology and Science: A critical examination. In: Psychological Reports 44, 1979, S. 1231–1240

King, J. W.: Solar radiation changes and the weather. In: Nature 245, 1973, S. 443–446

Klinowska, M.: A comparison of the lunar and solar activity rhythms of the Golden Hamster. In: Journal for Interdisciplinary Cycle Research 3, 1972, S. 145–150

Knobloch, H. und Pasamanick, B.: Seasonal variation in the births of

the mentally deficient. In: American Journal of Public Health 48, 1958, S. 1201–1208
Knox, E. G. und 5 weitere Autoren: Heart attacks and geomagnetic acitvity. In: Nature 281, 1979, S. 564–565
Kolisko, L.: The Moon and Plant Growth. London 1936
Kollerstrom, N.: A lunar sidereal rhythm in crop yield and its phasing in the zodiacal circle. In: Correlation I, 1981, S. 44–53
Kop, P. P. A. M. und Heuts, B. A.: Month of birth and partner choice in marriage. In: Journal of Interdisciplinary Cycle Research 5, 1974, S. 19–39
Krips, H.: Rezension von Gauquelins ›Cosmic Clocks‹ und ›Cosmic Influences‹. In: Erkenntnis 14, 1979, S. 373–392
Kuhn, T. S.: The Structure of Scientific Revolutions. Chicago 1970 (dt.: Die Entstehung des Neuen. Frankfurt 1977)

Lewis, M. S. und Griffin, P. A.: An Explanation for the season of birth effect in schizophrenia and certain other diseases. In: Psychological Bulletin 89, 1981, S. 589–596
Lieber, A. L.: Lunar effect on homicides: A confirmation. In: International Journal of Chronobiology 1, 1973, S. 338–339
Lieber, A. L.: The Lunar Effect: Biological Tides and Human Emotions. New York 1978
Lieber, A. L. und Sherin, C. R.: Homicides and the lunar cycle: Toward a theory of lunar influence on human emotional disturbance. In: American Journal of Psychiatry 129, 1972, S. 69–74
Lipa, B. J., Sturrock, P. A. und Rogot, E.: Search for correlation between geomagnetic disturbances and mortality. In: Nature 259, 1976, S. 302–304
Luce, G. G.: Body Time. London 1971 (dt.: Körper-Rhythmen. München 1975)
Lynn, R.: Personality and National Character. Oxford 1971

McDonald, R. L.: Lunar and seasonal variations in obstetric factors. In: Journal of Genetic Psychology 108, 1966, S. 81–87
McNeil, T., Kaij, L. und Dzierzykray-Rogalska, M.: Season of birth among siblings of schizophrenics. In: Acta Psychiatrica Scandinavica 54, 1976, S. 267–274
Malin, S. R. C. und Srivastava, B. J.: Correlation between heart attacks and magnetic activity. In: Nature 277, 1979, S. 646–648
Mann, T.: The Round Art: The Astrology of Time and Space. London 1979
Martini, R.: Der Einfluß der Sonnentätigkeit auf die Häufung von Unfällen. In: Zentralblatt für Arbeitsmedizin 2, 1952, S. 98–104
Mather, A. C. M.: Erwiderung auf Abells Rezension von ›Recent Advances‹. In: Zetetic Scholar, April 1979

Mayes, B. und Klugh, H. E.: Birthdate psychology: A look at some new data. In: Journal of Psychology 99, 1978, S. 27–30

Mayo, J., White, O. und Eysenck H. J.: An empirical study of the relation between astrological factors and personality. In: Journal of Social Psychology 105, 1978, S. 229–236

Meeus, J.: Planets, sunspots and earthquakes. In: Mercury, 1979, S. 72–74

Menaker, W. und Menaker, A.: Lunar periodicity in human reproduction: A likely unit of biological time. In: American Journal of Obstetrics and Gynaecology 77, 1959, S. 905–914

Metzner, R.: An empirical study of the astrological elements and physical appearance. In: Cosmecology Bulletin, März 1979

Metzner, R., Holcomb, R. und Holcomb, J.: Astrological elements and personality types: An empirical study. In: Journal of Geocosmic Research 1, 1980, S. 16–29

Michelson, L., Wood, R., Wilson, J., Silverstein, L. und Piland, J.: The astrophysical diagnosis of respiratory distress syndrome. In: CAO Times 3 (1), S. 21–23 und 3 (2), S. 9–13, 1977

Moos, W. S.: The effects of »föhn«weather on accident rates in the City of Zurich. In: Aerospace Medicine 35, 1964, S. 643–645

Mörth, H. T., und Schlamminger, L.: Planetary motion, sunspots and climate. In: B. M. McCormac und T. A. Seliga (Hrsg.): Solar-Terrestrial Influences on Weather and Climate. Holland 1979

Nelson, J. H.: Cosmic Patterns: Their Influence on Man and His Communication. Washington, D. C. 1974

Nelson, J. H.: The Propagation Wizard's Handbook. New Hampshire 1978

Newmeyer, J. A. und Anderson, S.: Astrology and addiction: An empirical probe. In: Drug Forum 2, 1973, S. 271–278

Nolting, W. J. J. de Sauvage: Seasonal variations in birth-rates of cancer patients. In: International Journal of Biometeorology 12, 1968, S. 293–295

Omwake, L.: A study on sense of humor. In: Journal of Applied Psychology 21, 1937, S. 608–704

Osborn, R. D.: The moon and the mental hospital: An investigation of one area of folk-lore. In: Journal of Psychiatric Nursing 6, 1968, S. 88–93

Ostrander, S. und Schroeder, L.: Astrological Birth Control. Englewood Cliffs 1972

Paleg, L. G. und Aspinall, D.: Field control of plant growth and development through the laser activation of phytochrome. In: Nature 228, 1970, S. 970–973

Parker, D. und Parker, J.: The Complete Astrologer. London 1975

Parker, G. und Neilson, M.: Mental disorder and season of birth: A southern hemisphere study. In: British Journal of Psychiatry 129, 1976, S. 355–361
Pawlik, K. und Buse, L.: Selbst-Attribuierung als differentiell-psychologische Moderatorvariable. In: Zeitschrift für Sozialpsychologie 10, 1979, S. 54–69
Pellegrini, R. J.: The astrological »theory« of personality: An unbiased test by a biased observer. In: Journal of Psychology 85, 1973, S. 21–28
Persinger, M. A., Cooke, W. J. und Janes, J. T.: No evidence for relationship between biorhythms and industrial accidents. In: Perceptual and Motor Skills 46, 1978, S. 423–426
Phillips D. P.: Airplane accident fatalities increase just after newspaper stories about murder and suicide. In: Science 201, 1978, S. 748–750
Piccardi, G.: The Chemical Basis of Medical Climatology. Springfield 1962
Pinter, R. und Forlano, G.: The birth month of eminent men. In: Journal of Applied Psychology 18, 1934, S. 178–188
Pinter, R. und Forlano, G.: Season of birth and mental differences. In: Psychological Bulletin 40, 1943, S. 25–35
Pittock, A. B.: A critical look at long-term sun-weather relationships. In: Reviews of Geophysics and Space Physics 16, 1978, S. 400–420
Playfair, G. L. und Hill, S.: The Cycles of Heaven. London 1978
Pokorny, A. D. und Mefferd, R. B.: Geomagnetic fluctuations and disturbed behavior. In: Journal of Nervous and Mental Disease 143, 1966, S. 140–151
Popper K. R.: Conjectures and Refutations, London 1972 (dt.: Vermutung und Widerlegungen. Hamburg 1981)
Press, N., Michelsen, N. F., Russell, L., Shannon, J. und Stark, M.: The New York suicide study. In: Journal of Geocosmic Research 2, 1978, S. 23–47

Ravitz, L. J.: History, measurement and applicability of periodic changes in the electromagnetic field in health and disease. In: Annals of the New York Academy of Sciences 98, 1962, S. 1144–1201
Rawlins, D.: Starbaby. In: Fate, Oktober 1981
Reiter, R.: Verkehrsunfallziffer und Reaktionszeit unter dem Einfluß verschiedener meteorologischer, kosmischer und luftelektrischer Faktoren. In: Meteorologische Rundschau 5, 1952, S. 14–17
Reiter, R.: Einfluß des Wetters auf die Häufigkeit von Unfällen im Untertagebetrieb. In: Arbeitsschutz 1956, S. 133–134
Reiter, R. J.: Pineal and associated neuroendocrine rhythms. In: Psychoneuroendocrinology 1, 1976, S. 255–263
Rhyne, W. P.: Spontaneous hemorrhage. In: Journal of the Medical Association of Georgia 55, 1966, S. 505–506

Rim, Y.: Psychological test performance during climatic heat stress from desert winds. In: International Journal of Biometeorology 19, 1975, S. 37–40

Rim, Y.: Psychological test performance of different personality types on Sharav days in artificial ionisation. In: International Journal of Biometeorology 21, 1977, S. 337–340

Rockwell, T., Rockwell, R. und Rockwell, W. T.: Irrationalists: A critique of ›The Humanist's crusade against parapsychology‹. In: Journal of the American Society für Psychical Research 72, 1978, S. 23–34

Rosen, G. M.: Effects of source prestige on subjects' acceptance of the Barnum effect: Psychologist against astrologer. In: Journal of Consulting and Clinical Psychology 53, 1975, S. 95

Rosenberg, H. M.: Seasonal Variation of Births, United States 1933–1963. Washington, D. C. 1966

Rosenstock, H. A. und Vincent, K. R.: A case of lycanthropy. In: American Journal of Psychiatry 134, 1977, S. 1147–1149

Rosenthal, R.: The effect of the experimenter on the results of psychological research. In: B. A. Maher (Hrsg.): Progress in Experimental Personality Research Band 1. New York 1964

Rosenthal, R.: How often are our numbers wrong? In: American Psychologist 33, 1978, S. 1005–1008

Rothen, A.: A 24-hour periodicity in the course of immunologic reactions carried out at a liquid-solid interface due to possible extraterrestrial influences. In: Journal of Interdisciplinary Cycle Research 7, 1976, S. 173–182

Salter, C. A. und Routledge, L. M.: Intelligence and belief in the supernatural. In: Psychological Reports 34, 1974, S. 229–309

Schultz, N.: Les globules blancs des sujets bien portants et les taches solaires. In: Toulouse Médical 10, 1960, S. 741–757

Sechrest, L. und Bryan, J. H.: Astrologers as useful marriage counselors. In: Trans-Action 6, 1968, S. 34–46

Selvin, S. und Janerich, D. T.: Seasonal variation in twin births. In: Nature 237, 1972, S. 289–290

Shaffer, J. W., Nurco, D. N. und Bonito, A. J.: Is there a relationship between astrology and addiction? A re-examination. In: Drug Forum 6, 1977, S. 137–141

Shanks, T. G.: Research on astrological factors between married couples. Wisconsin 1978

Silverman, B. I.: Studies of astrology. In: Journal of Psychology 77, 1971, S. 141–149

Smit, R. H.: Astrology in Holland. In: Phenomena, Oktober 1977

Smith, H. C.: Sensitivity to People. New York 1966

Smithers, A. G. und Cooper, H. J.: Personality and season of birth, In: Journal of Social Psychology 105, 1978, S. 237–241

Snyder, C. R.: Why Horoscopes are true: The effects of specificity on acceptance of astrological interpretations. In: Journal of Clinical Psychology 30, 1974, S. 577–580
Snyder, C. R., Larsen, D. L. und Bloom, L. J.: Acceptance of general personality interpretations. In: Journal of Clinical Psychology 32, 1976, S. 258–265
Standen, A.: Is there an astrological effect on personality? In: Journal of Psychology 89, 1975, S. 259–260
Stur, D.: Karzinomexitus und Geburtsmonat. In: Wiener Klinische Wochenschrift 65, 1953, S. 898–901
Sundberg, N. D.: The acceptability of »fake« versus »bona fide« personality test interpretations. In: Journal of Abnormal and Social Psychology 50, 1955, S. 145–147
Suppe, F. (Hrsg.): The Structure of Scientific Theories. Illinois 1974

Takata, M.: Zur Technik der Flockungszahlreaktion im menschlichen Serum. In: Helvetica Medica Acta 17, 1950, S. 254–274
Takata, M.: Über eine neue biologisch wirksame Komponente der Sonnenstrahlung. In: Archiv Met. Geophys. Bioklimat. 2, 1951, S. 482–507
Tasso, J. und Miller, E.: The effects of the full moon on human behavior. In: Journal of Psychology 93, 1976, 81–83
Thouless, R. H.: The tendency to certainty in religious beliefs. In: British Journal of Psychology 26, 1935, S. 16–31
Thun, M.: Work on the Land and the Constellations. Sussex 1976
Tobey, C. P.: Research. In: American Astrology, Oktober 1936
Tobey, C. P.: Research. In: American Astrology, Juni 1937
Tocquet, R.: Cycles et rythmes. Paris 1951
Tomaschek, R.: Great earthquakes and the astronomical position of Uranus. In: Nature 184, 1959, S. 177–178
Toulmin, S. und Goodfield, J.: The Fabric of the Heavens: The development of astronomy and dynamics. New York 1965
Tramer, M.: Über die biologische Bedeutung des Geburtsmonates insbesondere für die Psychoseerkrankung. In: Schweizerisches Archiv für Neurologie und Psychiatrie 24, 1929, S. 17–24
Tromp, S. W.: Medical Biometeorology. New York 1963
Tromp, S. W. (Hrsg.): Progress in Biometeorology. Amsterdam 1977
Truzzi, M.: Astrology, A Review Symposium. In: Zetetic Scholar, April 1979
Tyson, G. A.: Astrology or season of birth: A »split-sphere«test. In: Journal of Psychology 95, 1977, S. 285–287

Van Deusen, E.: Astrogenetics. New York 1976
Vidmar, J. E.: Astrological discrimination between authentic and spurious birthdates. In: Cosmecology Bulletin, März 1979

Weiskott, G. N.: Moon phases and telephone counseling calls. In: Psychological Reports 35, 1974, S. 752–754
Weiskott, G. N. und Tipton, G. B.: Moon phases and state hospital admissions. In: Psychological Reports 37, 1975, S. 486
West, J. A. und Toonder, J. G.: The Case for Astrology. London 1970
Wing, L. W.: The effect of latitude on cycles. In: Annals of the New York Academy of Sciences 98, 1962, S. 1202–1205
Woody, E. und Claridge, G.: Psychoticism and thinking. In: British Journal of Social and Clinical Psychology 16, 1977, S. 241–248

Zelen, M.: Astrology and statistics: A challenge. In: The Humanist, Januar 1976

Personenregister